Romy Merand 2021/2022. TSTMG3

Tle STMG

W0462389

ÉCONOMIE

A. Atchikiti Daré
Professeure d'économie-gestion
Lycée Jean-Mermoz, Montpellier (34)

A. Bertucchi
Professeure d'économie-gestion
Lycée Henri-Bergson, Paris (75)

S. Breuillet-Guyon
Professeure d'économie-gestion
Lycée François-Couperin, Fontainebleau (77)

C. Delonglée
Professeure d'économie-gestion
Lycée Henri-Bergson, Paris (75)

P. Guéniot
Professeur d'économie-gestion
Lycée Henri-Bergson, Paris (75)

M. Kœnig
Professeure d'économie-gestion
Lycée Jules-Siegfried, Paris (75)

DELAGRAVE

Présentation de votre manuel

L'ouverture des chapitres

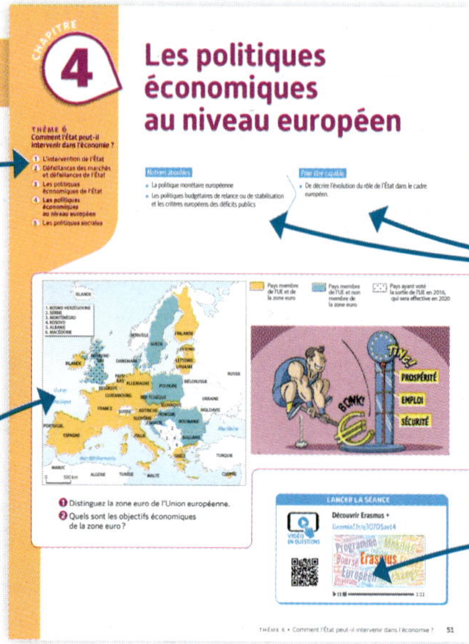

Le rappel du thème pour se repérer dans le programme

Les notions abordées et les capacités visées

Des documents visuels et des questions simples pour mobiliser les pré-requis des élèves

ressources numériques Une vidéo pour choisir son entrée dans le chapitre

Le cours

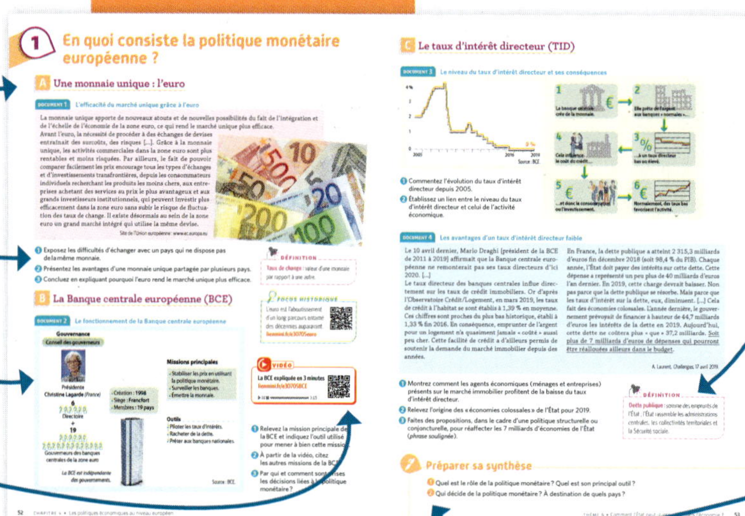

Des pages clairement structurées pour construire les notions

Des questions courtes et progressives

Des documents courts et variés

ressources numériques Au fil des pages, des vidéos pour prolonger et animer le cours

Des rubriques « Définition » et « Focus » en appui des documents pour faciliter leur compréhension

Des questions de réflexion pour conceptualiser et inciter l'élève à rédiger et à construire son cours au fur et à mesure

Les activités

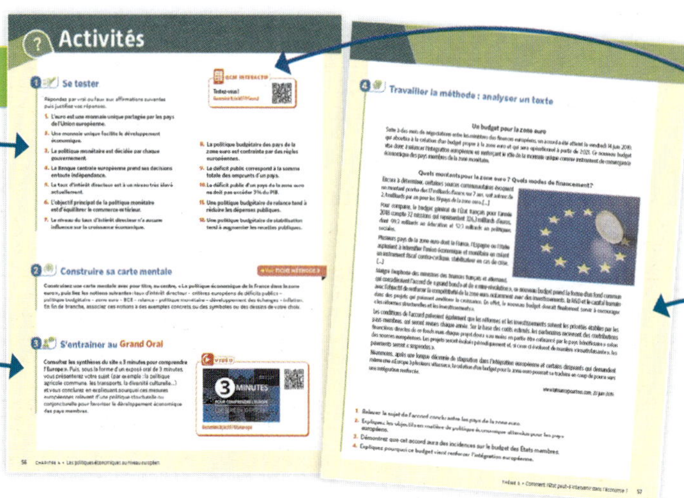

ressources numériques La version interactive du quiz

Un exercice d'auto-évaluation pour tester les connaissances

Des activités variées pour travailler le Grand Oral, la rédaction et l'argumentation

Un entraînement pour mobiliser les méthodes

L'entraînement au Bac

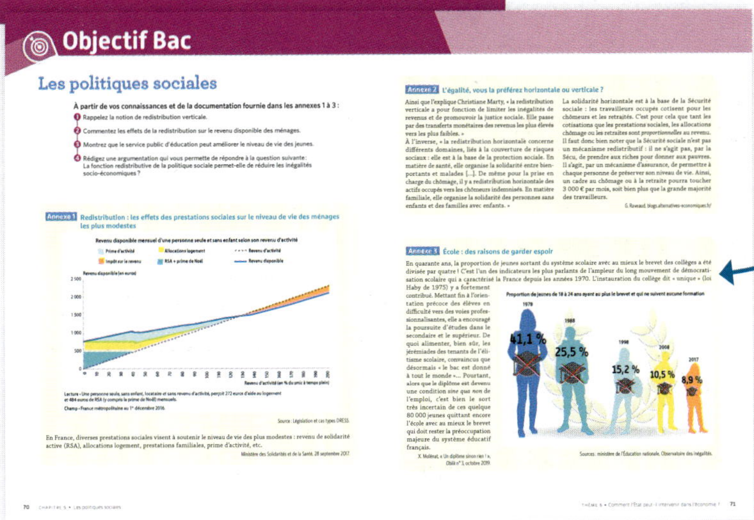

À la fin de chaque chapitre, des dossiers pour remobiliser les notions et s'entraîner dans l'esprit de l'examen

La synthèse

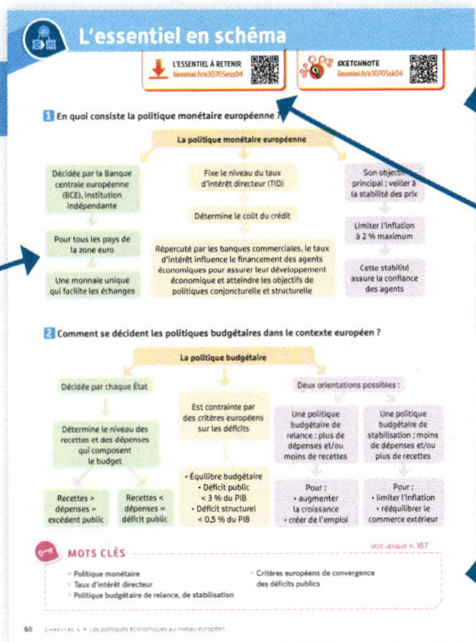

Une présentation schématique pour visualiser et mémoriser les principales notions

ressources numériques

Le **sketchnote** : synthèse dessinée et commentée en vidéo

ressources numériques

Le résumé du cours

Les mots-clés du chapitre expliqués dans le lexique en fin d'ouvrage

La méthode

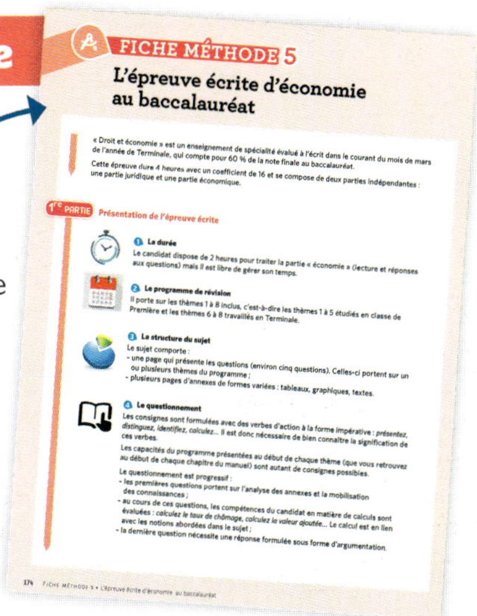

À la fin du manuel, 5 fiches de méthode pour acquérir les savoir-faire nécessaires à l'examen

Vers l'épreuve

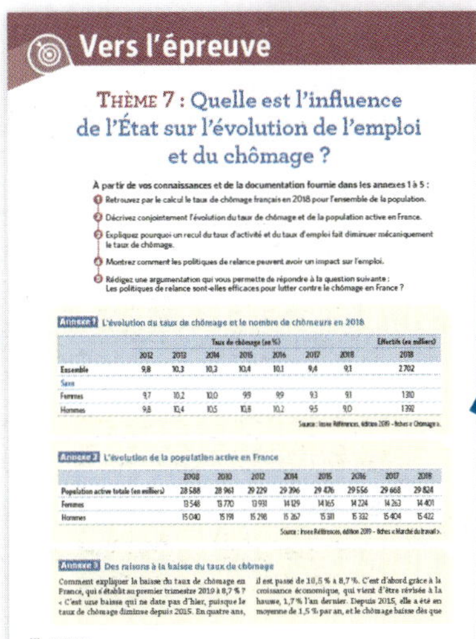

À la fin du manuel, 3 sujets type Bac portant sur les 3 thèmes évalués pour réviser et s'exercer

Sommaire

Ressources numériques

Thème 6 Comment l'État peut-il intervenir dans l'économie ?

VIDÉO EN QUESTIONS

vidéos

Thème 7 Quelle est l'influence de l'État sur l'évolution de l'emploi et du chômage ?

VIDÉO EN QUESTIONS

CHAPITRE 1

L'intervention de l'État

THÈME 6
Comment l'État peut-il intervenir dans l'économie ?

Notions abordées

- L'État gendarme et l'État-providence
- L'État et les entreprises publiques, semi-publiques et privées
- L'interventionnisme et le libéralisme
- Les dépenses publiques
- Le déficit public et la dette publique

Pour être capable

- D'expliquer les différences entre les notions d'État gendarme et d'État-providence, et d'envisager le degré de participation de l'État à l'économie via des entreprises publiques, semi-publiques ou privées.
- De distinguer le déficit public de la dette publique.

1. Expliquez le lien entre ces photographies et les domaines d'intervention de l'État.
2. Citez d'autres domaines dans lesquels l'État intervient.

LANCER LA SÉANCE

VIDÉO EN QUESTIONS

Budget : l'État lâche du lest et les économies attendront
lienmini.fr/e30705avt1

1:31

1 Quel est le rôle de l'État ?

A Le rôle de l'État dans l'économie

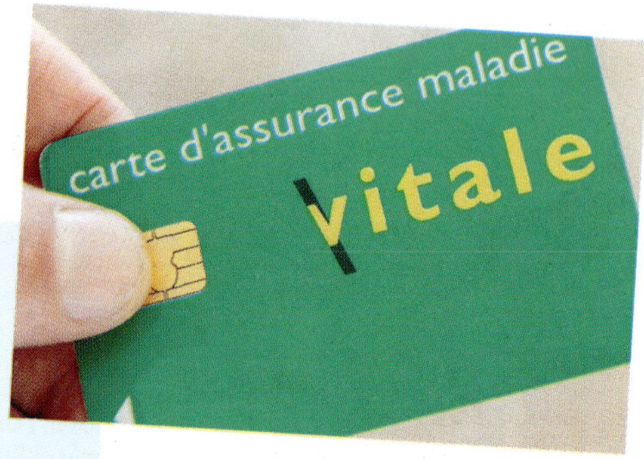

DOCUMENT 1 Qu'est-ce que l'État-providence ?

Cette expression désigne [...] l'ensemble des interventions économiques et sociales de l'État. [...] Cette conception s'oppose à celle de « l'État gendarme », limitant le rôle de l'État à des fonctions régaliennes (justice, police, défense nationale). [...] La mise en place, en France, d'un État-providence développé s'est concrétisée par la création de la Sécurité sociale (ordonnances du 4 et du 19 octobre 1945).

www.vie-publique.fr

1. Définissez la notion d'État-providence.
2. Distinguez-la de la notion d'État gendarme.

DOCUMENT 2 Les fonctions économiques de l'État

Fonction de régulation	Fonction d'allocation des ressources	Fonction de redistribution
L'État cherche à stabiliser le rythme de la croissance et à favoriser la stabilité des prix. L'État agit donc sur des variables économiques comme le taux d'inflation ou le taux de chômage.	L'État prend à sa charge ce que le marché n'est pas capable de produire lui-même ou encore ce qui va améliorer le bien-être général de la population.	L'État cherche à réduire les inégalités entre les individus. L'État intervient donc pour modifier la répartition des richesses dans un objectif de justice et de cohésion sociale.

1. Citez les trois fonctions prises en charge par l'État et présentez-les.
2. Illustrez chacune d'entre elles par un exemple.

DOCUMENT 3 Le libéralisme économique face à l'interventionnisme

Le libéralisme économique repose sur une conception simple : lorsque chaque individu œuvre dans son propre intérêt, la somme de ces actions concourt à l'intérêt général. [...] Le libéralisme économique s'est donc attaché à libéraliser le marché, et à offrir d'importantes libertés aux individus afin de favoriser la libre entreprise.

www.lemondepolitique.fr

Le 14 avril 1938, le président des États-Unis Franklin D. Roosevelt explique pourquoi l'intervention de l'État dans l'économie est nécessaire.

J'en suis venu à la conclusion que les problèmes actuels appelaient une action conjointe de l'État et du peuple, que nous souffrions avant tout d'un manque de demande des consommateurs en raison d'un pouvoir d'achat trop faible. C'est à nous de créer les conditions d'un retournement économique [...].
Premièrement, j'ai demandé que soit voté le maintien des dépenses gouvernementales concernant l'indemnisation des chômeurs et les politiques sociales assimilées pour la prochaine année budgétaire. Deuxièmement, j'ai annoncé au congrès que le gouvernement proposait d'augmenter la part des réserves bancaires consacrées à la relance du crédit dont le pays a besoin [...]. La troisième proposition consiste à augmenter le pouvoir d'achat de la nation en initiant de nouveaux travaux, au- delà de la poursuite de ceux qui existent déjà.

F. D. Roosevelt, *Comment j'ai vaincu la crise*, Les Petits Matins, 2014.

1. Présentez pour chaque texte la place que tient l'État dans l'économie.
2. Justifiez l'intervention de l'État dans l'économie.
3. Expliquez en quoi ces deux conceptions de l'intervention de l'État sont opposées.

VIDÉO
L'intérêt personnel et la main invisible
lienmini.fr/e30705main
2:19

B L'État producteur

DOCUMENT 4 Quelles entreprises appartiennent à l'État français ?

L'État français est le premier actionnaire de Renault : 15,01 % du capital et 22 % des droits de vote. En 2017-2018, l'État a ainsi participé à la nomination de plus de 700 administrateurs des entreprises dans lesquelles il possède des participations.
La stratégie et le suivi de ces enjeux stratégiques sont assurés par l'Agence des participations de l'État (APE). Au 31 décembre 2017, 81 entreprises entraient dans le radar de l'APE dans quatre secteurs : l'énergie, l'industrie, les transports, les services et la finance. Ces 81 entreprises ont pesé pour 509,5 milliards de chiffre d'affaires en 2017 et plus de 1,6 million de salariés.
Au 31 juin 2018, l'État possédait en effet 83,7 % d'EDF ou 50,6 % d'Aéroports de Paris (ADP) parmi les entreprises cotées en bourse. Au total, ce portefeuille d'actions pesait plus de 77,5 milliards d'euros au 30 juin 2018. L'État possède également 11,1 % d'Airbus, 24,1 % d'Engie, 13,2 % de Safran, 25,7 % de Thalès ou 13,4 % d'Orange.

www.lanouvellerepublique.fr, 1er avril 2019.

1. Présentez les caractéristiques particulières d'une entreprise publique.
2. Expliquez ce qui la distingue d'une entreprise privée.
3. Donnez des exemples d'entreprises publiques puis citez d'autres entreprises publiques que vous connaissez.

DÉFINITIONS

Entreprise publique : entreprise appartenant à l'État ou à une collectivité territoriale ou dans laquelle l'État ou une collectivité territoriale détient la majorité du capital et/ou la majorité des voix en assemblée.

Entreprise semi-publique : entreprise dans laquelle l'État ou une collectivité territoriale détient moins de la moitié du capital et/ou une minorité des voix en assemblée.

Entreprise privée : entreprise appartenant à un ou plusieurs individus ou entités juridiques privées.

DOCUMENT 5 Une entreprise publique : pour quoi faire ?

Cette possibilité offerte à l'État ou à une collectivité locale d'exercer une influence sur la gestion de l'entreprise publique permet de garantir son orientation vers le service public, de maintenir des tarifs adaptés à tous, de réguler en somme l'activité économique.
On retrouve d'ailleurs cette idée dans l'histoire des entreprises publiques françaises. C'est en effet à la Libération, en 1945, que la France connaît une importante vague de nationalisations. L'objectif : assurer la reconstruction en soustrayant une partie des entreprises stratégiques aux marchés et également prendre des parts importantes dans les entreprises ayant collaboré avec l'occupant nazi (ce qui fut le cas de Renault par exemple).
C'est par la nationalisation qu'Areva est devenu le géant mondial du nucléaire, que les prix de l'énergie ont pu être stabilisés pendant des années (via EDF et GDF), qu'un réseau serré de voies ferrées a pu être maintenu pendant des années, etc.

www.petite-entreprise.net

1. Citez les raisons historiques pour lesquelles certaines entreprises ont été nationalisées après la Seconde Guerre mondiale.
2. Expliquez les raisons actuelles de l'existence d'entreprises publiques en France.

VIDÉO

Économie : pourquoi l'État est actionnaire de certaines entreprises ?
lienmini.fr/e30705actionnaire
1:21

Préparer sa synthèse

1. Expliquez l'intérêt de l'intervention de l'État dans l'économie.
2. Montrez en quoi les entreprises publiques ont un rôle à jouer dans l'économie.

2 Quelles sont les ressources et les dépenses de l'État ?

A Les prélèvements obligatoires

DOCUMENT 6 Les principaux prélèvements obligatoires

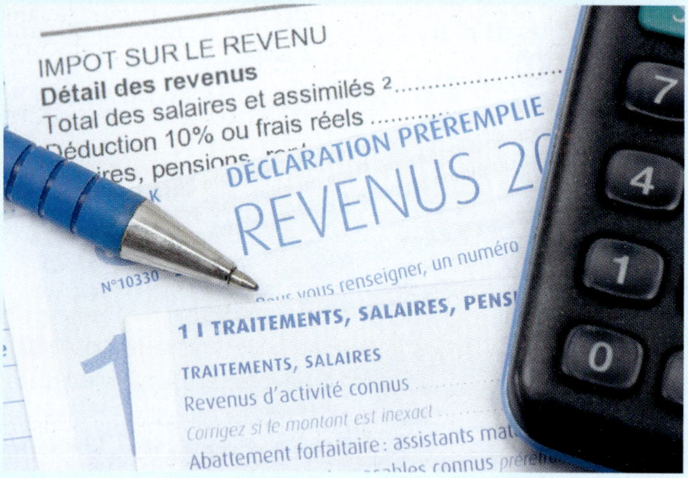

Afin de remplir leurs missions, les administrations publiques (les services publics exercés par l'État, la sécurité sociale et les collectivités territoriales) ont besoin d'être financées. Les principales ressources publiques sont ce que l'on appelle les prélèvements obligatoires : impôts, cotisations et taxes. Les prélèvements obligatoires représentent en France 1 038 milliards d'euros, soit 45,3 % du PIB. Ils sont financés par les cotisations sociales, la TVA, les prélèvements sociaux, etc.

www.economie.gouv.fr

VIDÉO
Prélèvements obligatoires : les gagnants et les perdants
lienmini.fr/e30705prelevements
1:28

1. Citez les principaux prélèvements obligatoires.
2. Expliquez à quoi servent ces prélèvements obligatoires.

DOCUMENT 7 La part des prélèvements obligatoires dans les dépenses publiques

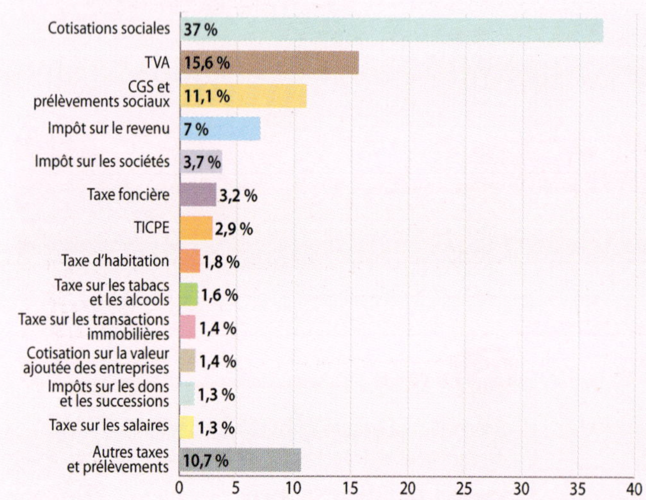

Source : aquoiserventmesimpots.gouv.fr, avril 2019.

1. Rappelez à quoi correspondent les cotisations sociales.
2. Repérez les principales sources de prélèvements obligatoires.

DOCUMENT 8 L'évolution des prélèvements obligatoires

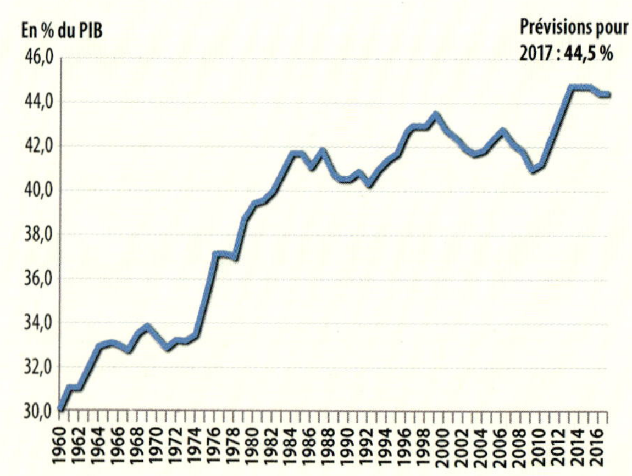

Source : Insee.

1. Rédigez une phrase avec le chiffre 44,5 % (situé à droite du graphique).
2. Expliquez ce que représente ce chiffre.
3. Commentez l'évolution des prélèvements obligatoires sur les 50 dernières années.

B Les dépenses de l'État

DOCUMENT 9 Qu'est-ce que la dépense publique ?

Le financement des dépenses publiques par les prélèvements obligatoires est souvent présenté comme une entrave à la croissance économique de notre pays. Or cette présentation est très contestable.
Les dépenses de l'État se divisent en deux grandes catégories très différentes l'une de l'autre. Celles assurant la production non marchande de notre économie, qui se composent des dépenses de fonctionnement et des dépenses d'investissement. Et celles qui opèrent à des transferts de ressources entre les acteurs économiques, sous forme de prestations sociales ou de revenus sociaux. Les premières servent à produire les biens et les services publics nécessaires à notre activité économique. Quant aux secondes, elles servent à garantir notre protection sociale et notre bien-être.

G. Fonouni pour www.lemonde.fr, 20 février 2019.

1 Rappelez la finalité d'une organisation publique.

2 Repérez les deux grandes catégories de dépenses de l'État.

DOCUMENT 10 Ce que financent les dépenses publiques

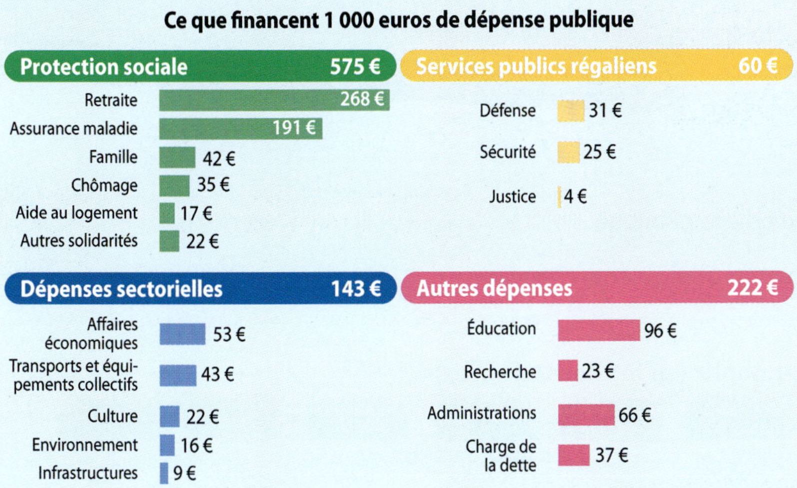

Source : *Le Télégramme*, 18 janvier 2019.

1 Calculez la part relative de chaque grande catégorie de dépenses.

2 Commentez ce schéma en utilisant les calculs de la question 1.

MÉTHODE

La part relative permet de mesurer l'importance d'un sous-ensemble dans un ensemble plus vaste, par exemple l'importance des filles parmi les élèves d'une classe.

$$\text{Part relative} = \frac{\text{sous-ensemble}}{\text{ensemble de référence}} \times 100$$

DOCUMENT 11 Les dépenses publiques en France et en Europe

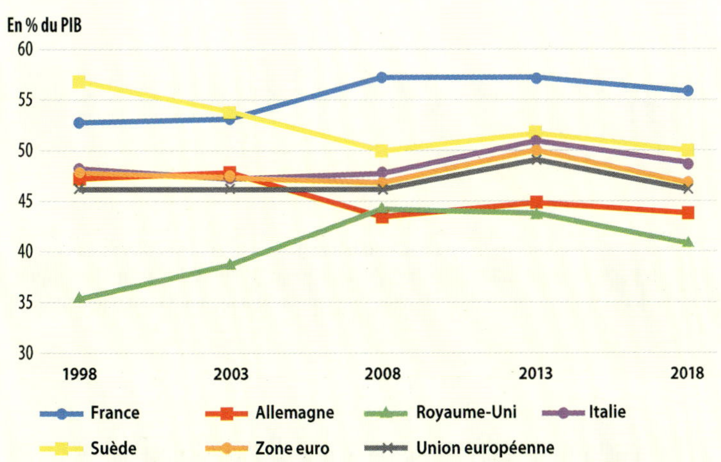

Source : Eurostat, FIPECO.

VIDÉO

La France, championne des dépenses publiques au sein de l'OCDE
lienmini.fr/e30705championne
3:44

1 Commentez l'évolution des dépenses publiques en France entre 1998 et 2018.

2 Situez la position de la France par rapport aux pays européens sur la question des dépenses publiques.

C Le déficit public et la dette publique

DOCUMENT 12 Déficit public et dette publique : quelle différence ?

Le déficit public est le solde annuel négatif (les dépenses étant supérieures aux ressources) du budget des administrations publiques qui sont : l'État, les collectivités territoriales et les organismes de protection sociale (mais pas les entreprises publiques du secteur marchand).
La dette publique, elle, correspond au total des emprunts contractés par ces mêmes administrations publiques. Ces administrations publiques empruntent peu auprès des banques à la différence des ménages, mais émettent plutôt des titres (obligations) sur les marchés financiers. Chaque année, ces administrations publiques empruntent à la fois pour couvrir le déficit public de l'année mais aussi pour régler le stock de la dette arrivant à échéance. En 2019, la dette publique française est proche de 100 % du PIB, soit environ 2 300 milliards d'euros.

www.lafinancepourtous.com

1 Rappelez à quoi correspond un emprunt.
2 Distinguez les notions de déficit public et de dette publique.

DOCUMENT 13 Le déficit public

Déficit public (en milliards d'euros)

Déficit public	2012	2013	2014	2015	2016	2017	2018
Administration publique centrale	- 87,7	- 68,9	- 71,7	- 75,8	- 80,0	- 70,5	- 72,6
Collectivités locales	- 3,7	- 8,5	- 4,8	- 0,1	+ 3	+ 1,6	+ 2,3
Sécurité sociale	- 12,7	- 9,1	- 7,4	- 3,8	- 2,2	+ 5,3	+ 10,7
Total	**- 104**	**- 86,5**	**- 83,9**	**- 79,7**	**- 79,1**	**- 63,6**	**- 59,6**

Source : Insee.

Déficit public (en % du PIB)

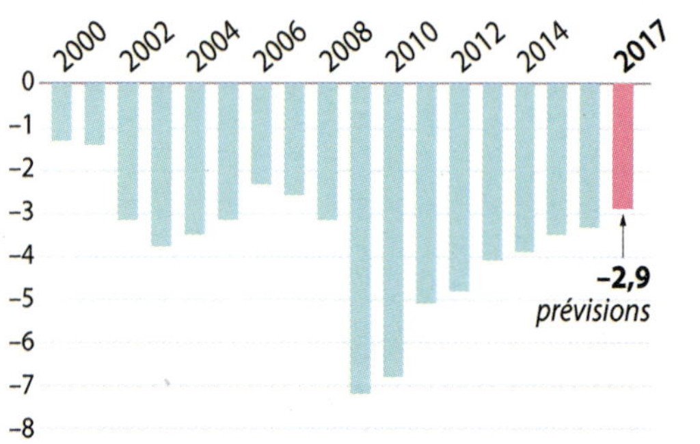

Source : Cour des comptes.

FOCUS HISTORIQUE

Le pacte de stabilité et de croissance
Accords signés en 1997 à Amsterdam, liant les pays de la zone euro en fixant les critères que ces pays s'engagent à respecter en matière d'endettement public : le déficit public doit être maintenu dans la limite de 3 % du PIB.

1 Analysez la composition du déficit public de la France.
2 Commentez l'évolution du déficit public en France entre 2000 et 2017.
3 Indiquez si la France a toujours respecté le pacte de stabilité.

DOCUMENT 14 La dette publique

Dette publique (en % du PIB)

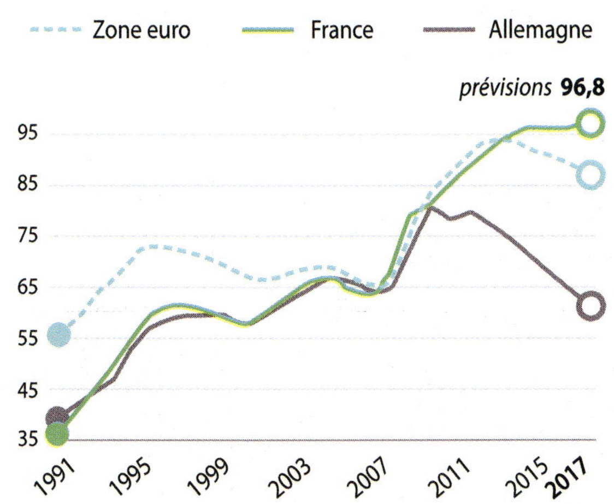

La France serait en 2018 le seul pays de la zone euro où le ratio de la dette publique au PIB ne diminuerait pas.

Source : Cour des comptes.

VIDÉO

2000-2019 : l'explosion de la dette française

lienmini.fr/e30705dette

1:45

1. Analysez la composition et l'évolution de la dette publique en France.
2. Situez la France par rapport aux pays européens en ce qui concerne la dette publique.

La dette publique de la France au sens de Maastricht

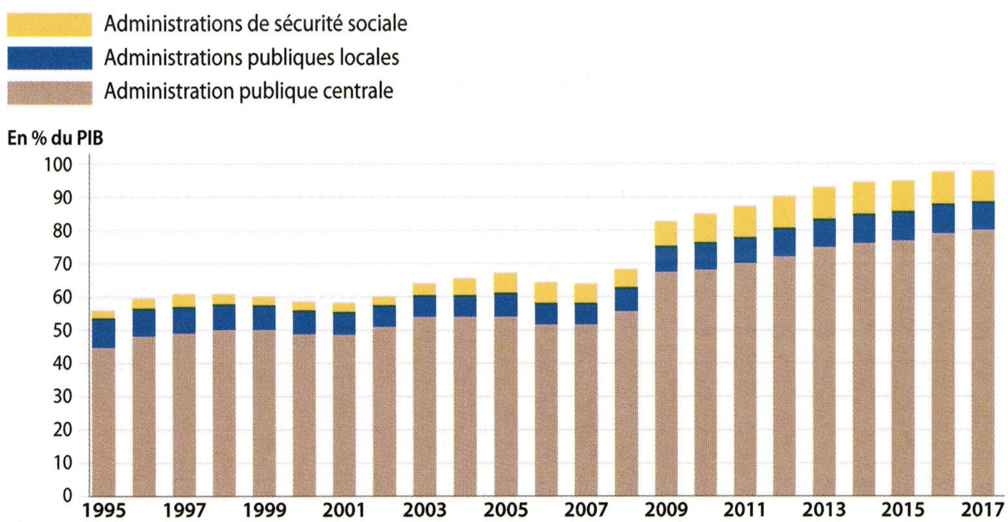

Source : Insee, 2018.

Préparer sa synthèse

1. Expliquez comment sont financées les dépenses publiques en France.
2. Montrez la diversité des dépenses publiques.
3. Distinguez le déficit public et la dette publique.

3 L'État acteur

A L'emploi dans le service public

DOCUMENT 15 Les trois fonctions publiques

La fonction publique d'État : ministères, préfectures, directions régionales, directions départementales, rectorats…

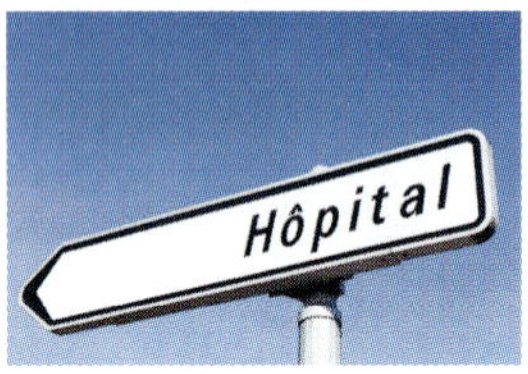

La fonction publique hospitalière : hôpitaux, maisons de retraite, établissements relevant de l'aide sociale à l'enfance…

La fonction publique territoriale : régions, départements, communes.

1. Citez les trois fonctions publiques.
2. Présentez chacune d'entre elles.
3. Illustrez chaque fonction publique par un exemple géographiquement proche de vous.

DOCUMENT 16 L'effectif dans la fonction publique

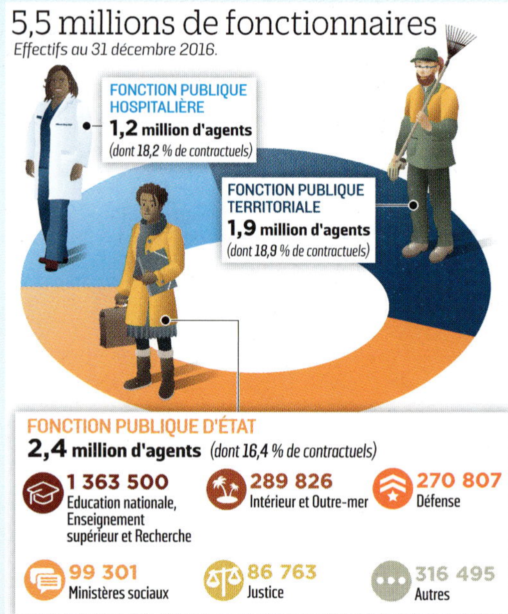

Source : Rapport annuel sur l'état de la fonction publique 2018, LP/Infographie.

1. Présentez les effectifs de la fonction publique.
2. Calculez la part relative de chaque fonction publique dans le service public.

B Les monopoles publics

DOCUMENT 17 Qu'est-ce qu'un monopole ?

Un monopole est une situation de marché dans laquelle un seul vendeur fait face à une multitude d'acheteurs. Le bien ou le service distribué ne doit pas être substituable. De fait, les vrais monopoles sont très rares, car dans la plupart des cas, d'autres produits peuvent remplir la même fonction. Par exemple, avant l'ouverture du transport ferroviaire à la concurrence, la SNCF disposait d'un monopole mais celui-ci était concurrencé par d'autres modes de transport comme la route ou l'avion. […]

L'État ou une collectivité peuvent être à l'origine d'un monopole légal en restreignant de façon réglementaire la concurrence sur un marché afin de poursuivre certains objectifs stratégiques (aéronautique, spatial, armement) ou d'aménagement du territoire, pour garantir un service public (distribution du courrier) ou pour imposer sa gratuité.

www.vie-publique.fr

1. Rappelez à quoi correspond la notion de monopole.
2. Donnez un exemple de monopole tiré de vos connaissances.
3. Justifiez l'existence de monopoles publics.

C La déréglementation

DOCUMENT 18 La SNCF et l'ouverture à la concurrence

On pourra bientôt prendre le train sans entendre le fameux jingle de la SNCF. À partir de 2021, des opérateurs privés pourront en effet commencer à faire rouler leurs propres trains sur le réseau ferroviaire français, mettant fin à plus de quatre-vingts ans de monopole de la Société nationale des chemins de fer sur le transport de voyageurs.

Comment s'explique le monopole de la SNCF ?
Depuis la nationalisation des chemins de fer, en 1937, la SNCF est la seule société autorisée à transporter des voyageurs par le train. Ce monopole était essentiellement motivé par l'idée que le transport ferroviaire était un service public, qui ne devait pas être soumis à la logique du marché. Opérateur historique et unique, l'entreprise publique SNCF pouvait donc assumer les missions que lui confiait l'État (son principal actionnaire), y compris si elles n'étaient pas lucratives : cela lui permettait par exemple d'assurer des petites lignes non rentables, mais importantes dans une logique d'aménagement du territoire.

Que signifie « libéraliser » ?
[...] La Commission européenne voyait dans ces monopoles nationaux un frein à la croissance économique, un obstacle à la baisse des prix et une explication de la mauvaise santé du secteur ferroviaire. C'est pourquoi elle a engagé, au début des années 1990, un processus de libéralisation du rail. Cela ne signifie pas que la SNCF doit forcément être privatisée, mais qu'elle doit être mise sur un pied d'égalité avec des concurrents privés, qui doivent pouvoir proposer leurs propres services de transport ferroviaire.
Compte tenu des fortes résistances de certains États (dont la France) et des risques que la concurrence pouvait faire porter sur les opérateurs historiques et pour le maintien des objectifs de service public, cette libéralisation a été très progressive, et ne devrait être finalisée qu'autour de 2020.

M. Vaudano, « SNCF : que signifie l'ouverture à la concurrence ? », *Le Monde*, 26 février 2018.

DÉFINITION

Déréglementation : terme utilisé pour désigner une politique cherchant à réduire la régulation d'un secteur économique. Cela se traduit concrètement par une réduction des interventions de l'État dans l'économie.

1. Présentez l'origine du monopole de la SNCF.
2. Expliquez les raisons de la fin prochaine de ce monopole.

VIDÉO

L'État doit-il interdire les monopoles ?
lienmini.fr/e30705monopoles
3:35

Préparer sa synthèse

1. Présentez les trois composantes de la fonction publique proposant des emplois.
2. Montrez l'utilité d'un monopole contrôlé par l'État.
3. Expliquez les limites qu'un monopole peut induire.

Activités

1 Se tester

QCM INTERACTIF
Testez-vous !
lienmini.fr/e30705exo1

Répondez par vrai ou faux aux affirmations suivantes puis justifiez vos réponses.

1. **L'État-providence limite le rôle de l'État à des fonctions régaliennes.**
2. **L'État remplit quatre fonctions économiques.**
3. **Les termes « interventionnisme » et « libéralisme » sont synonymes.**
4. **Une entreprise publique joue le même rôle qu'une entreprise privée dans l'économie.**
5. **Les prélèvements obligatoires sont constitués d'impôts, de taxes et de cotisations.**
6. **Le taux de prélèvements obligatoires diminue régulièrement en France depuis 1960.**
7. **Le déficit public et la dette publique sont des notions équivalentes.**
8. **Les dépenses publiques de la France sont en moyenne plus élevées que celles des pays de la zone euro.**
9. **Les dépenses publiques ne concernent que la protection sociale.**
10. **Les employés travaillant pour l'État sont appelés des fonctionnaires.**
11. **La fonction publique est divisée en trois entités.**
12. **Un monopole correspond à une situation où il y a un seul acheteur pour plusieurs vendeurs.**
13. **Les monopoles publics sont interdits en France.**

2 Construire sa carte mentale

→ Voir FICHE MÉTHODE 3

Construisez une carte mentale avec pour titre, au centre, « L'intervention de l'État », puis liez les notions suivantes : État-providence - les fonctions économiques de l'État - l'État employeur - les ressources de l'État - les dépenses publiques - le monopole public - les entreprises publiques.
À la fin de chaque branche, associez ces notions à des exemples concrets, des symboles ou des dessins de votre choix.

3 S'entraîner au Grand Oral

Par groupe de quatre, rappelez ce qu'est un monopole public, puis trouvez :
- des arguments démontrant l'utilité de l'existence des monopoles publics pour la moitié du groupe ;
- des arguments démontrant l'utilité d'ouvrir les monopoles publics à la concurrence pour l'autre moitié du groupe.

Présentez votre travail à la classe en utilisant éventuellement un support de présentation de type PowerPoint.

4 Travailler la méthode : analyser un document économique

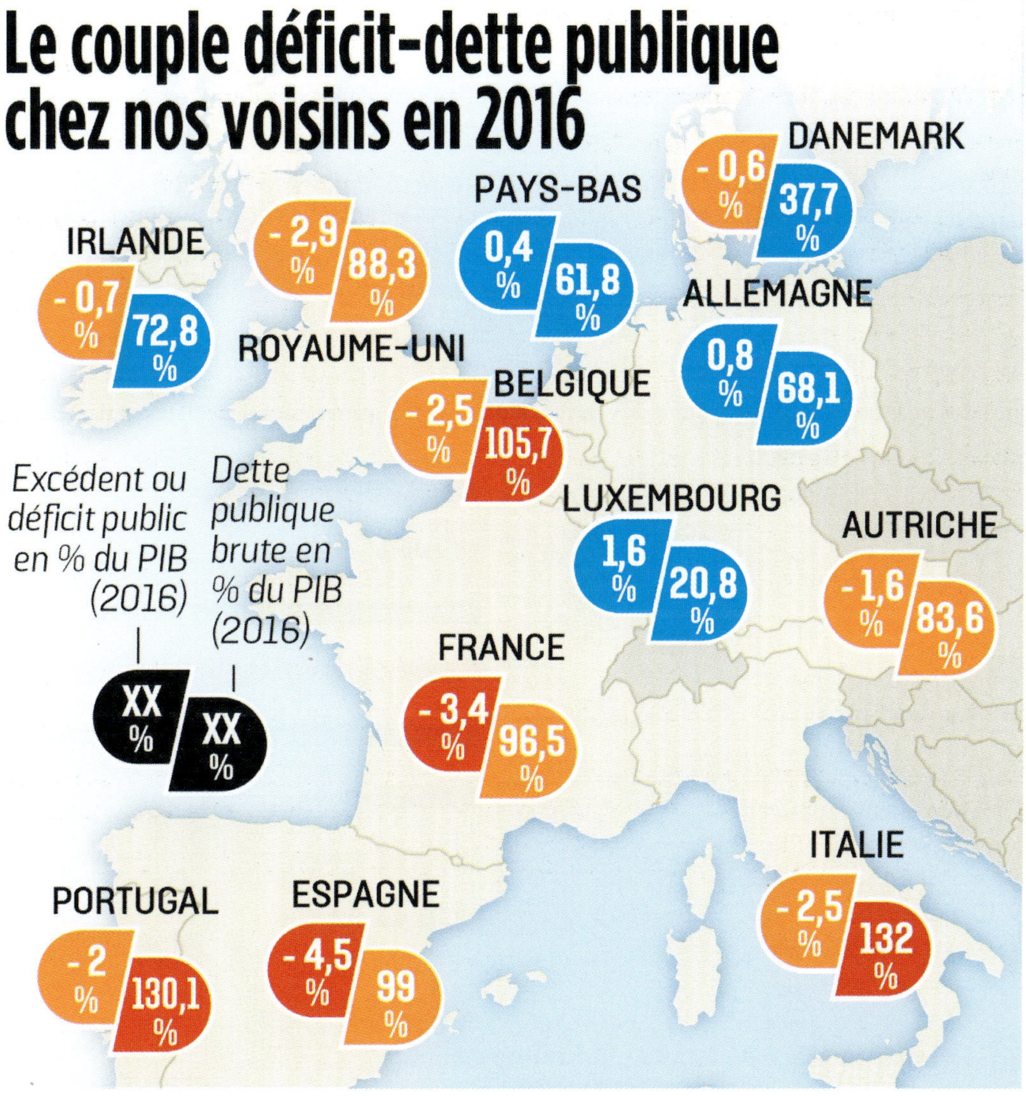

Source : Eurostat, LP/Infographie - TH.

1. Rappelez à quoi correspondent le déficit public et la dette publique.
2. Commentez la situation de la France par rapport à ses voisins européens.
3. À partir de vos connaissances, expliquez comment une économie nationale peut réduire son déficit public. Présentez différentes solutions possibles.

Objectif Bac

La privatisation des entreprises publiques

À partir de vos connaissances et de la documentation fournie dans les annexes 1 à 4 :

1. Commentez l'évolution des recettes issues des privatisations en fonction des gouvernements.
2. Rappelez les objectifs stratégiques des entreprises publiques.
3. Expliquez les motivations actuelles de l'État à privatiser de nombreuses entreprises publiques notamment dans le cadre du Fonds pour l'innovation.
4. Rédigez une argumentation qui vous permette de répondre à la question suivante : Les privatisations d'entreprises publiques ne présentent-elles que des avantages pour l'économie d'un État ?

Annexe 1 Trois décennies de privatisation en France

Estimations des recettes de l'État issues des privatisations par gouvernement(s), depuis 1986

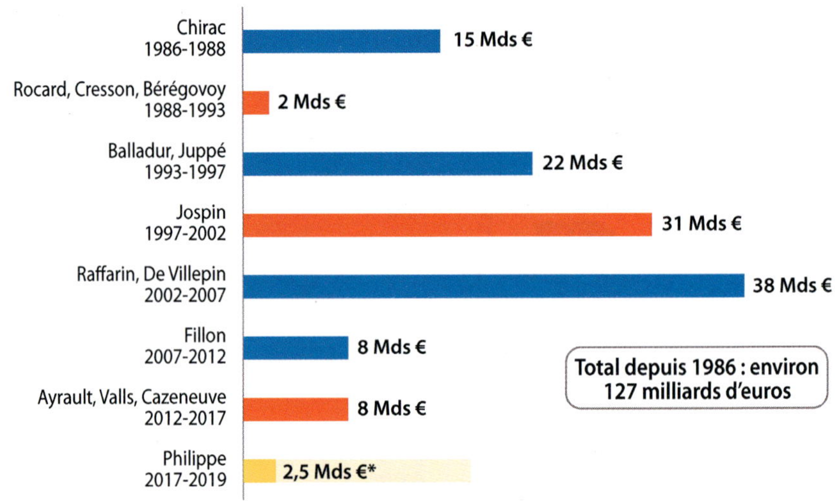

* Les cessions des titres Renault et Safran ont déjà rapporté environ 2,5 Mds € à l'État. Les opérations envisagées avec ADP, Engie et FDJ pourraient rapporter au moins 15 Mds € si elles aboutissent.
En date du 10 mai 2019.

Sources : *L'Express*, *Le Figaro*.

Annexe 2 La mise en place du Fonds pour l'innovation

Bruno Le Maire, ministre de l'Économie et des Finances, a annoncé ce matin les modalités précises de création du Fonds pour l'innovation, doté de dix milliards d'euros. Les textes permettant la constitution de ce fonds ont été signés aujourd'hui. Il sera doté de 1,6 milliards d'euros issus des cessions d'actifs effectuées au second semestre de l'année 2017 (Engie et Renault) et d'environ 8,4 milliards d'euros en titres (actions des sociétés EDF et Thales).

Ce fonds a été constitué au sein de l'établissement public Bpifrance, structure contrôlée par l'État.

Ces actifs, qui constituent une dotation n'ayant pas vocation à être consommée, généreront un rendement annuel estimé entre 200 et 300 millions d'euros. Les revenus ainsi générés sont destinés à soutenir le développement d'innovations de rupture et leur industrialisation en France.

Avec la constitution de ce fonds, le gouvernement entend ainsi consacrer les ressources issues de cessions du portefeuille financier de l'État au financement de l'innovation, qui est une des clefs du développement et de la croissance des entreprises françaises.

Extrait du communiqué de presse sur la mise en place du Fonds pour l'innovation.

Annexe 3 FDJ, ADP... Comment vont être utilisées les recettes des privatisations ?

Le Conseil pour l'innovation mis en place par l'exécutif il y a un an a validé cinq grandes thématiques sur lesquelles le gouvernement veut investir. Ces projets sont la traduction concrète du Fonds pour l'innovation, que l'exécutif veut alimenter grâce aux recettes tirées des privatisations comme celle de la Française des Jeux.
Avec la privatisation de la Française des Jeux (FDJ), qui entrera en Bourse ce jeudi, l'État espère récolter près de 2 milliards d'euros. Une coquette somme, destinée à alimenter un Fonds pour l'innovation et l'industrie censé faciliter l'adaptation de l'économie française aux mutations technologiques. Le gouvernement va justement fêter ce mardi le premier anniversaire du Conseil de l'innovation, la structure chargée de décider de l'utilisation d'une partie des fonds récoltés. « L'objectif est de favoriser l'innovation de rupture, celle qui réclame un fort contenu technologique et dont les retombées en termes d'emplois ne peuvent survenir qu'à moyen ou long terme », explique-t-on à Bercy en prélude à ce premier bilan.
Ce mardi, Bruno Le Maire, le ministre de l'Économie et des Finances, et Frédérique Vidal, la ministre de l'Enseignement supérieur, devraient revenir sur les premières traductions concrètes de ce schéma. Sur ces 250 millions annuels, environ 60 millions sont alloués à des plans d'innovation industrielle, comme le plan Nano pour la micro et la nanoélectronique ou encore le plan Batteries ; 70 autres millions sont confiés à la BPI pour faire émerger des « start-up deeptech », à savoir des entreprises tournées vers des innovations très proches de la recherche fondamentale.
Enfin, la part du lion (120 millions) est donc taillée pour le Conseil de l'innovation. « Cette structure vise à rénover la gouvernance des politiques d'innovation, en faisant travailler ensemble les différentes politiques industrielles », explique-t-on à Bercy. Le Conseil doit notamment valider les thématiques qui auront droit aux financements promis.
Pour le moment, cinq ont déjà été sélectionnées : développement de l'intelligence artificielle pour les diagnostics médicaux, certification de l'intelligence artificielle, renforcement de la cybersécurité, production des protéines à forte valeur ajoutée, et stockage de l'énergie haute densité pour les avions ou les navires.

R. Honoré, *Les Échos*, 19 novembre 2019.

Annexe 4 Nationalisations *versus* privatisations

Pour les partisans des nationalisations, l'État, en devenant entrepreneur, peut mieux réguler l'activité économique, devenant ainsi un acteur essentiel dans des secteurs jugés stratégiques (banques, industrie de l'armement, nucléaire...). Cela lui permet notamment de contrôler certaines restructurations industrielles et de garantir des services de qualité à des prix identiques pour tous les usagers (électricité, gaz, téléphone...).
Mais le rôle des entreprises publiques dans l'économie est souvent contesté. Leur capital étant garanti par l'État-actionnaire, elles n'ont pas toujours le même souci de rentabilité que les entreprises privées. Elles bénéficient parfois d'une position dominante ou même d'une situation de monopole dans leur secteur, ce qui peut fausser la libre-concurrence.
La concurrence favorise en général une baisse des prix. L'ouverture à la concurrence des lignes aériennes a ainsi permis des baisses importantes des tarifs, de même pour le secteur des télécommunications. En revanche, la privatisation du transport ferroviaire s'est accompagnée au Royaume-Uni d'une hausse importante du prix des billets.
D'un point de vue budgétaire, les privatisations d'entreprise engendrent des ressources exceptionnelles pour l'État et peuvent contribuer à réduire la dette publique.

www.economie.gouv.fr/facileco

L'essentiel en schéma

L'ESSENTIEL À RETENIR
lienmini.fr/e30705ess01

SKETCHNOTE
lienmini.fr/e30705sk01

1 Quel est le rôle de l'État ?

L'État-providence

Avec 3 fonctions économiques :
- Régulation
- Allocation des ressources
- Redistribution

L'État gendarme

Se limitant aux fonctions régaliennes

2 conceptions ≠

L'État

Est producteur :
- Entreprises publiques
- Entreprises semi-publiques

2 Quelles sont les ressources et les dépenses de l'État ?

L'État et le financement des administrations publiques

Ressources
- Les prélèvements obligatoires (impôts, cotisations, taxes)

Déficit public
Dépenses > Ressources

Dépenses
- De fonctionnement
- De redistribution
- D'investissement

Dette publique
= emprunt de l'État pour financer le déficit public

3 L'État acteur

L'État employeur

Fonction publique d'État

Fonction publique hospitalière

Fonction publique territoriale

Les monopoles publics
- Poursuivre des objectifs stratégiques
- Aménager le territoire
- Garantir un service public

Intervention de l'État dans l'économie

Réduction de l'intervention de l'État
- Déréglementation

MOTS CLÉS

VOIR LEXIQUE P. 187

- Interventionnisme
- Prélèvements obligatoires
- Dette publique
- Déficit public
- Monopole public
- Déréglementation

CHAPITRE 2

Défaillances des marchés et défaillances de l'État

THÈME 6
Comment l'État peut-il intervenir dans l'économie ?

Notions abordées

- Les défaillances des marchés
- Les asymétries d'information
- Les externalités
- Les biens publics et les biens communs
- Les défaillances de l'État

Pour être capable

- De justifier pourquoi l'allocation des ressources n'est plus efficace en présence d'une défaillance de marché.
- D'énoncer des solutions permettant de corriger ces défaillances de marché.
- De citer des situations où l'on peut parler de défaillance de l'État.

1. Expliquez quelle est la particularité des objets vendus sur un site comme Le bon coin.
2. Présentez l'origine probable de la pollution sur la seconde photographie.
3. Citez les problèmes éventuels que peuvent rencontrer les acheteurs sur Le bon coin et les voisins de l'usine.

LANCER LA SÉANCE

VIDÉO EN QUESTIONS

Voitures d'occasion : attention aux arnaques
lienmini.fr/e30705avt2

1 Quelles sont les défaillances du marché ?

A L'asymétrie d'information

DOCUMENT 1 Un poisson pas forcément frais...

A. Uderzo, R. Goscinny, *La Grande Traversée*,

1. Présentez la situation en décrivant le rôle de chaque acteur économique.
2. Expliquez pourquoi Astérix pourrait hésiter à acheter du poisson à Ordralfabétix.
3. En vous aidant de la rubrique Définition, déduisez-en le lien avec la notion d'asymétrie d'information.

DÉFINITION

Asymétrie d'information : situation ou l'un des partenaires de l'échange dispose de plus d'informations que l'autre. Cette situation contredit l'hypothèse de transparence de l'information dans un modèle de concurrence pure et parfaite.

DOCUMENT 2 Le marché des voitures d'occasion

L'asymétrie d'information est chose courante sur les marchés. Elle implique qu'un des participants à l'échange dispose d'une information « privée », qu'il cache à l'autre partie. À titre d'exemple, on peut penser à l'emprunteur qui connaît mieux que son prêteur sa capacité de remboursement ou au titulaire d'une police d'assurance qui connaît mieux que son assureur ses risques potentiels… Akerlof*, quant à lui, privilégie l'exemple du marché des voitures d'occasion, marché sur lequel le vendeur connaît mieux que l'acheteur la qualité de sa voiture. Publié en 1970, son travail […] est inspiré par le questionnement suivant : pourquoi une voiture à peine utilisée subit une décote importante sur le marché de l'occasion ? Il montre que pour se prémunir des vices cachés de véhicules de mauvaise qualité, les acheteurs intéressés proposent des prix délibérément faibles. Insatisfaits par les prix proposés, les vendeurs de véhicules de bonne qualité quittent le marché, ne laissant alors disponibles à la vente que des produits de mauvaise qualité. Un phénomène de « sélection adverse » (ou « antisélection ») est donc à l'œuvre : les voitures de piètre qualité chassent du marché les bonnes voitures.

* Georg Akerlof est un économiste américain, prix Nobel d'économie en 2001.

www.economie.gouv.fr

1. Indiquez quelles informations les vendeurs de véhicules d'occasion peuvent cacher à leurs clients.
2. Expliquez pourquoi les acheteurs ne sont pas prêts à acheter des voitures d'occasion chères.
3. Déduisez-en la réaction probable des vendeurs de voitures de bonne qualité.

B La concurrence imparfaite

DOCUMENT 3 Le duopole Airbus et Boeing

Année impaire oblige, le grand barnum de l'aéronautique s'installe cette semaine sur l'aéroport du Bourget (Seine-Saint-Denis). Pendant sept jours, 2 453 exposants et 150 avions vont attirer plus de 300 000 visiteurs. Généralement, la visite du chef de l'État et de substantielles commandes d'avions civils constituent les temps forts de la fiesta. Mais cette année les aficionados risquent de rester sur leur faim. Certes, Emmanuel Macron, comme il l'a fait il y a deux ans, arpentera les allées du salon ce lundi après avoir reçu à dîner le gratin de l'aéronautique français dimanche, afin d'évoquer les projets de développement des Dassault, Thales et autre Safran. Lundi, c'est à bord d'un Airbus A330neo qu'il doit arriver, offrant une exposition de premier choix au constructeur européen. Reste que cette cuvée 2019 ne devrait pas se traduire par une avalanche de commandes, ni réserver de grandes surprises quant à la compétition entre avionneurs. Le duopole établi par Airbus et Boeing est plus costaud que jamais et les nouveaux entrants désireux d'égratigner cet ordre établi ont encore du chemin à faire.

F. Bouaziz, « Airbus et Boeing : ciel mon duopole ! », *Libération*, 16 juin 2019.

RAPPEL

Un marché de concurrence pure et parfaite satisfait cinq conditions :
- atomicité du marché (beaucoup d'offreurs et de demandeurs) ;
- homogénéité des produits (on considère les biens identiques) ;
- transparence de l'information (sur les prix, l'offre et la demande) ;
- libre entrée et sortie du marché (à tout moment et sans contrainte) ;
- mobilité des facteurs de production.

1. Indiquez à quel type de marché le marché aéronautique appartient.
2. En vous aidant du rappel, repérez quelle condition de la concurrence pure et parfaite n'est pas respectée.
3. Expliquez en quoi cette situation peut être néfaste pour l'environnement concurrentiel.

VIDÉO

Monopoles et oligopoles
lienmini.fr/e30705oligopoles
3:35

DÉFINITIONS

Duopole : marché sur lequel la production ou la vente est contrôlée par seulement deux vendeurs et une multitude d'offreurs. C'est un cas particulier d'oligopole.
Cartel : entente conclue de manière explicite ou tacite entre plusieurs entreprises indépendantes d'un même secteur d'activité dans le but de limiter la concurrence, de contrôler le marché et de faire ainsi plus de profit.

DOCUMENT 4 L'entente entre concurrents

Si vous aviez l'habitude d'acheter des compotes de marques distributeurs entre 2010 et 2014, peut-être les avez-vous payées plus cher. L'Autorité de la concurrence vient en effet de mettre en lumière un « cartel d'envergure nationale entre les principaux fabricants de compote », qui s'est notamment entendu sur les prix pendant cette période. […]
De quels produits parle-t-on ? Il ne s'agit pas des compotes commercialisées dans les rayons des supermarchés sous le label Andros ou Materne, mais de celles que ces fabricants vendent à la grande distribution sous marques de distributeurs (les MDD) ou aux distributeurs de la restauration hors foyer (comme Sodexo, Transgourmet…).
L'objectif de cette entente était « d'augmenter les prix de vente des compotes » auprès de ces clients, « de coordonner le montant des hausses », « de se mettre d'accord sur un discours commun justifiant ces hausses » ainsi que « de se répartir les volumes et les clients », énumère l'instance.

S. De Macedo, « Le "cartel des compotes" condamné à 58,3 millions d'euros d'amendes », *Le Parisien*, 18 décembre 2019.

1. Indiquez en quoi les entreprises auraient parfois intérêt à former un cartel ou une entente.
2. En vous aidant du rappel, repérez quelle condition de la concurrence pure et parfaite n'est pas respectée.
3. Expliquez en quoi cette situation peut être néfaste pour l'environnement concurrentiel.

C Les externalités

DÉFINITION

Externalité (ou effet externe) : résultat de l'activité économique d'un agent économique sur autrui. Ce résultat peut être un avantage (externalité positive) ou au contraire une nuisance (externalité négative).

DOCUMENT 5 Externalité positive ou négative ?

Le géant américain du commerce électronique Amazon a officialisé ce vendredi 10 janvier l'implantation d'un nouveau centre à Senlis (Oise), qui débutera ses activités en mai, en créant 500 emplois. D'une superficie de 55 000 m^2, ce nouveau centre, dont l'implantation était attendue depuis plusieurs mois, sera chargé de la réception et du tri des produits, a indiqué Amazon dans un communiqué.
Le site de Senlis, situé en bordure de l'A1, à une vingtaine de km de l'aéroport Roissy-Charles-de-Gaulle, sera le 23e site logistique d'Amazon en France, où l'entreprise emploie plus de 9 300 salariés en CDI.

Ouest-France, AFP, 10 janvier 2020.

Un panache de fumée impressionnant, une odeur qui prend à la gorge, des traces d'hydrocarbures qui retombent au sol, et des informations plus que parcellaires... Deux jours après l'incendie qui a ravagé l'usine Lubrizol de Rouen, classée Seveso, les habitants de la région vivent avec les désagréments liés au sinistre et craignent les effets sur leur santé, malgré les déclarations rassurantes des autorités. Depuis jeudi, les Rouennais vivent avec un impressionnant dégagement de fumée au-dessus de leur tête. Inquiets, certains se sont munis de masques pour sortir, tandis que d'autres ont préféré rester cloîtrés chez eux ou fuir la ville. Les rues de la cité normande restent ainsi bien vides en cette fin de semaine.

France Info, 28 septembre 2019.

1. Expliquez les avantages que pourraient retirer les habitants de Senlis avec l'arrivée d'Amazon sur leur commune.
2. Expliquez le préjudice que pourraient subir les habitants de Rouen suite à l'incendie de l'usine Lubrizol.
3. À l'aide de la rubrique Définition, associez à chaque texte un type d'externalité. Justifiez votre choix.

VIDÉO
Les externalités
lienmini.fr/e30705externalites
2:27

DOCUMENT 6 Le coût de la pollution automobile en dépenses de santé

Les coûts de santé liés à la seule pollution automobile dépassent 60 milliards d'euros par an en Europe. Et ce sont les très toxiques oxydes d'azote (NO_x) rejetés par les moteurs diesel qui en sont les principaux responsables. Par coûts de santé, on entend les frais liés à la prise en charge des nombreuses maladies (respiratoires et cardiovasculaires) associées aux NO_x et autres particules fines recrachées par les pots d'échappement. Commandé par l'Alliance européenne pour la santé publique (EPHA), ONG qui regroupe une centaine d'associations et de professionnels de la santé, ce rapport est le premier à tenter d'estimer les coûts sociaux générés par le trafic automobile et en particulier par les diesels.

S. Mandard, « La pollution automobile coûte plus de 60 milliards de frais de santé par an en Europe », *Le Monde*, 27 novembre 2018.

VIDÉO
Pollution : quel impact sur la santé ?
lienmini.fr/e30705impact
1:30

1. Décrivez les coûts que génère la pollution automobile.
2. Indiquez en quoi ces coûts sont des coûts sociaux.
3. Expliquez pourquoi le marché est rendu défaillant en présence d'externalité comme la pollution.

D Les biens publics et les biens communs

DOCUMENT 7 Les biens communs et les biens collectifs

	Consommation rivale	Consommation non rivale
Excluables	Biens privés : paquet de gâteaux au chocolat, voiture...	Biens de club : logiciel de traitement de texte protégé, abonnement à Netflix...
Non excluables	Biens communs : eau (propre), banc de poissons...	Biens collectifs/publics : éclairage public, défense nationale...

DÉFINITIONS

On parle de **consommation rivale** lorsque la consommation du bien par une personne rend impossible en même temps sa consommation par un tiers.
On parle de **bien excluable** lorsque le producteur a la possibilité d'empêcher quelqu'un de l'utiliser. On ne peut donc empêcher personne de consommer un bien non excluable.

1. Citez les quatre types de biens présentés dans ce document.
2. Distinguez un bien commun d'un bien collectif.
3. Trouvez d'autres exemples de votre choix pour illustrer la distinction entre bien commun et bien collectif.

DOCUMENT 8 Le feu d'artifice, un bien collectif

Le financement des biens collectifs repose sur le principe classique des révélations de préférence. Il en résulte une possibilité de situation de passager clandestin, encore connue sous le terme théorique anglo-saxon de « free riding ». Le passager clandestin n'est toutefois pas un resquilleur ; c'est au contraire, le plus souvent, l'heureux bénéficiaire de la consommation d'un bien public payé par plusieurs autres consommateurs et dont on ne peut lui interdire l'accès sans pour autant exiger en contrepartie son paiement. Le principe de malhonnêteté doit donc être écarté. Le « free rider » profite de la situation qui lui est offerte, saisit l'opportunité qui se présente : personne ne peut lui reprocher cet état de fait qu'il n'a pas lui-même suscité.

Les Échos, le 6 août 2019.

1. Indiquez pourquoi le feu d'artifice est considéré comme un bien collectif.
2. Décrivez la notion de « passager clandestin » à l'aide de la phrase soulignée.
3. Expliquez pourquoi une entreprise privée ne peut pas produire et vendre un bien collectif.

VIDÉO
Patrimoine : la tragédie des biens communs
lienmini.fr/e30705patrimoine
1:04

Préparer sa synthèse

1. Présentez les notions d'asymétrie d'information, de concurrence imparfaite, d'externalité et de biens communs et collectifs.
2. Expliquez en quoi le marché est rendu défaillant en leur présence.

2 Comment l'État intervient-il pour corriger les défaillances du marché ?

A Remédier aux asymétries d'information

DOCUMENT 9 Le contrôle technique : un moyen de réglementer l'information

131 points de contrôle*, 696 défaillances possibles**

135 défaillances mineures Sans obligation de contre-visite	**415 défaillances majeures** Contre-visite dans les 2 mois	**146 défaillances critiques** Contre-visite dans les 2 mois avec interdiction de circuler au-delà de 24 heures sans avoir réalisé les travaux
Ex. : témoin du liquide de frein défectueux, vitesse de clignotement des feux de détresse non conforme…	Ex. : plaque d'immatriculation illisible, disques de frein usés…	Ex. : risque d'incendie lié à une fuite de carburant, absence de liquide de frein…

Prix
Autour de 65 €, le tarif pourrait **augmenter d'environ 20 %.**

Le contrôleur
Actuellement titulaire d'un CAP, il devra obtenir un **bac pro.**

Amende
pour défaut de contrôle technique : **135 €**

* 123 actuellement.
** 453 actuellement à corriger avec ou sans contre-visite.

Source : *Journal officiel de l'UE*, LP/INFOGRAPHIE.

En France, le contrôle technique est obligatoire pour les véhicules légers comme pour les véhicules lourds. Cet examen, effectué sans démontage sur les organes essentiels du véhicule, permet d'identifier les défaillances susceptibles de porter atteinte à la sécurité des usagers de la route et à l'environnement. Ce contrôle est réalisé dans des centres et par des contrôleurs techniques agréés par les préfets de département. La périodicité et le contenu de ce contrôle dépendent du type de véhicule.

www.ecologique-solidaire.gouv.fr

1. Décrivez quelles informations délivre un contrôle technique.
2. Indiquez qui impose le contrôle technique et en quoi ce document peut être utile lors de l'achat d'un véhicule d'occasion.
3. Déduisez-en le rôle des pouvoirs publics face à une situation d'asymétrie d'information.

DOCUMENT 10 L'information des consommateurs

AB
AGRICULTURE BIOLOGIQUE

Dans le secteur de l'alimentation, la réglementation cherche aussi à protéger le consommateur des asymétries d'information. Les labels alimentaires permettent dans de nombreux cas de garantir la qualité des produits achetés par les consommateurs. Par exemple, le label Agriculture biologique (AB) permet d'identifier les produits issus de l'agriculture biologique.

VIDÉO
Savoir reconnaître les labels alimentaires
lienmini.fr/e30705label
1:24

1. Expliquez l'intérêt du label AB.
2. Citez d'autres certifications que vous connaissez.
3. Déduisez l'utilité de ce type de label concernant l'information délivrée au consommateur.

B Mettre en place une politique de la concurrence

DOCUMENT 11 Les missions de l'Autorité de la concurrence

Organisme indépendant au service de la compétitivité et du consommateur, l'Autorité de la concurrence est l'arbitre de la concurrence en France.

La concurrence est un moteur pour l'économie et présente de nombreux avantages pour les consommateurs. Elle favorise des prix compétitifs, une offre riche et variée, l'émergence de services innovants. Elle dope la compétitivité des entreprises qui doivent se montrer toujours plus inventives, ce qui stimule la croissance et l'emploi. Au final, tout le monde est gagnant !

Pour que le système fonctionne bien, il faut un arbitre fort et indépendant qui régule les rapports de force entre les acteurs économiques, donne une chance aux nouveaux entrants et empêche les ententes et les monopoles.

www.autoritedelaconcurrence.fr

Autorité de la concurrence

VIDÉO
L'Autorité de la concurrence et ses missions
lienmini.fr/e30705autorite
5:51

1. Indiquez quel est le rôle de l'Autorité de la concurrence en France.
2. Expliquez la phrase soulignée puis faites le lien avec le rôle de l'Autorité de la concurrence dans la mise en place d'une politique de la concurrence.

DOCUMENT 12 Les amendes imposées par l'Autorité de la concurrence

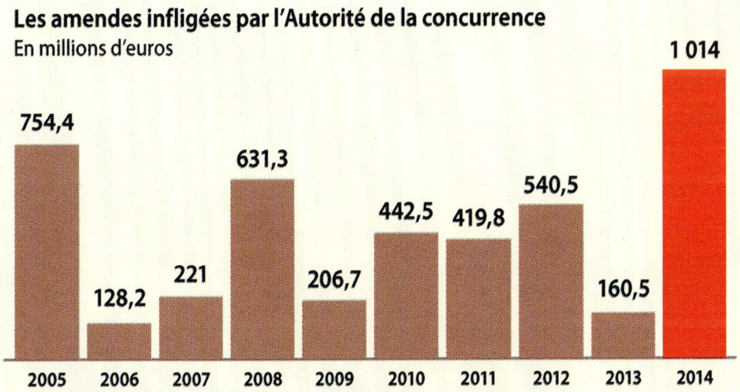

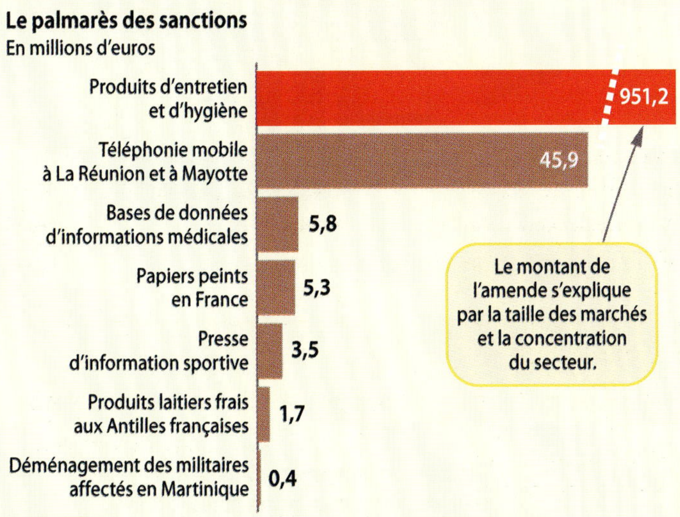

Source : Autorité de la concurrence.

1. Présentez ce document.
2. Rédigez une phrase avec le chiffre 1 014 (dans le premier graphique), puis une seconde avec le chiffre 951,2 (dans le second graphique).
3. Commentez l'évolution des amendes infligées par l'Autorité de la concurrence depuis 2005 et citez les secteurs d'activité ayant eu des sanctions record.
4. Concluez sur l'utilité de cet organisme.

MÉTHODE

Pour identifier correctement les données d'un document statistique :
- repérer le titre et la source du document ;
- repérer la nature des données : en volume ou en valeur ;
- repérer les unités : en valeur absolue (centaines, milliers, milliards) ou en valeur relative (% de répartition ou de variation).

C Lutter contre les externalités ou les encourager

DOCUMENT 13 Le principe du pollueur-payeur

Alors qu'il réfléchit à un moyen de réduire la pollution à Londres, un économiste du nom de Pigou développe un mécanisme permettant d'intégrer les externalités au coût des activités.
Le principal effet des externalités est que le coût privé diffère du coût pour la société. Par exemple, quand une usine pollue, son coût (dit privé) est plus faible que le coût social, puisqu'elle n'intègre pas la pollution qu'elle génère dans ses coûts.
Pigou propose de mettre en place une taxe du montant de l'externalité avec comme objectif que les pollueurs réduisent leur pollution en devenant « payeur » de la pollution qu'ils engendrent.

www.economie.gouv.fr

VIDÉO
Un péage pour accéder aux grandes villes
lienmini.fr/e30705peage
2:15

1. Expliquez à quoi correspond le principe du pollueur-payeur.
2. Présentez son intérêt pour lutter contre les externalités négatives.
3. À partir de vos connaissances, citez des exemples de taxe ou de redevance s'appuyant sur le principe du pollueur-payeur.

FOCUS HISTORIQUE

Du protocole de Kyoto à la taxe carbone
Le protocole de Kyoto (Japon) est un accord international visant à la réduction des émissions de gaz à effet de serre. Signé en 1997, il a été le point de départ de nombreux engagements pour lutter contre les changements climatiques. En 2014, la France instaure une taxe carbone sur certains biens énergétiques comme le gaz ou le charbon. Elle est calculée par tonne de rejet de CO_2 et reprend le principe du pollueur-payeur.

DOCUMENT 14 BREXIT : convaincre les entreprises de choisir la France

Avec le Brexit, plusieurs entreprises basées au Royaume-Uni songent à quitter Londres. La France doit envoyer un signal fort aux multinationales en partance pour les convaincre de s'y installer. […]
Afin d'attirer les grands groupes internationaux, il convient de mettre en place les moyens nécessaires, notamment en termes de fiscalité, d'allègement des contraintes sociales et d'accompagnement des entreprises. Des efforts ont déjà été menés en ce sens par les pouvoirs publics et les instances de régulation. On citera en particulier la réforme du régime des impatriés, qui prévoit notamment une exonération d'impôt sur le revenu sous conditions pour les salariés et dirigeants non domiciliés fiscalement en France. Par ailleurs, une simplification des procédures d'agrément a été annoncée par l'Autorité de contrôle prudentiel et de résolution (ACPR) et l'Autorité des marchés financiers (AMF).
Ces mesures vont dans le bon sens et devront se mettre en place rapidement de manière concrète afin d'envoyer un signal fort aux investisseurs, et de se donner les meilleures chances de tirer avantage du Brexit.

A. Delouche, *Les Échos*, 7 septembre 2018.

1. De quel type d'externalité est-il question dans le document ?
2. Citez les raisons pour lesquelles la France cherche à convaincre les entreprises concernées par le Brexit à venir s'installer sur son territoire.
3. Déduisez-en le rôle des pouvoirs publics pour favoriser ce type d'externalité.

VIDÉO
Comment Amsterdam et Paris se démènent pour attirer les entreprises après le Brexit
lienmini.fr/e30705brexit
4:30

D Assurer la production des biens communs et des biens collectifs

DOCUMENT 15 Le budget de la Défense

Le budget du ministère des Armées va de nouveau croître en 2020 à 37,5 milliards d'euros (+ 4,5 %), conformément à la loi de programmation militaire 2019-2025 (LPM), permettant d'investir dans de nouveaux équipements militaires. « L'effort en faveur de la défense, très nécessaire après une dizaine d'années de restrictions très fortes, est assez exceptionnel dans le contexte budgétaire et financier actuel », commentait-on mercredi dans l'entourage de Florence Parly.

Capital, 26 septembre 2019.

DOCUMENT 16 La délégation de service public

Au dernier conseil municipal d'Auxerre, le 19 décembre 2019, le maire et les conseillers ont adopté le principe d'une gestion déléguée pour l'exploitation du théâtre municipal d'Auxerre. Actuellement aux manettes, l'Association icaunaise pour le développement artistique (Aida) a été reconduite à ses fonctions. Il faut dire qu'elle est la seule à avoir déposé une candidature. Une nouvelle délégation de service public (DSP) a ainsi été conclue entre la Ville d'Auxerre et l'Aida. Celle-ci s'étend sur quatre années : entrée en vigueur au 1er janvier 2020, elle doit s'achever fin 2024.

R. Blanc, « Théâtre d'Auxerre, la délégation de service public renouvelée pour quatre ans », *L'Yonne républicaine*, 2 janvier 2020.

1. Rappelez à quels types de biens correspondent les productions décrites dans les documents 15 et 16.
2. Expliquez quel acteur économique prend en charge ces productions.
3. Indiquez pourquoi l'État ne les confie pas à des entreprises privées.

DÉFINITION

La **délégation de service public** est un contrat administratif par lequel une personne morale de droit public confie à une personne publique (une autre administration publique) ou privée (qui peut être un particulier ou une entreprise), la gestion d'un service dont elle a la responsabilité pour une durée limitée.

DOCUMENT 17 La loi littoral

1. Indiquez à quel type de biens correspond le littoral français.
2. Citez le nom d'une région, d'un département ou d'une commune susceptible d'être concerné(e) par la loi littoral.
3. Expliquez quelles mesures ont été mises en place par la loi littoral.
4. Déduisez l'effet d'une réglementation sur la préservation de ce type de biens.

VIDÉO

Environnement : les écologistes contre l'assouplissement de la loi littoral
lienmini.fr/e30705littoral
1:41

Préparer sa synthèse

1. Présentez les moyens utilisés par l'État pour corriger les défaillances du marché.
2. Présentez le rôle de l'Autorité de la concurrence dans la mise en place d'une politique de la concurrence.

3 Quelles sont les défaillances de l'État en matière d'intervention économique ?

A L'exemple des privatisations

DOCUMENT 18 La privatisation des autoroutes

De sérieuses irrégularités ont récemment été constatées par la Cour des comptes concernant des sociétés d'autoroutes. [...] Du point de vue de l'État, la privatisation a été mal gérée. Les concessionnaires privés ont diablement bien défendu leurs intérêts, au point d'en faire une affaire très juteuse. Bien sûr, les autoroutes en question sont de bonne qualité. Mais, aux dires même d'un dirigeant de société qui les exploite, leur rentabilité est exceptionnelle.

Qui est en cause ? C'est l'État, qui a mal évalué le prix qu'il demandait. Là encore, parce que l'État avait besoin d'argent à court terme, il a sacrifié ses intérêts – et ceux du contribuable, et ceux de l'usager – de long terme. Et la même erreur a été faite lors de la négociation de la prolongation : travail insuffisant de la part des fonctionnaires qui défendaient l'intérêt collectif. [...]

Dans les trois cas, jeux, autoroutes et aéroports, il s'agit de monopoles. Comme il n'y aura donc pas vraiment de concurrence, il y a là une rente potentielle pour les actionnaires futurs de ces entreprises, au détriment de l'usager.

F. Lenglet, « Privatisation des autoroutes : pourquoi l'État n'a pas fait son travail », www.rtl.fr, 22 avril 2019.

1. Rappelez à quoi correspond la notion de privatisation.
2. Indiquez de quelle privatisation il est question dans ce document.
3. Expliquez ce qui peut être reproché à l'État concernant cette privatisation.

B L'exemple de la gestion des services publics

DOCUMENT 19 Le repli des services publics

Dans son rapport annuel, le Défenseur des droits pointe un repli des services publics et une « banalisation de la non-réponse ». [...] « Dans de nombreux cas, les difficultés que doivent surmonter les usagères et usagers pour accéder à leurs droits de manière effective s'apparentent moins à des défaillances qu'à des obstacles mis en place plus ou moins délibérément par les pouvoirs publics », souligne Jacques Toubon dans son rapport annuel. [...] L'année dernière, les réclamations liées aux services publics ont, dans une très large part (93 %), le plus occupé le Défenseur des droits : retards dans le versement de certaines retraites, suppression du guichet dans les préfectures pour délivrer le permis de conduire, déserts médicaux, réorganisation des juridictions.

« Les services publics s'effacent peu à peu, alerte le Défenseur des droits », www.publicsenat.fr, 12 mars 2019.

Défenseur des droits
RÉPUBLIQUE FRANÇAISE

FOCUS

Nommé par le président de la République pour un mandat de six ans, le **Défenseur des droits** est chargé de défendre les droits des citoyens face aux administrations et dispose également de prérogatives particulières en matière de promotion des droits de l'enfant, de lutte contre les discriminations, du respect de la déontologie des activités de sécurité. Jacques Toubon est le titulaire actuel de cette fonction.

1. Rappelez les principaux domaines d'intervention de l'État.
2. En vous aidant du texte, indiquez les reproches faits par le Défenseur des droits à l'encontre des services publics.

DOCUMENT 20 La démographie médicale en France

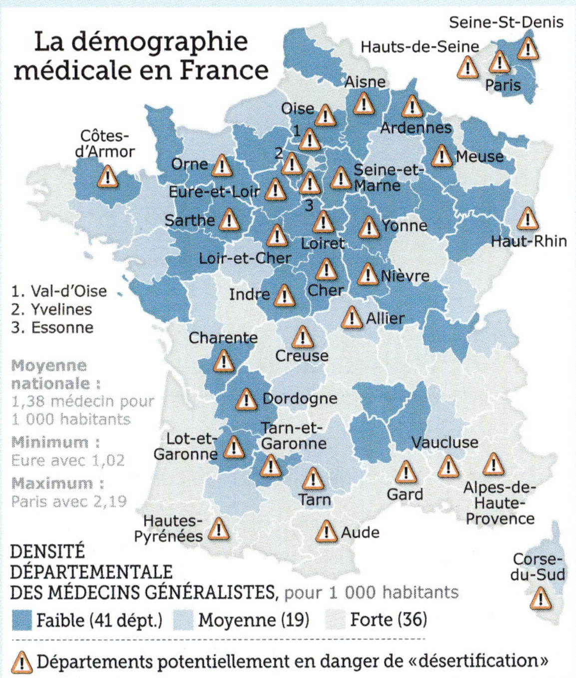

Source : *Le Figaro*, Atlas de la démographie médicale, CNOM.

1. Indiquez ce que présente cette carte.
2. Expliquez en quoi l'État est concerné par cette situation.
3. En vous aidant des réponses aux questions du document 19, estimez la part de responsabilité de l'État dans cette situation.

DÉFINITION

Un **désert médical** correspond à un territoire où l'offre médicale est insuffisante pour répondre aux besoins de la population. Différents critères peuvent être pris en compte : le nombre de médecins par habitants, le volume d'activité réel des médecins, le temps d'accès aux praticiens, les besoins en soins de la population par classe d'âge...

C L'exemple des gestionnaires publics

DOCUMENT 21 La responsabilité des gestionnaires publics

« Il existe une crise de confiance aujourd'hui en France », explique la conseillère d'État Isabelle Falque-Pierrotin. Elle était aussi l'une des cinq « garantes » du Grand Débat national, organisé dans le sillage du mouvement des Gilets jaunes. Et elle rapporte ses conclusions. « Une crise de confiance envers les élus locaux d'abord : ils sont attaqués en termes de gaspillage de l'argent public, de détournement et d'irrégularité. Et envers les gestionnaires de Paris, accusés de prendre des décisions loin du terrain. » [...]
Si les citoyens attendent des sanctions lourdes quand les gestionnaires publics commettent des fautes et non plus une simple réparation des torts, il paraît nécessaire [...] de repenser le régime de la responsabilité.

D. Berger, « Gestionnaires publics : durcir leur responsabilité, mais jusqu'où ? », www.lagazette.fr, 21 octobre 2019.

La sentence est tombée dans l'affaire des détournements de fonds publics supposés dans la commune de Hesdin dans le Pas-de-Calais. L'ancien maire de la commune [...] a ainsi été condamné mardi par le tribunal correctionnel de Boulogne-sur-Mer. Sa sentence inclut une peine de prison de trois ans, avec sursis, ainsi que cinq ans d'inéligibilité. L'ancien édile a également écopé de 15 000 euros d'amende [...].
L'ancien maire avait comparu fin octobre devant le tribunal correctionnel de Boulogne-sur-Mer, accusé d'avoir fait usage de fonds publics à hauteur de 114 343 euros à des fins personnelles, notamment en frais de restaurant, de carburant, de travaux et de matériel.

« Restaurants, carburants... l'ex-maire d'Hesdin condamné pour détournement de fonds publics », www.capital.fr, 21 janvier 2020.

1. Commentez la phrase soulignée dans le premier texte.
2. Illustrez cette situation en utilisant l'exemple donné dans le second texte.
3. Expliquez la « crise de confiance » qui peut exister en France à l'égard des gestionnaires publics.

Préparer sa synthèse

1. Citez des situations illustrant des défaillances de l'État.
2. Expliquez pourquoi on parle de « défaillances » de la part de l'État.

Activités

1 Se tester

QCM INTERACTIF
Testez-vous !
lienmini.fr/e30705exo2

Répondez par vrai ou faux aux affirmations suivantes puis justifiez vos réponses.

1. **Une usine qui crée des emplois dans une région sinistrée par le chômage est une externalité négative.**
2. **La pollution automobile génère des coûts sociaux.**
3. **La présence d'asymétries d'information signifie que l'information est transparente.**
4. **Un duopole est un marché dont la caractéristique est l'atomicité.**
5. **L'éclairage public est un bien collectif.**
6. **La réglementation permet aux pouvoirs publics d'encourager les externalités positives.**
7. **Les péages urbains sont un exemple illustrant le principe du pollueur-payeur.**
8. **Le contrôle technique incite les propriétaires de voiture à cacher des informations.**
9. **Utiliser un label alimentaire permet aux producteurs de rassurer les consommateurs.**
10. **L'Autorité de la concurrence est un organisme qui incite à la mise en place de cartels.**
11. **De par leur nature, la production des biens collectifs doit être confiée à des entreprises privées.**
12. **Les biens communs sont sous-exploités.**

2 Construire sa carte mentale

→ Voir FICHE MÉTHODE 3

Construisez une carte mentale avec pour titre, au centre, « Les principales défaillances des marchés », puis liez les notions suivantes : externalités - asymétries d'information - biens collectifs - biens communs - pouvoirs publics - réglementation.
En fin de branche, associez ces notions à des exemples concrets ou des symboles ou des dessins de votre choix.

3 S'entraîner au Grand Oral

Constituez des groupes de 4 ou 5 élèves. Chaque groupe présentera, au choix, l'un des sujets ci-dessous en prenant soin, à la fin de l'exposé, de faire le lien avec l'une des défaillances de marché vues précédemment. Chaque exposé durera entre 5 et 10 minutes et pourra être présenté à l'aide d'un support de présentation assistée par ordinateur.

Liste des sujets :
- la présentation de la réglementation de l'étiquetage des œufs ;
- la vignette Crit'Air à Paris ;
- le bonus écologique pour l'achat d'un véhicule électrique ;
- l'accord de Paris sur le climat de 2015 ;
- le cartel des yaourts (2015) et le cartel des compotes (2019) ;
- le jour de dépassement écologique en France, en Europe et dans le monde depuis 1945 ;
- les pôles de compétitivité ;
- la loi montagne (avec un parallèle avec la loi littoral).

4 Comprendre une notion à l'aide d'une vidéo

1. À l'aide de la vidéo, définissez la notion de biens communs.
2. Expliquez la signification du problème de la « tragédie des biens communs ».
3. Indiquez si la surexploitation des biens communs provoque des problèmes économiques.
4. Citez les solutions mises en place pour préserver ces biens communs.

VIDÉO
What is the tragedy of the commons?
lienmini.fr/e30705commons
4:57

5 Travailler la méthode : analyser un graphique

→ Voir FICHE MÉTHODE 1

Niveau d'émissions de CO_2 par habitant, en tonnes de CO_2

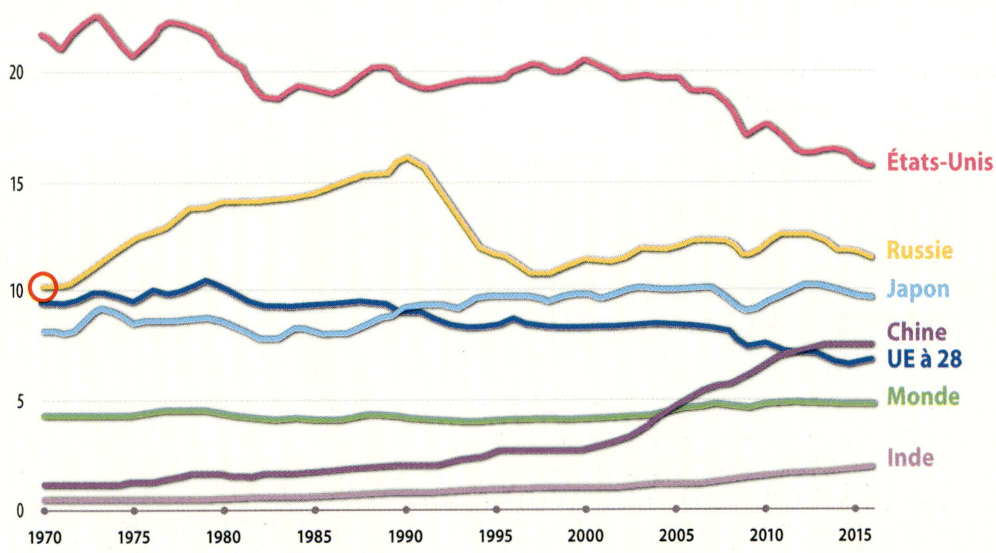

Source : CEPII.

1. Rédigez une phrase avec le nombre 10 entouré sur le graphique.
2. Décrivez l'évolution générale des courbes, éventuellement en distinguant différents groupes.
3. Proposez une explication à cette évolution.
4. À partir de vos connaissances, déterminez quelles réponses pourraient apporter les pouvoirs publics au niveau national puis présentez les difficultés éventuelles à la mise en place de ces réponses.

Objectif Bac

Les biens publics mondiaux (ou biens collectifs mondiaux)

À partir de vos connaissances et de la documentation fournie dans les annexes 1 à 4 :

1. Comparez les émissions de gaz à effet de serre des différents pays.
2. Après avoir rappelé ce qu'est un bien commun, décrivez les effets attendus de l'accord de Paris sur le climat.
3. Présentez l'argument que les États-Unis mettent en avant pour expliquer leur retrait de l'accord de Paris.
4. Rédigez une argumentation qui vous permette de répondre à la question suivante : « Pourquoi est-il difficile de préserver les biens publics mondiaux ? »

Annexe 1 L'application du concept de bien public à l'échelle internationale

Le concept de bien public a d'abord été développé dans un cadre de réflexion national : pointant une défaillance du marché, il offre un point d'appui théorique à une intervention de la puissance publique. L'application de la notion à des problématiques internationales est récente [...].

L'emploi du concept de bien public mondial s'est imposé pour plusieurs raisons. Il est apparu logique de transposer à l'échelle internationale un concept développé dans le cadre national, dans la mesure où l'économie s'est elle-même internationalisée. Surtout, le concept de bien public présente l'avantage d'apporter une justification à la coopération internationale, sans remettre en cause le bien-fondé de la libéralisation des marchés. En ce sens, la prise de conscience croissante de l'existence de biens publics mondiaux représente bien une seconde dimension de la mondialisation, et non une volonté d'apporter des restrictions à l'ouverture aux échanges.

Rapport d'information, www.senat.fr

Annexe 2 L'évolution des émissions de gaz à effet de serre

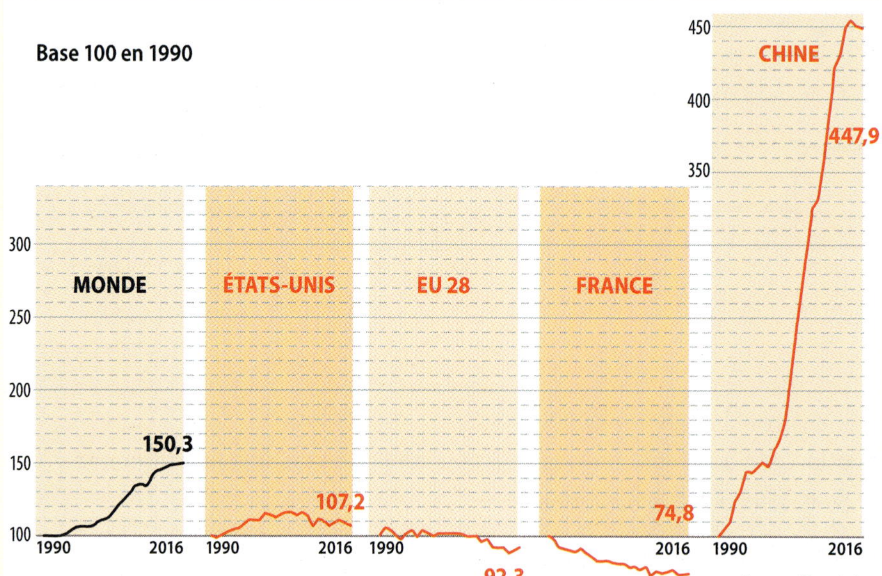

Source : Eurostat.

Annexe 3 Les points clés de l'accord de Paris sur le climat (2015)

Les États signataires de l'accord de Paris sur le climat se sont engagés sur différents points : contenir le réchauffement climatique notamment en limitant les émissions de gaz à effet de serre (GES), partager les efforts en montrant la voie aux pays en développement et en aidant les pays vulnérables, financer cette transition écologique et, enfin, évaluer les résultats obtenus en révisant tous les 5 ans les objectifs.

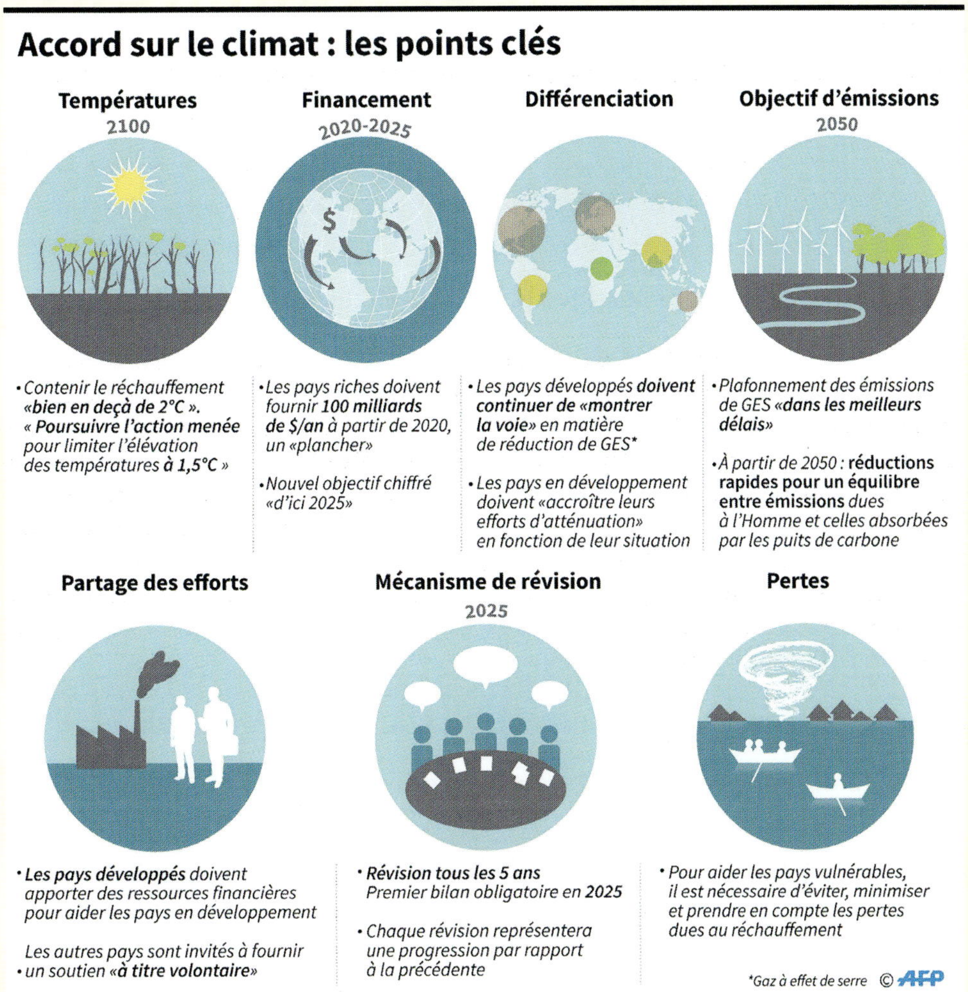

Source : AFP.

Annexe 4 Donald Trump sort les États-Unis de l'accord de Paris sur le climat

Le président américain a tourné le dos à la planète et à la réalité du réchauffement climatique en annonçant, le 1er juin 2017, le retrait isolé des États-Unis de l'accord de Paris sur le climat.

Ce texte issu des négociations à la conférence COP 21, fruit d'années de tractations laborieuses entre près de 200 pays et entités différentes, vise à limiter sous les 2 °C l'augmentation de la température moyenne sur Terre, provoquée par l'activité humaine. Mais Donald Trump y a opposé l'enjeu politique des emplois américains, fidèle à sa promesse de campagne. L'avenir de l'accord et son application sont incertains, malgré la consternation suscitée dans le monde par cette décision et les multiples signaux positifs et volontaires des autres participants.

L'Express, 1er juin 2017.

L'essentiel en schéma

L'ESSENTIEL À RETENIR
lienmini.fr/e30705ess02

SKETCHNOTE
lienmini.fr/e30705sk02

1 Quelles sont les défaillances du marché ?

Les défaillances du marché

- Les asymétries d'information
- La concurrence imparfaite
- Les externalités
- La présence de biens collectifs et de biens communs

2 Comment l'État intervient-il pour corriger les défaillances du marché ?

Les moyens d'intervention des pouvoirs publics
pour améliorer le fonctionnement du marché

- La réglementation (contrôles, labels, sanctions...)
- Les taxes **ou** Les aides publiques
- La prise en charge de certaines productions

3 Quelles sont les défaillances de l'État en matière d'intervention économique ?

Les défaillances de l'État
Exemples :

- La privatisation des autoroutes au détriment financier des usagers
- Les déserts médicaux
- Les détournements de fonds par des élus de la République

MOTS CLÉS

VOIR LEXIQUE P. 187

- Défaillance de marché
- Externalité négative
- Externalité positive
- Asymétrie d'information
- Bien public/collectif
- Bien commun

CHAPITRE 3

Les politiques économiques de l'État

THÈME 6
Comment l'État peut-il intervenir dans l'économie ?

Notions abordées

- Les fluctuations et les cycles économiques (expansion, récession, dépression, crise)
- La politique contracyclique
- La politique budgétaire et la politique monétaire
- Les politiques de la concurrence

Pour être capable

- De désigner les principaux outils et canaux de transmission des politiques budgétaire et monétaire.
- D'énumérer et de distinguer les fonctions respectives des politiques d'offre et de demande qui peuvent s'inscrire alternativement ou concomitamment dans des cycles conjoncturels ou structurels.

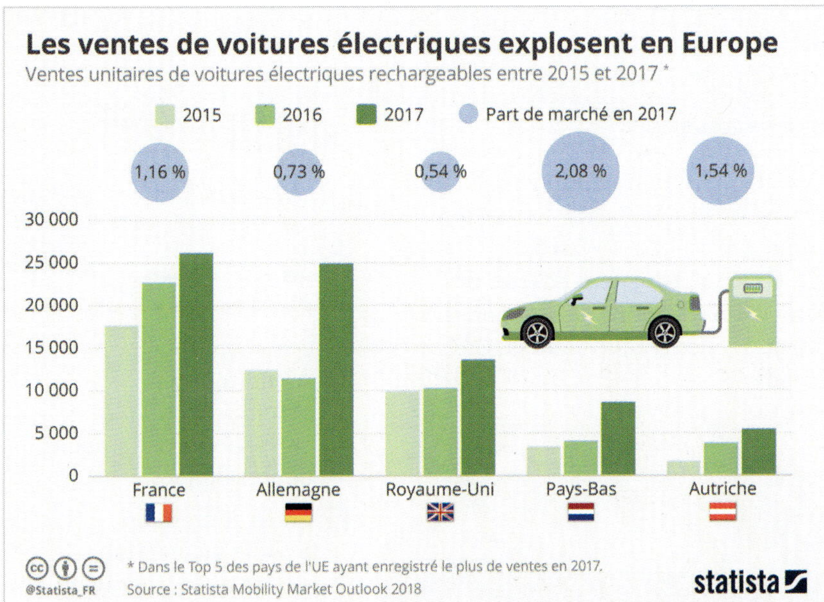

1. Repérez l'action de l'État pour agir sur la demande du marché automobile.
2. Ce dispositif a-t-il des conséquences positives pour notre croissance ?
3. Avec cette mesure, l'État recherche-t-il des effets à long terme ?

LANCER LA SÉANCE

VIDÉO EN QUESTIONS

Prime à la conversion : ce qui change
lienmini.fr/e30705avt3

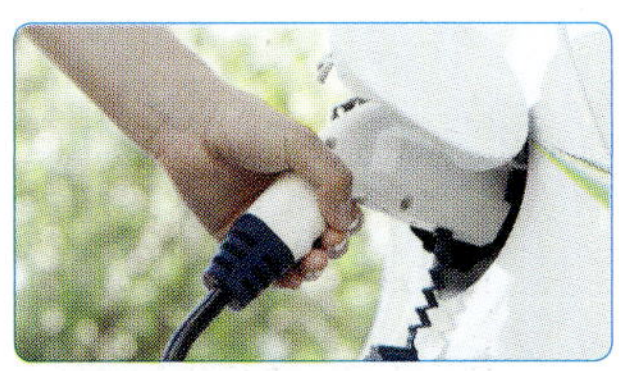

1:21

1 Quels sont les objectifs et les outils de la politique économique de l'État ?

A Stabiliser les grands agrégats macroéconomiques

DOCUMENT 1 Le cycle économique et ses différentes phases

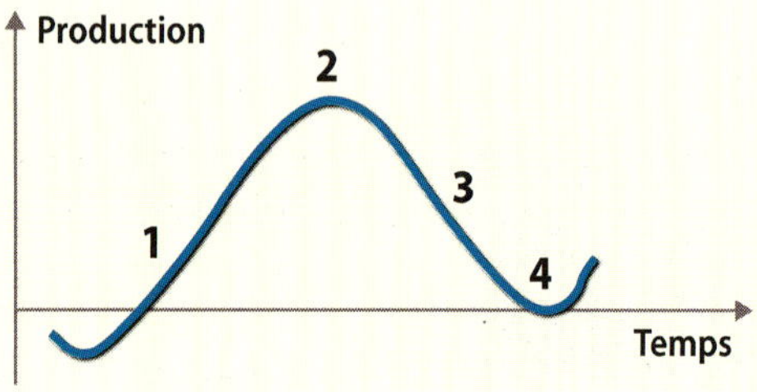

A Récession : phase de ralentissement de la production, ou **dépression** : phase de baisse de la production.

B Reprise : point de retournement entre une baisse et une hausse de la production.

C Expansion : phase d'augmentation de la production

D Crise : point de retournement entre une hausse et une baisse du niveau de production.

1. Associez les numéros du graphique aux intitulés des phases du cycle économique.
2. À votre avis, que se passe-t-il après la phase de reprise ?
3. Distinguez une fluctuation économique d'un cycle économique.

DÉFINITION

Politique économique : ensemble des actions mises en œuvre par les pouvoirs publics pour atteindre des objectifs économiques à court terme (avec la politique conjoncturelle) et à long terme (avec la politique structurelle).

DOCUMENT 2 La crise de 1929 et la « grande dépression »

Dès le printemps 1929, des nuages s'amoncellent sur l'économie américaine après plusieurs années de croissance vigoureuse. Les résultats des entreprises se dégradent, la production automobile baisse [...]. À Wall Street, la spéculation continue pourtant de plus belle. On emprunte pour acheter des actions. [...] Le jeudi 24 octobre, c'est le krach. Tout le monde veut vendre ses titres, personne n'achète. À midi, l'indice dow jones (l'équivalent du CAC 40) a perdu 22,6 %. La baisse se poursuit pendant trois ans : les cours boursiers ont chuté de 87 %, les banques font faillite. [...] Deux chiffres suffisent pour mesurer l'importance de cette dépression planétaire : la production industrielle américaine a baissé de moitié de 1929 à 1932 et le taux de chômage est passé de 3,1 % à 24 %.

www.economie.gouv.fr

VIDÉO

La crise de 1929
lienmini.fr/e30705crise
2:57

1. À quel agrégat macroéconomique correspond la « grande dépression » ?
2. Cette dépression a-t-elle eu un effet sur les autres agrégats macroéconomiques ?
3. Construisez un schéma pour montrer l'enchaînement des conséquences économiques du krach boursier de 1929.

DÉFINITIONS

La **politique économique conjoncturelle** a pour objectif de stabiliser les grands agrégats macroéconomiques : obtenir une croissance régulière, tendre vers le plein emploi, avoir des prix stables, équilibrer la balance extérieure.
Un **agrégat** est une grandeur synthétique qui permet de mesurer l'activité économique nationale. Ex : le taux de chômage, le PIB, le taux d'inflation, la balance extérieure.

FOCUS HISTORIQUE

Cinq grandes crises ont marqué le monde de 1923 à aujourd'hui.
lienmini.fr/e30705citeco

B Adapter la structure économique du pays

DOCUMENT 3 Soutenir l'aménagement du territoire

La Région va consacrer 235 millions d'euros à la création de 100 Quartiers innovants et écologiques en Île-de-France. [...] Pour être sélectionné, un projet de quartier doit :
- contribuer à l'effort régional de logement ;
- rendre le quartier vivant, agréable et sûr en alliant logements, emplois et services de proximité ;
- être exemplaire en matière de transition écologique et énergétique ;
- favoriser les mobilités durables [...].

Les projets, portés par des communes ou des intercommunalités, peuvent concerner le financement d'équipements de proximité (en rapport avec la petite enfance, l'école, le sport, la culture, la santé, les loisirs, etc.), ainsi que des aménagements d'espaces publics ayant pour objectif d'améliorer la qualité urbaine, la cohésion sociale et les mobilités actives.

www.iledefrance.fr

DÉFINITION

La **politique économique structurelle** cherche à transformer profondément les institutions et le comportement des agents pour obtenir un meilleur fonctionnement du système économique. Ex : investir dans l'éducation, encourager l'innovation des entreprises, etc.

1. Repérez l'action de la région Île-de-France auprès des communes et intercommunalités.
2. Montrez que cette action s'inscrit dans une politique structurelle.

C Les politiques budgétaire et monétaire

DOCUMENT 4 Les deux instruments de la politique économique

	La politique budgétaire	La politique monétaire
Explication	Mesures qui ont des conséquences sur le budget de l'État pour orienter l'activité économique.	Actions mises en œuvre par les banques centrales afin de réguler la quantité de monnaie qui circule dans l'économie.
Outils	L'augmentation ou la diminution des dépenses et des recettes publiques : investissement public, baisse des prélèvements obligatoires...	L'augmentation ou la diminution du taux d'intérêt directeur facilitera ou non l'accès au crédit, donc à la monnaie.

VIDÉO

Piloter le budget de l'État
lienmini.fr/e30705budget
4:45

1. Ces deux instruments sont-ils mis en œuvre par le même agent économique ?
2. Relevez le principal « outil » de chacune de ces politiques.
3. Rappelez les deux composantes du budget de l'État.
4. Montrez comment l'État peut agir sur la situation économique grâce à sa politique budgétaire.
5. Repérez la limite de cet instrument.

Préparer sa synthèse

1. Proposez une définition de la notion de cycle économique.
2. Distinguez la politique économique conjoncturelle de la politique économique structurelle.

2 Comment mettre en œuvre une politique de demande ?

A Soutenir la demande globale

DOCUMENT 5 La politique keynésienne

M. Goodwin, D. E. Burr, *Économix : la première histoire de l'économie en BD*, © Éditions des Arènes, 2019.

DÉFINITION

Dépenses déficitaires : dépenses de l'État qui engendrent un déficit budgétaire.
Politique contracyclique : politique qui s'oppose au cycle économique en suivant la tendance inverse.

PORTRAIT

Keynes (1883-1946) est un économiste fondateur de la macroéconomie, appelée aussi le keynésianisme. C'est une école de pensée économique qui prône que l'État doit intervenir dans le domaine économique.

1. D'après Keynes, comment doit réagir l'État pour faire face à une récession ?
2. Présentez les effets attendus de cette politique sur la demande des ménages et des entreprises.
3. Quel(s) indicateur(s) économique(s) espère-t-on améliorer ?
4. Vérifiez si la politique de la demande de Keynes est bien une politique qualifiée de contracyclique.
5. Dans le document, le dirigeant d'entreprise est attentif à un autre indicateur pour se décider à investir, lequel ? À quel instrument de politique économique fait-il référence ?

B Augmenter les revenus

DOCUMENT 6 Les mesures du gouvernement à la fin 2018

Revalorisation du SMIC et de la prime d'activité, ce qui représente une **hausse de 100 € net par mois** sans qu'il n'en coûte rien pour l'employeur.

Jusqu'à 1 000 € de prime de fin d'année pourra être librement versée par l'employeur au salarié, sans impôts ni charges.

Dès 2019, **les heures supplémentaires seront défiscalisées**, ce qui constitue un **gain de 400 € par an** en moyenne.

Les retraités gagnant moins de 2 000 € **seront exonérés de la hausse de la CSG** en 2019.

Source : www.economie.gouv.fr, projet de loi de finances 2019.

DOCUMENT 7 Un bilan positif pour la croissance

Le 14 mars dernier, Olivier Garnier, directeur des statistiques, des études et relations internationales à la Banque de France [...] indiquait que le pouvoir d'achat moyen par habitant pourrait progresser de 2,1 %, « le plus fort gain de pouvoir d'achat depuis 2007 », autorisant vraisemblablement une « progression de l'activité à un rythme bien supérieur à celui de 2008 [...]. Même appréciation du côté de l'Insee quelques jours plus tard (20 mars) : « la croissance serait portée par la consommation » stimulée par « une politique budgétaire plus expansionniste qu'envisagée il y a quelques mois » [...]. Tous sont sur la même ligne : la demande, requinquée par les baisses d'impôts et les mesures sociales (prime d'activité, détaxation des heures supplémentaires...) stimule l'activité.

D. Clerc, *Alternatives économiques* n° 391, juin 2019.

1. Rappelez la notion de pouvoir d'achat.
2. Relevez les mesures de politique budgétaire décidées par le gouvernement en précisant si elles concernent les dépenses ou les recettes publiques.
3. Ces mesures traduisent-elles une politique de demande ? Expliquez en faisant le lien avec la notion de revenu disponible.
4. Cette politique de demande a-t-elle eu un effet sur la croissance ?

C Des taux d'intérêt très favorables

DOCUMENT 8 Des taux d'intérêt bas

En juin, le taux des crédits immobiliers était de 1,25 % en moyenne [...]. Les ménages bénéficient de conditions extrêmement favorables pour acheter leur logement sachant que les banques acceptent aussi de prêter à plus long terme et exigent moins d'apport personnel.
Sur un an, la baisse du coût du crédit est notable quel que soit le type de bien financé : un logement ancien ou neuf [...].
Encouragée par la guerre que se mènent les banques pour capter les clients, grâce au crédit immobilier, cette baisse de taux s'explique avant tout par la politique de la Banque centrale européenne (BCE). Pour soutenir l'économie de la zone euro, l'institution maintient les taux d'intérêt au plancher et encourage les banques à prêter.

S. Poullennec, *Les Échos*, 16 juillet 2019.

1. Relevez la décision de la BCE quant au niveau du taux d'intérêt directeur.
2. Présentez les effets attendus de cette politique monétaire.

Préparer sa synthèse

1. Expliquez la notion de politique de demande : sur quels agents agit-elle ? Quelles sont les effets recherchés ?
2. Montrez comment les politiques budgétaire et monétaire permettent de mettre en œuvre une politique de demande.

3 Comment mettre en œuvre une politique d'offre ?

A Baisser le coût du travail

DOCUMENT 9 Faut-il alléger les charges sur les salaires ?

La France n'est pas le seul pays européen à afficher un niveau élevé de fiscalité totale sur le travail. En revanche, les charges dites « patronales », et donc la part du financement de la protection sociale assumée par les employeurs, y sont notablement plus élevées qu'ailleurs (13 % du PIB en 2015, contre 7 % en Allemagne et dans l'Union européenne). Alléger les charges sur les salaires caractéristiques de l'industrie et des services exposés à la concurrence internationale aide à rendre les entreprises exportatrices plus compétitives par rapport à leurs concurrents étrangers. Cela leur permet d'augmenter leurs parts de marché et les conduit à embaucher pour répondre à cette demande supplémentaire.

www.la-fabrique.fr, février 2018.

DOCUMENT 10 Des prélèvements en baisse pour les entreprises

Lors du projet de loi de finances pour 2019, le gouvernement annonce une baisse des prélèvements obligatoires pour les entreprises :

Le CICE (crédit d'impôt pour la compétitivité et l'emploi) est transformé en baisse de 6 points de cotisations d'assurance maladie sur les salaires jusqu'à 2 fois et demi le SMIC.	- 20,4 mds d'€
L'impôt sur les sociétés est diminué de 33 à 31 %.	- 2,4 mds d'€

Source : www.economie.gouv.fr, projet de loi de finances 2019.

VIDÉO
Le coût du travail varie de un à huit en Europe
lienmini.fr/e30705cout
2:22

1. Repérez les décisions de l'État pour diminuer le coût du travail des entreprises.
2. Quelle sera la conséquence possible de cette baisse du coût du travail sur l'offre en biens et services des entreprises sur le marché ?
3. Cette politique qui agit sur l'offre est-elle conjoncturelle ou structurelle ? Expliquez.

B Investir dans l'innovation et la formation

DOCUMENT 11 Encourager l'innovation en France

Donner aux entreprises les moyens d'innover, de grandir et de créer des emplois, telle est l'ambition du plan d'action pour la croissance et la transformation des entreprises (PACTE). Ce projet de loi [...] comporte plusieurs mesures qui vont encourager l'innovation en France.

Un problème : La croissance de demain sera tirée par les technologies de rupture, comme l'intelligence artificielle, la nanoélectronique, ou le stockage d'énergie. Ces technologies nécessitent des investissements initiaux très conséquents, ont un taux d'échec élevé et impliquent une mise sur le marché lointaine.

Une solution : [Des fonds, entre 200 et 250 millions d'euros, seront distribués] sous forme d'aides individuelles (subventions, avances remboursables et prêts) spécifiquement calibrées pour répondre à leurs besoins.

www.economie.gouv.fr

1. Quelles sont les difficultés des entreprises qui souhaitent innover ?
2. Citez la solution de politique budgétaire proposée par l'État.
3. La politique monétaire peut-elle être favorable à l'innovation ?
4. Ce plan d'action relève-t-il d'une politique conjoncturelle ou structurelle ? Pour atteindre quels objectifs ?

DOCUMENT 12 Le plan d'investissement dans les compétences (PIC)

Le PIC s'inscrit dans un programme de 57 milliards d'euros afin d'accompagner les réformes structurelles, de transformer notre économie et nos territoires. Deux principales lignes d'actions ont été retenues :

- Des initiatives nationales, par exemple le plan « 10 000 formations aux métiers du numérique » à destination des jeunes peu diplômés et des demandeurs d'emploi pour accéder à des métiers aussi variés qu'administrateur réseaux, modeleur 3D ou médiateur numérique.
- Un partenariat avec les Régions pour soutenir au niveau local les besoins de formation dans les territoires. Exemple : des formations visant des secteurs porteurs d'emploi tels que le numérique, le commerce, dans la Région Grand Est.

Source : www.gouvernement.fr

1. Comment le plan d'investissement dans les compétences (PIC) agit-il sur le facteur travail ?
2. Quels seront les avantages pour l'offre de produits des entreprises sur le marché ?
3. Repérez les conséquences de cette politique d'offre sur les objectifs de politique conjoncturelle et structurelle.

C Contrôler la concurrence

DOCUMENT 13 Le rôle de l'Autorité de la concurrence

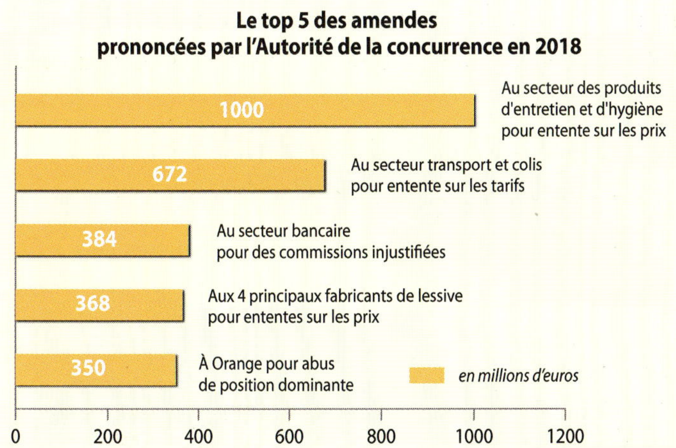

Source : www.francetvinfo.fr

En tout, l'Autorité de la concurrence estime avoir pris 230 décisions en moyenne chaque année. « C'est une activité au rythme extrêmement soutenu, estime sa présidente Isabelle de Silva, et un outil essentiel pour agir sur la structure des marchés en amont, pour prévenir la constitution de positions trop fortes et maintenir la dynamique concurrentielle ».

VIDÉO
L'ouverture à la concurrence de la SNCF
lienmini.fr/e30705sncf
4:35

1. Commentez les sanctions prises par l'Autorité de la concurrence et les secteurs visés.
2. Pourquoi la politique de concurrence s'inscrit-elle dans les actions de politique économique ?

DÉFINITION
Politique de concurrence : ensemble des actions menées par les pouvoirs publics pour garantir une libre concurrence.

Préparer sa synthèse

1. Précisez quelle catégorie d'agent économique bénéficie plus particulièrement des mesures de la politique d'offre.
2. Démontrez que cette politique d'offre s'inscrit dans les objectifs de politique économique.

Activités

1 Se tester

Choisissez la ou les bonnes réponses.

1. Les cycles économiques se composent :
- de 2 phases : l'augmentation et la diminution ;
- de 4 phases : le lancement, la crise, le déclin et la reprise ;
- de 4 phases : l'expansion, la crise, la récession et la reprise.

2. Une politique contracyclique :
- voit l'intervention de l'État augmenter lorsque l'activité économique est faible ;
- voit l'intervention de l'État diminuer lorsque l'activité économique est faible ;
- voit l'intervention de l'État diminuer lorsque l'activité économique est dynamique.

3. Il y a deux instruments pour mener une politique économique :
- la politique conjoncturelle et la politique structurelle ;
- la politique budgétaire et la politique monétaire ;
- la politique d'offre et la politique de demande.

QCM INTERACTIF
Testez-vous !
lienmini.fr/e30705exo3

4. La politique économique agit pour obtenir des effets à court terme et à long terme, il s'agit de :
- la politique conjoncturelle et la politique structurelle ;
- la politique budgétaire et la politique monétaire ;
- la politique d'offre et la politique de demande.

5. La politique économique peut choisir de soutenir la consommation des ménages et l'investissement des entreprises, c'est :
- la politique d'offre ;
- la politique conjoncturelle ;
- la politique de demande.

2 Construire sa carte mentale

→ Voir FICHE MÉTHODE 3

Construisez une carte mentale avec pour titre, au centre, « La politique économique », puis liez les notions suivantes : monétaire - conjoncturelle - politique de demande - budgétaire - taux d'intérêt directeur - dépenses/recettes - structurelle - politique d'offre.
En fin de branche, associez ces notions à des exemples concrets ou des symboles ou des dessins de votre choix.

3 S'entraîner au Grand Oral

Les derniers chiffres du PIB de votre micropays, le STMG, viennent d'être publiés.
Vous participerez prochainement à une table ronde dont le thème est : **L'État doit-il toujours agir en faveur de la croissance économique ?**
Pour votre intervention devant le public, vous réaliserez un diaporama comprenant :
- un graphique montrant l'évolution du PIB entre 2009 et 2019 ;
- l'identification des phases du cycle économique depuis 2009 ;
- deux arguments « pour » ou « contre » l'intervention de l'État. Chaque argument sera clairement expliqué et illustré par des mesures et des exemples concrets.

PIB (en millions d'euros)	Années
1 863	2009
1 987	2010
2 300	2011
2 400	2012
1 200	2013
1 600	2014
600	2015
800	2016
1 200	2017
1 500	2018
1 400	2019

4 Travailler la méthode : analyser un graphique

→ Voir FICHE MÉTHODE 1

Le carré « magique » de Kaldor : la situation conjoncturelle de la France en 2017

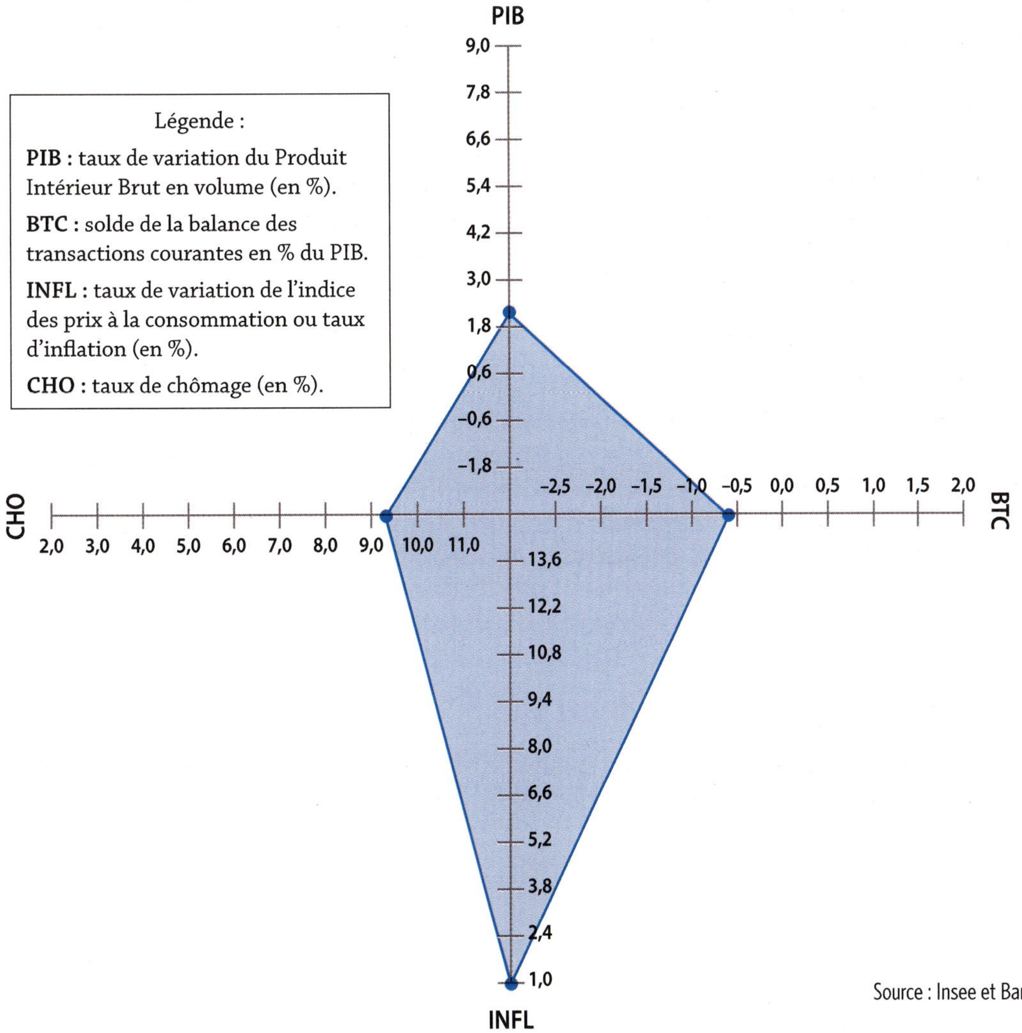

Source : Insee et Banque de France.

1. Rappelez la notion de politique conjoncturelle et précisez les objectifs.
2. Précisez le contexte géographique et temporel du document.
3. Relevez les données chiffrées de chaque indicateur.
4. Démontrez que la représentation graphique de la situation conjoncturelle de la France ne correspond pas au carré magique de Kaldor.

DÉFINITION

Le carré magique de Nicholas Kaldor (1908-1986) est une représentation graphique qui résume la situation conjoncturelle d'un pays à partir de quatre indicateurs : le taux de croissance, le solde de la balance des transactions courantes (importations et exportations) en pourcentage du PIB, le taux d'inflation, le taux de chômage. Le carré traduit une situation idéale si les quatre indicateurs reliés entre eux forment un carré de la surface la plus étendue possible. Il est qualifié de « magique » car il est très difficile, dans la réalité, d'atteindre les quatre objectifs en même temps.

Objectif Bac

Les politiques économiques de l'État

À partir de vos connaissances et de la documentation fournie dans les annexes 1 à 3 :

1. Commentez les graphiques de l'annexe 2.
2. Précisez si la hausse du pouvoir d'achat des ménages se transforme toujours en dépenses de consommation.
3. Expliquez les motivations de l'État d'utiliser sa politique budgétaire pour mettre en œuvre une politique d'offre en faveur des PME.
4. Rédigez une argumentation qui vous permette de répondre à la question suivante : La politique économique de l'État doit-elle se concentrer principalement sur les ménages ?

Annexe 1 Consommation et croissance

« Si [la croissance] 2018 a surtout été portée comptablement par le commerce extérieur, 2019 le serait davantage par la demande intérieure », écrit l'Insee. [...] Le pouvoir d'achat, soutenu par les mesures d'urgence annoncées en décembre 2018 [par le gouvernement] et des prix à peu près stables, croîtrait de 2,3 % cette année [...]. Certes, pour le moment, l'essentiel des gains a été mis de côté par les Français. Le taux d'épargne, qui a franchi au premier trimestre le seuil des 15 %, se maintiendrait à un niveau élevé jusqu'en décembre. [...] Évidemment, ces variations peuvent paraître infimes. Mais la consommation reste le principal moteur de croissance en France. Elle représente plus de la moitié du produit intérieur brut (PIB). Sa bonne tenue est déterminante pour la santé de l'économie tricolore, comme l'est, pour l'Allemagne, le commerce extérieur.

E. Barthet, www.lemonde.fr, 20 juin 2019.

Annexe 2 L'évolution du PIB et du pouvoir d'achat en 2019

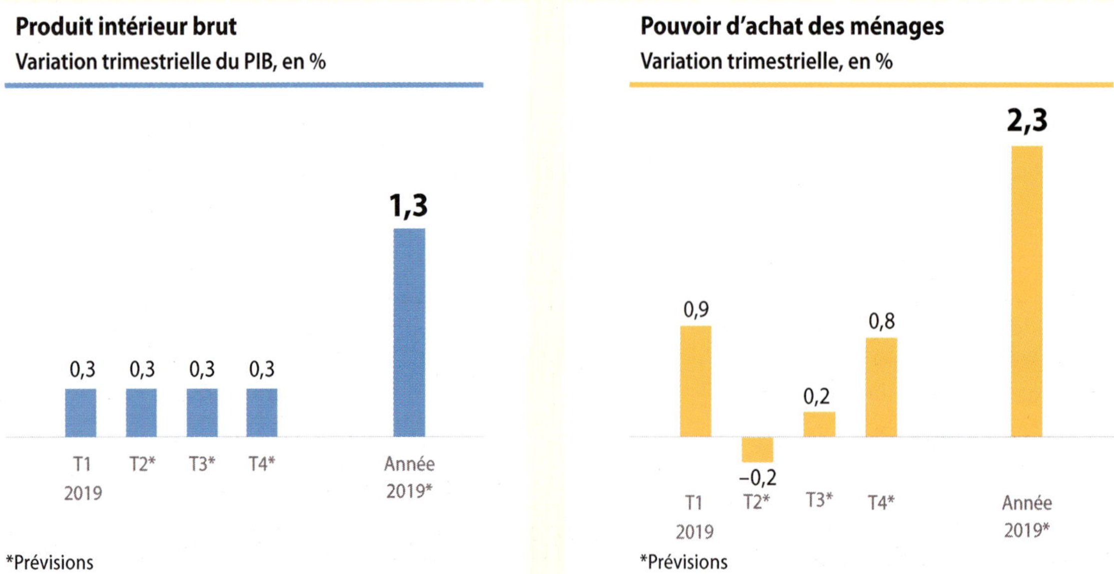

Source : Insee. Infographie : *Le Monde*.

Annexe 3 Soutenir l'industrie

Où se joue l'avenir de l'industrie en France ? À Figeac (Lot), à Oyonnax (Ain), mais aussi dans la Thiérache (Aisne) et la vallée de la Bresle (à la limite de la Normandie et des Hauts-de-France), haut lieu du flaconnage de luxe. Ce sont en tout cas quelques-uns des 124 « territoires d'industrie » sur lesquels le gouvernement entend concentrer ses efforts. [...]
Au total, les 124 territoires retenus représentent 50 % de l'emploi industriel français et affichent tous un taux d'emploi industriel au-dessus de 15 %. Et, autre trait commun, ces territoires sont à de rares exceptions près situés loin des métropoles, dans les communes semi-rurales et périphériques. « Nous voulons que la politique industrielle se diffuse et ne reste pas dans les grands groupes », souligne Matignon.
Le diagnostic ? « Il y a moins un sujet d'animation économique que d'écosystème local. Pour attirer des cadres, il faut le haut débit dans l'usine et à la maison, un travail pour le conjoint... », souligne l'un des membres de la mission. Pour y répondre, le gouvernement prévoit de concentrer ses moyens en priorité sur ces territoires prometteurs et de mobiliser ses services en région. Objectif : répondre aux besoins des entreprises en matière d'infrastructures, de formation, de cadre de vie et d'investissement par exemple.
[...] « L'un des meilleurs moyens d'obtenir du pouvoir d'achat, c'est d'aider les PME à s'ancrer » [...]. De fait, 1,3 milliard d'euros devraient être [versés aux] territoires de l'industrie.

S. Davesne, « Un nouveau cadre pour soutenir l'industrie », *L'Usine Nouvelle*, 29 novembre 2018.

L'essentiel en schéma

L'ESSENTIEL À RETENIR lienmini.fr/e30705ess03

SKETCHNOTE lienmini.fr/e30705sk03

1 Quels sont les objectifs et les outils de la politique économique de l'État ?

Politique économique
= Actions de l'État pour répondre à des objectifs économiques

Objectifs		Instruments	
À court terme : • lisser les cycles économiques et limiter les fluctuations • stabiliser les grands agrégats macroéconomiques	À long terme : • adapter favorablement la structure de l'économie	La politique budgétaire : • décidée par l'État • variation des recettes et des dépenses publiques	La politique monétaire : • décidée par la BCE • variation du taux d'intérêt directeur
Politique économique conjoncturelle	Politique économique structurelle		

2 Comment mettre en œuvre une politique de demande ?

Politique économique de demande
= Actions de l'État pour agir sur l'économie par la relance de la demande

Effets recherchés	Actions
• Augmenter la demande • Augmenter le PIB • Diminuer le chômage	• Diminuer les prélèvements • Augmenter les salaires et les aides sociales • Diminuer les taux d'intérêt (action des banques)

3 Comment mettre en œuvre une politique d'offre ?

Politique économique d'offre
= Actions de l'État pour agir sur l'économie par la relance de l'offre

Effets recherchés	Actions
• Améliorer la quantité et la compétitivité de l'offre pour augmenter l'emploi, la demande, le PIB et les exportations • Développer la richesse et l'efficacité du territoire	• Diminuer le coût du travail • Investir dans la formation et l'innovation • Contrôler les offreurs grâce à des politiques de concurrence

MOTS CLÉS

VOIR LEXIQUE P. 187

- Cycle économique
- Politique économique
- Politiques conjoncturelle et structurelle
- Politiques budgétaire et monétaire
- Politique contracyclique
- Politique d'offre ou de demande

CHAPITRE

4

Les politiques économiques au niveau européen

THÈME 6

Comment l'État peut-il intervenir dans l'économie ?

Notions abordées

- La politique monétaire européenne
- Les politiques budgétaires de relance ou de stabilisation et les critères européens des déficits publics

Pour être capable

- De décrire l'évolution du rôle de l'État dans le cadre européen.

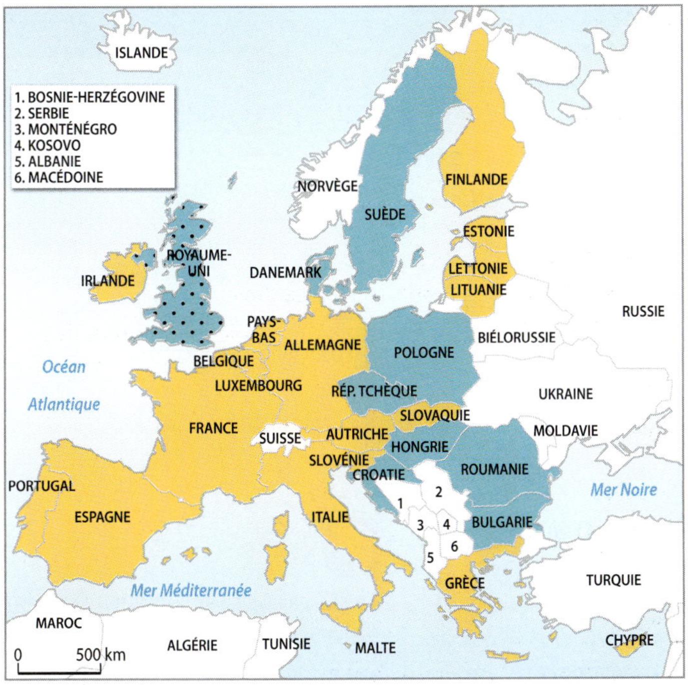

Pays membre de l'UE et de la zone euro

Pays membre de l'UE et non membre de la zone euro

Pays ayant voté la sortie de l'UE en 2016, qui sera effective en 2020

1 Distinguez la zone euro de l'Union européenne.

2 Quels sont les objectifs économiques de la zone euro ?

LANCER LA SÉANCE

VIDÉO EN QUESTIONS

Découvrir Erasmus +

lienmini.fr/e30705avt4

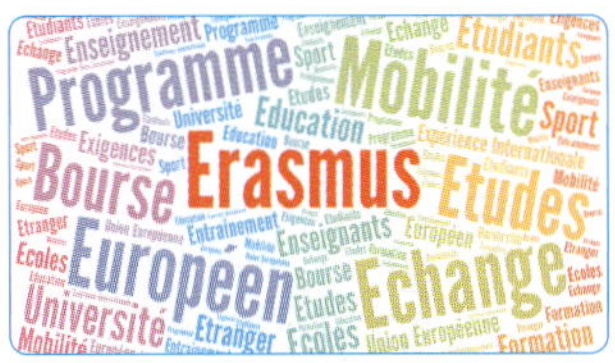

1 En quoi consiste la politique monétaire européenne ?

A Une monnaie unique : l'euro

DOCUMENT 1 L'efficacité du marché unique grâce à l'euro

La monnaie unique apporte de nouveaux atouts et de nouvelles possibilités du fait de l'intégration et de l'échelle de l'économie de la zone euro, ce qui rend le marché unique plus efficace.
Avant l'euro, la nécessité de procéder à des échanges de devises entraînait des surcoûts, des risques [...]. Grâce à la monnaie unique, les activités commerciales dans la zone euro sont plus rentables et moins risquées. Par ailleurs, le fait de pouvoir comparer facilement les prix encourage tous les types d'échanges et d'investissements transfrontières, depuis les consommateurs individuels recherchant les produits les moins chers, aux entreprises achetant des services au prix le plus avantageux et aux grands investisseurs institutionnels, qui peuvent investir plus efficacement dans la zone euro sans subir le risque de fluctuation des taux de change. Il existe désormais au sein de la zone euro un grand marché intégré qui utilise la même devise.

Site de l'Union européenne : www.ec.europa.eu

1. Exposez les difficultés d'échanger avec un pays qui ne dispose pas de la même monnaie.
2. Présentez les avantages d'une monnaie unique partagée par plusieurs pays.
3. Concluez en expliquant pourquoi l'euro rend le marché unique plus efficace.

DÉFINITION
Taux de change : valeur d'une monnaie par rapport à une autre.

B La Banque centrale européenne (BCE)

FOCUS HISTORIQUE
L'euro est l'aboutissement d'un long parcours entamé des décennies auparavant.
lienmini.fr/e30705euro

DOCUMENT 2 Le fonctionnement de la Banque centrale européenne

Gouvernance
Conseil des gouverneurs

Présidente
Christine Lagarde *(France)*

6
Directoire
+
19
Gouverneurs des banques centrales de la zone euro

La BCE est indépendante des gouvernements.

- Création : **1998**
- Siège : **Francfort**
- Membres : **19 pays**

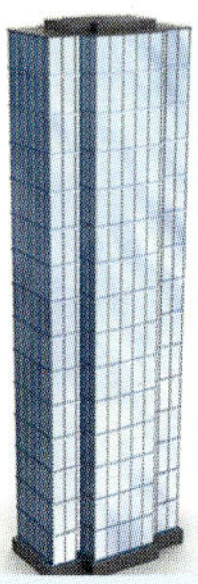

Missions principales
- Stabiliser les prix en utilisant la politique monétaire.
- Surveiller les banques.
- Émettre la monnaie.

Outils
- Piloter les taux d'intérêts.
- Racheter de la dette.
- Prêter aux banques nationales.

Source : BCE.

VIDÉO
La BCE expliquée en 3 minutes
lienmini.fr/e30705BCE
3:15

1. Relevez la mission principale de la BCE et indiquez l'outil utilisé pour mener à bien cette mission.
2. À partir de la vidéo, citez les autres missions de la BCE.
3. Par qui et comment sont prises les décisions liées à la politique monétaire ?

C Le taux d'intérêt directeur (TID)

DOCUMENT 3 Le niveau du taux d'intérêt directeur et ses conséquences

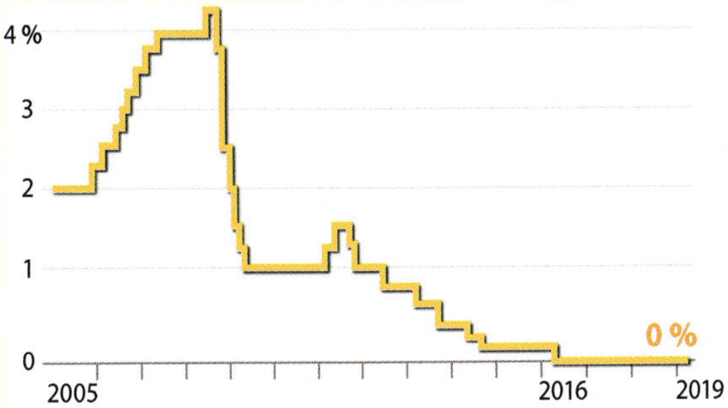

Source : BCE.

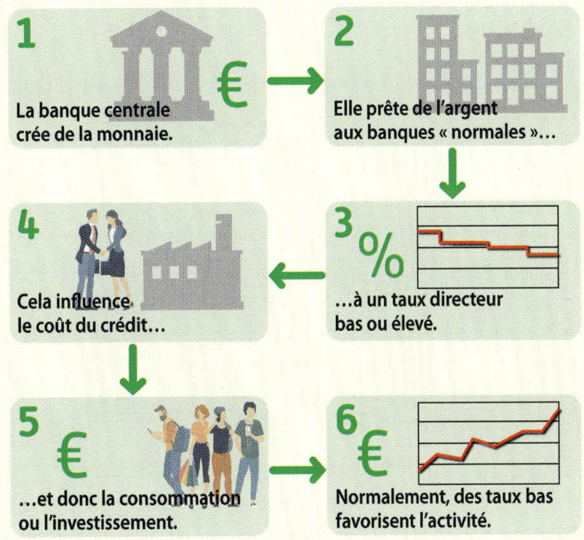

1. Commentez l'évolution du taux d'intérêt directeur depuis 2005.
2. Établissez un lien entre le niveau du taux d'intérêt directeur et celui de l'activité économique.

DOCUMENT 4 Les avantages d'un taux d'intérêt directeur faible

Le 10 avril dernier, Mario Draghi [président de la BCE de 2011 à 2019] affirmait que la Banque centrale européenne ne remonterait pas ses taux directeurs d'ici 2020. […]

Le taux directeur des banques centrales influe directement sur les taux de crédit immobiliers. Or d'après l'Observatoire Crédit/Logement, en mars 2019, les taux de crédit à l'habitat se sont établis à 1,39 % en moyenne. Ces chiffres sont proches du plus bas historique, établi à 1,33 % fin 2016. En conséquence, emprunter de l'argent pour un logement n'a quasiment jamais « coûté » aussi peu cher. Cette facilité de crédit a d'ailleurs permis de soutenir la demande du marché immobilier depuis des années.

En France, la dette publique a atteint 2 315,3 milliards d'euros fin décembre 2018 (soit 98,4 % du PIB). Chaque année, l'État doit payer des intérêts sur cette dette. Cette dépense a représenté un peu plus de 40 milliards d'euros l'an dernier. En 2019, cette charge devrait baisser. Non pas parce que la dette publique se résorbe. Mais parce que les taux d'intérêt sur la dette, eux, diminuent. […] Cela fait des économies colossales. L'année dernière, le gouvernement prévoyait de financer à hauteur de 44,7 milliards d'euros les intérêts de la dette en 2019. Aujourd'hui, cette dette ne coûtera plus « que » 37,2 milliards. Soit plus de 7 milliards d'euros de dépenses qui pourront être réallouées ailleurs dans le budget.

A. Laurent, *Challenges*, 17 avril 2019.

1. Montrez comment les agents économiques (ménages et entreprises) présents sur le marché immobilier profitent de la baisse du taux d'intérêt directeur.
2. Relevez l'origine des « économies colossales » de l'État pour 2019.
3. Faites des propositions, dans le cadre d'une politique structurelle ou conjoncturelle, pour réaffecter les 7 milliards d'économies de l'État (*phrase soulignée*).

DÉFINITION

Dette publique : somme des emprunts de l'État ; l'État rassemble les administrations centrales, les collectivités territoriales et la Sécurité sociale.

Préparer sa synthèse

1. Quel est le rôle de la politique monétaire ? Quel est son principal outil ?
2. Qui décide de la politique monétaire ? À destination de quels pays ?

2 Comment se décident les politiques budgétaires dans le contexte européen ?

A Une coordination des politiques budgétaires

DOCUMENT 5 Des critères de convergence pour rapprocher les économies européennes

En 1992, [...] le traité de Maastricht a prévu un certain nombre de « critères de convergence » ayant pour vocation de rapprocher les économies – très différentes – des États membres. Pas question, dès lors qu'on s'apprêtait à partager une seule et même monnaie, qu'un pays laisse filer l'inflation, sa dette publique ou son déficit, faisant peser des risques sur la capacité d'emprunt de ses voisins et sur la stabilité de l'euro sur les marchés ! [...]

Pour entrer dans la zone euro et « réaliser l'union économique et monétaire », les États membres de l'UE doivent donc respecter les critères dits « de Maastricht » [...]. Notamment, [leur] déficit public annuel ne doit pas excéder 3 % du produit intérieur brut (PIB), et la dette publique (de l'État et des administrations publiques) 60 % du PIB.

En 1997, [...] les États membres de la future zone euro ont aussi conclu un Pacte de stabilité et de croissance, au terme duquel ils se sont engagés à parvenir, « à moyen terme », à des budgets « proches de l'équilibre ou excédentaires ». Si les politiques budgétaires restent de la compétence des États membres, cet effort de coordination doit permettre aux pays, une fois entrés dans la zone euro, d'affronter les aléas de la conjoncture sans repasser la barre des 3 % de déficit.

Pourquoi ces seuils sont-ils critiqués ? [...] L'équation n'est, par exemple, absolument pas la même selon que le déficit est causé par un bond ponctuel des investissements d'avenir ou par l'exubérance de dépenses de fonctionnement qui s'accumulent décennie après décennie. Par ailleurs, la richesse produite par un pays dépend en partie d'éléments extérieurs, comme la conjoncture économique mondiale.

M. Guitton, www.touteleurope.eu, 6 février 2019.

1. Indiquez l'agent économique qui décide de la politique budgétaire du pays.
2. Relevez les critères que chaque pays doit respecter concernant ses finances publiques pour assurer l'union économique et monétaire dans la zone euro.
3. Justifiez l'intérêt des critères de convergence.
4. Expliquez les critiques à l'égard de ces règles communes.

DÉFINITION

Déficit public = solde budgétaire négatif : les recettes de l'État sont inférieures à ses dépenses.

DOCUMENT 6 Le pacte budgétaire européen

[Entré en vigueur en 2013, le] « traité sur la stabilité, la coordination et la gouvernance », souvent surnommé « pacte budgétaire européen », s'inscrit dans une suite logique. [...] Les pays s'engagent à avoir des « budgets équilibrés » ou « en excédent » sur un cycle économique. Cela signifie que le déficit structurel ne doit pas être supérieur à 0,5 % du PIB.

Mais quelle est la différence entre le déficit public et ce déficit « structurel » ? En clair, le déficit structurel – à la différence du déficit public – ne comptabilise pas les dépenses dites « inhabituelles ». Parmi celles-ci, on peut citer les prestations sociales liées au chômage, qui explosent en période de récession. [...] Un pays pourra s'écarter de la feuille de route temporairement, en cas de circonstances exceptionnelles : récession grave, faits indépendants de la volonté des gouvernements...

G. Raymond, *Le Huffington Post*, 4 octobre 2016.

1. Quel critère de convergence est précisé dans le pacte budgétaire européen ?
2. En quoi ce pacte marque un assouplissement dans les règles budgétaires à respecter ?

B Le choix de États en matière de politique budgétaire

DOCUMENT 7 Politique budgétaire : stabilisation ou relance ?

La politique budgétaire est un levier de la politique de régulation de la conjoncture. Elle peut être utilisée dans deux situations opposées. En période de ralentissement de la croissance ou de crise, elle va servir à soutenir l'activité économique. On parle de politique de relance budgétaire. Au contraire, dans les phases de forte croissance, pendant lesquelles la surchauffe de l'activité économique peut provoquer de l'inflation (hausse des prix) ou des déficits extérieurs importants (déséquilibre des échanges avec le reste du monde), elle permet de freiner l'activité en réduisant la demande des agents économiques. On parle de politique de rigueur [ou de stabilisation] budgétaire.

www.vie-publique.fr, 12 septembre 2019.

VIDÉO

Sommes-nous condamnés à l'austérité ?
lienmini.fr/e30705austerite
3:39

1. Repérez les objectifs économiques d'une politique de relance et ceux d'une politique de stabilisation (ou de rigueur).
2. Expliquez si l'État français a toute liberté pour engager une politique de relance budgétaire.

DOCUMENT 8 Les soldes budgétaires dans l'Union européenne

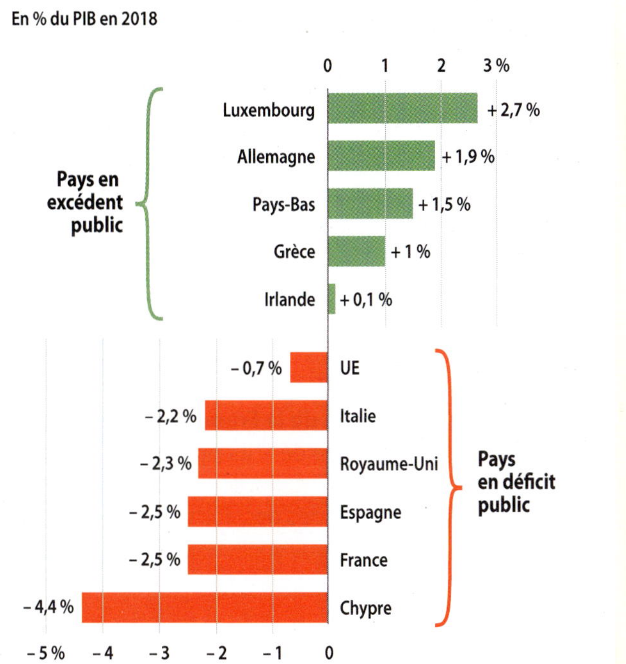

Source : Eurostat, 2019.

Le déficit public de la France s'élevait l'an dernier à 2,5 %. Il était passé sous la barre des 3 % en 2017, après l'avoir dépassée pendant neuf années consécutives et avoir atteint un pic à 7,5 % en 2009. [...] Si la Commission européenne prévoit que l'Allemagne et les Pays-Bas utilisent leurs excédents publics pour réduire leur dette, elle leur a recommandé cet été d'accroître leurs dépenses d'investissement afin de soutenir la croissance.

Brief éco, 30 octobre 2019.

PODCAST

L'euro : une monnaie pour développer les échanges mais qui impose des critères de convergence
lienmini.fr/e30705euro
6:39

1. Comparez les soldes budgétaires des pays européens présentés et précisez si les critères européens des déficits publics sont respectés.
2. Au regard de l'évolution de son déficit public entre 2009 et 2018, quelle politique budgétaire la France a-t-elle choisie ?
3. Quelle politique budgétaire est conseillée par la Commission européenne à l'Allemagne et aux Pays-Bas ? Quel est le but recherché ?

Préparer sa synthèse

1. Listez les critères européens à respecter concernant les déficits publics.
2. Distinguez une politique de relance d'une politique de stabilisation (ou rigueur) budgétaire.

Activités

1 Se tester

QCM INTERACTIF
Testez-vous !
lienmini.fr/e30705exo4

Répondez par vrai ou faux aux affirmations suivantes puis justifiez vos réponses.

1. **L'euro est une monnaie unique partagée par les pays de l'Union européenne.**
2. **Une monnaie unique facilite le développement économique.**
3. **La politique monétaire est décidée par chaque gouvernement.**
4. **La Banque centrale européenne prend ses décisions en toute indépendance.**
5. **Le taux d'intérêt directeur est à un niveau très élevé actuellement.**
6. **L'objectif principal de la politique monétaire est d'équilibrer le commerce extérieur.**
7. **Le niveau du taux d'intérêt directeur n'a aucune influence sur la croissance économique.**
8. **La politique budgétaire des pays de la zone euro est contrainte par des règles européennes.**
9. **Le déficit public correspond à la somme totale des emprunts d'un pays.**
10. **Le déficit public d'un pays de la zone euro ne doit pas excéder 3 % du PIB.**
11. **Une politique budgétaire de relance tend à réduire les dépenses publiques.**
12. **Une politique budgétaire de stabilisation tend à augmenter les recettes publiques.**

2 Construire sa carte mentale

→ Voir FICHE MÉTHODE 3

Construisez une carte mentale avec pour titre, au centre, « La politique économique de la France dans la zone euro », puis liez les notions suivantes : taux d'intérêt directeur - critères européens de déficits publics - politique budgétaire - zone euro - BCE - relance - politique monétaire - développement des échanges - inflation. En fin de branche, associez ces notions à des exemples concrets ou des symboles ou des dessins de votre choix.

3 S'entraîner au Grand Oral

Consultez les synthèses du site « 3 minutes pour comprendre l'Europe ». Puis, sous la forme d'un exposé oral de 3 minutes, vous présenterez votre sujet (par exemple : la politique agricole commune, les transports, la diversité culturelle...) et vous conclurez en expliquant pourquoi ces mesures européennes relèvent d'une politique structurelle ou conjoncturelle pour favoriser le développement économique des pays membres.

VIDÉO

lienmini.fr/e30705europe

4 Travailler la méthode : analyser un texte

Un budget pour la zone euro

Suite à des mois de négociations entre les ministres des finances européens, un accord a été atteint le vendredi 14 juin 2019, qui aboutira à la création d'un budget propre à la zone euro et qui sera opérationnel à partir de 2021. Ce nouveau budget vise donc à relancer l'intégration européenne en renforçant le rôle de la monnaie unique comme instrument de convergence économique des pays membres de la zone monétaire.

Quels montants pour la zone euro ? Quels modes de financement ?

Encore à déterminer, certaines sources communautaires évoquent un montant proche des 17 milliards d'euros sur 7 ans, soit autour de 2,4 milliards par an pour les 19 pays de la zone euro. [...]

Pour comparer, le budget général de l'État français pour l'année 2018 compte 32 missions qui représentent 326,3 milliards d'euros, dont 99,3 milliards en éducation et 52,3 milliards en politiques sociales.

Plusieurs pays de la zone euro dont la France, l'Espagne ou l'Italie aspiraient à intensifier l'union économique et monétaire en créant un instrument fiscal contra-cyclique, stabilisateur en cas de crise. [...]

Malgré l'euphorie des ministres des finances français et allemand, qui considéraient l'accord de « grand bond » et de « mini-révolution », ce nouveau budget prend la forme d'un fond commun avec l'objectif de renforcer la compétitivité de la zone euro, notamment avec des investissements, la R&D et le capital humain dans des projets qui puissent améliorer la croissance. En effet, le nouveau budget devrait finalement servir à encourager « les réformes structurelles et les investissements ».

Les conditions de l'accord prévoient également que les réformes et les investissements suivent les priorités établies par les pays membres, qui seront revues chaque année. Sur la base des coûts estimés, les partenaires recevront des contributions financières directes de ce fonds mais chaque projet devra « au moins en partie être cofinancé par le pays bénéficiaire » selon des sources européennes. Les projets seront évalués périodiquement et, si ceux-ci évoluent de manière « insatisfaisante », les paiements seront « suspendus ».

Néanmoins, après une longue décennie de stagnation dans l'intégration européenne et certains dirigeants qui demandent même une « Europe à plusieurs vitesses », la création d'un budget pour la zone euro pourrait se traduire en coup de pouce vers une intégration renforcée.

www.lafinancepourtous.com, 20 juin 2019.

1. Relevez le sujet de l'accord conclu entre les pays de la zone euro.
2. Expliquez les objectifs en matière de politique économique attendus pour les pays européens.
3. Démontrez que cet accord aura des incidences sur le budget des États membres.
4. Expliquez pourquoi ce budget vient renforcer l'intégration européenne.

Objectif Bac

Les politiques économiques au niveau européen

À partir de vos connaissances et de la documentation fournie dans les annexes 1 à 4 :

1. Rappelez dans quelle politique intervient la décision du niveau du taux d'intérêt directeur.
2. Montrez que le taux d'intérêt directeur détermine le revenu de certains agents économiques.
3. Établissez un lien entre l'évolution du taux d'intérêt directeur de la BCE et l'évolution des prix de l'immobilier.
4. Rédigez une argumentation qui vous permette de répondre à la question suivante : Un taux d'intérêt directeur faible a-t-il toujours des conséquences positives pour les agents économiques ?

Annexe 1 Des taux d'intérêt faibles, c'est bon pour l'économie ?

Le taux d'intérêt est le prix à payer pour un ménage, une entreprise ou un État lorsqu'ils empruntent de l'argent pour consommer ou investir. C'est aussi la rémunération des prêteurs. Ce prix oriente la décision des offreurs et demandeurs de capitaux, avec des conséquences positives comme négatives sur la croissance économique et l'emploi. *A priori*, avec des taux faibles, le coût du crédit est faible et les emprunteurs sont plus nombreux. La consommation augmentera, la demande d'immobiliers sera plus forte, les PME pourront investir et innover plus facilement. [...]

Toutefois, ce regain de consommation profitera aussi aux importations et la production intérieure ne sera pas fortifiée. [...] Les épargnants sont aussi victimes des taux d'intérêts faibles. L'épargne ne rapporte plus rien et pour compenser la baisse du rendement de leur épargne, les épargnants risquent d'épargner encore plus [...].

M. Peyrard-Moulard, *Pour l'Éco*, juillet-août 2019.

Annexe 2 Évolution des taux d'intérêt des banques centrales européenne (BCE) et américaine (Fed)

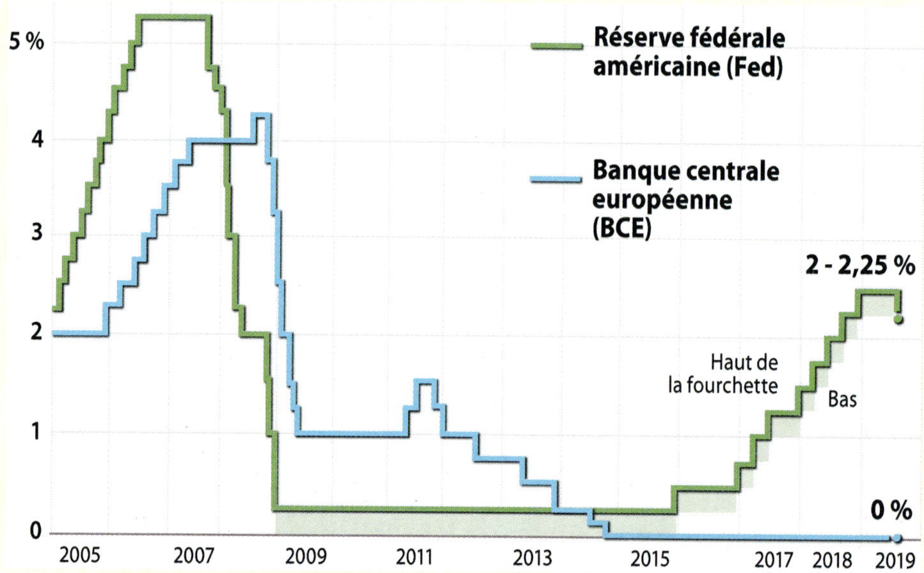

Sources : Fed, BCE.

Annexe 3 Les banques européennes sous pression

La politique monétaire de la BCE ne fait pas que des heureux. Alors que la perspective d'une nouvelle baisse des taux en Europe se fait de plus en plus menaçante, les banques européennes sont de plus en plus nombreuses à modérer leurs ambitions pour l'année 2019. Ce mercredi, la plus grande banque d'Italie, Unicredit, a annoncé qu'elle n'atteindrait sûrement pas les 19 milliards d'euros de revenus annuels promis initialement à ses actionnaires, mettant en cause la faiblesse des taux d'intérêts. En Allemagne, Commerzbank a aussi émis des alertes sur l'impact des taux d'intérêt sur son plan de marche. D'autres banques européennes devraient annoncer des résultats similaires, à l'instar de la néerlandaise ABN Amro [...].

S. Wajsbrot, *Les Échos*, 7 août 2019.

Annexe 4 Prix au m² des appartements anciens au 2e trimestre 2019

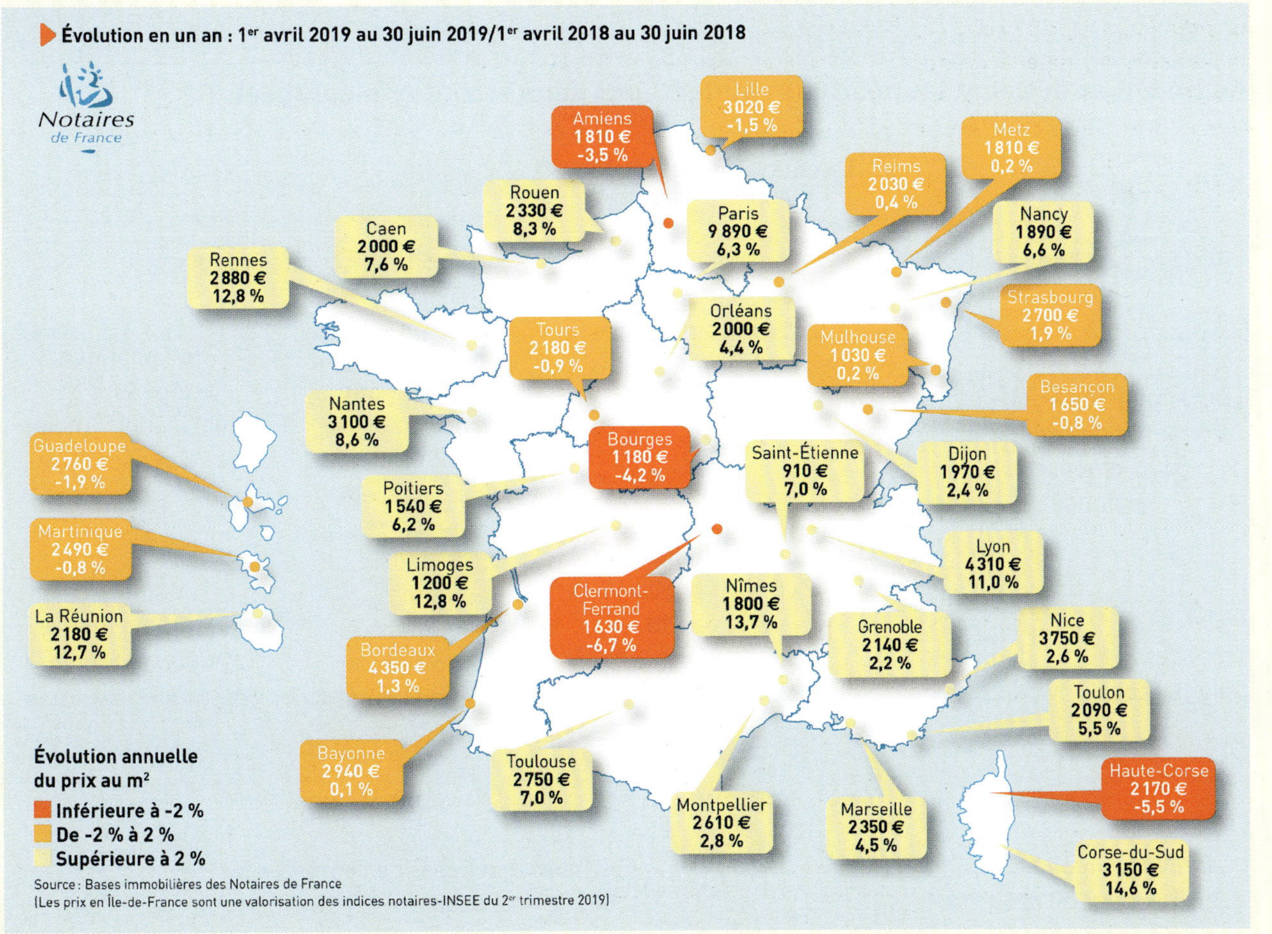

Source : Notaires.fr

L'essentiel en schéma

L'ESSENTIEL À RETENIR lienmini.fr/e30705ess04

SKETCHNOTE lienmini.fr/e30705sk04

1 En quoi consiste la politique monétaire européenne ?

La politique monétaire européenne

- Décidée par la Banque centrale européenne (BCE), institution indépendante
  → Pour tous les pays de la zone euro
  → Une monnaie unique qui facilite les échanges
- Fixe le niveau du taux d'intérêt directeur (TID)
  → Détermine le coût du crédit
  → Répercuté par les banques commerciales, le taux d'intérêt influence le financement des agents économiques pour assurer leur développement économique et atteindre les objectifs de politiques conjoncturelle et structurelle
- Son objectif principal : veiller à la stabilité des prix
  → Limiter l'inflation à 2 % maximum
  → Cette stabilité assure la confiance des agents

2 Comment se décident les politiques budgétaires dans le contexte européen ?

La politique budgétaire

- Décidée par chaque État
  → Détermine le niveau des recettes et des dépenses qui composent le budget
  → Recettes > dépenses = excédent public
  → Recettes < dépenses = déficit public
- Est contrainte par des critères européens sur les déficits
  → • Équilibre budgétaire • Déficit public < 3 % du PIB • Déficit structurel < 0,5 % du PIB
- Deux orientations possibles :
  - Une politique budgétaire de relance : plus de dépenses et/ou moins de recettes
    → Pour : • augmenter la croissance • créer de l'emploi
  - Une politique budgétaire de stabilisation : moins de dépenses et/ou plus de recettes
    → Pour : • limiter l'inflation • rééquilibrer le commerce extérieur

MOTS CLÉS

VOIR LEXIQUE P. 187

- Politique monétaire
- Taux d'intérêt directeur
- Politique budgétaire de relance, de stabilisation
- Critères européens de convergence des déficits publics

CHAPITRE 5

Les politiques sociales

THÈME 6
Comment l'État peut-il intervenir dans l'économie ?

Notions abordées

- Les inégalités socio-économiques
- La redistribution horizontale et la redistribution verticale
- La protection sociale
- La logique d'assurance
- La logique d'assistance
- Les impôts et les cotisations sociales
- La progressivité des prélèvements obligatoires

Pour être capable

- D'énumérer les différents modes de financement des dépenses publiques.
- De caractériser la progressivité des différents prélèvements obligatoires.
- De désigner les objectifs des politiques sociales et de protection sociale.
- D'énumérer et d'expliquer les principaux risques sociaux couverts par la protection sociale.
- De distinguer la redistribution horizontale et la redistribution verticale des ressources.

Les soins dentaires

Les examens de prévention bucco-dentaire pour enfants et adolescents sont des rendez-vous gratuits, totalement pris en charge par l'Assurance maladie. Ces examens appelés M'T Dents visent à favoriser un suivi régulier chez les jeunes, pour améliorer leur hygiène bucco-dentaire et leurs habitudes alimentaires.

www.service-public.fr

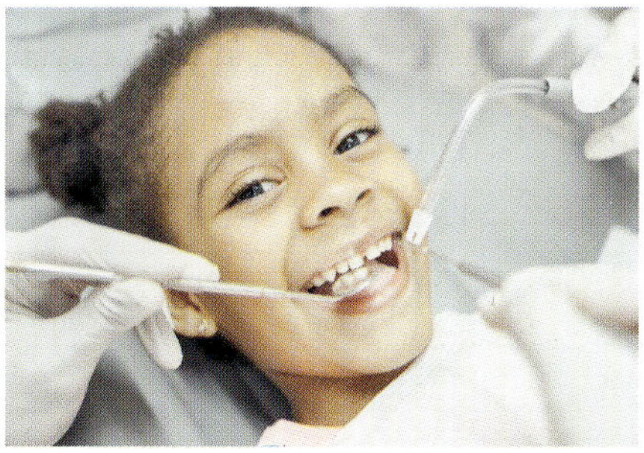

Tarif pour une consultation chez le dentiste : 23 €.
Taux de remboursement par l'assurance maladie (Sécurité sociale) : 70 % du tarif, soit 16,10 €.

1. Indiquez le public visé et les objectifs recherchés par la campagne de prévention M'T dents.
2. La protection des risques liés à l'hygiène dentaire passe-t-elle exclusivement par le versement de sommes d'argent ? Expliquez.

LANCER LA SÉANCE

VIDÉO EN QUESTIONS

Sécurité sociale : 70 ans de progrès
lienmini.fr/e30705avt5

1 Comment la redistribution horizontale de la politique sociale protège-t-elle les individus ?

A Le rôle de la protection sociale

DOCUMENT 1 Qu'est-ce que la protection sociale ?

La protection sociale désigne tous les mécanismes de prévoyance collective, permettant aux individus de faire face aux conséquences financières des « risques sociaux ». Il s'agit de situations susceptibles de compromettre la sécurité économique de l'individu ou de sa famille, en provoquant une baisse de ses ressources ou une hausse de ses dépenses : vieillesse, maladie, invalidité, chômage, maternité, charges de famille, etc.

www.vie-publique.fr

1. Relevez la définition du risque social.
2. Citez deux exemples et démontrez qu'il s'agit bien d'un risque social.

VIDÉO
La protection sociale
lienmini.fr/e30705protection
3:35

FOCUS HISTORIQUE

Traduisant en actes le programme de solidarité nationale de la Résistance, c'est pendant le premier Gouvernement provisoire de la République française, présidé par le général de Gaulle, que sont adoptées les deux ordonnances des 4 et 19 octobre 1945 relatives à la création de la Sécurité sociale.

VIDÉO
***La Sociale*, film de Gilles Perret**
lienmini.fr/e30705sociale

DOCUMENT 2 Les institutions de la protection sociale

La France a choisi d'aider les citoyens à divers moments de leur vie : en cas de maladie, d'accident grave, de congés maternité, de chômage, etc. Ce système, appelé protection sociale, est financé principalement par les employeurs et les salariés. Il est géré par plusieurs administrations, en particulier :

La Sécurité sociale
- Budget : 440 milliards d'euros

L'assurance chômage
- Budget : 32 milliards d'euros
- Indemnise les demandeurs d'emplois

La branche maladie
- Rembourse les frais médicaux
- Essentiellement financée par les salariés et les entreprises

L'Assurance Maladie

La branche famille
- Caisses d'allocations familiales (CAF)
- Aide les familles nombreuses, les femmes qui viennent d'accoucher, les parents qui veulent faire garder leurs enfants…

Allocations familiales

La branche vieillesse
- Paie les retraites

L'Assurance Retraite

La branche accidents du travail

www.performance-publique.budget.gouv.fr

1. Présentez les institutions de la protection sociale.
2. Repérez les sources de financement de la protection sociale.

B Les modalités de la protection sociale

DOCUMENT 3 Des prestations variées pour répondre à trois logiques

La protection sociale repose sur plusieurs types de mécanismes :
– des prestations sociales [prestations pécuniaires], versées directement aux ménages, qui peuvent être en espèces (pensions de retraite) ou en nature (remboursements de soins de santé) ;
– des prestations de services sociaux [prestations non pécuniaires], qui désignent l'accès à des services, fournis à prix réduit ou gratuitement (crèches, hôpitaux).
Les prestations sociales peuvent répondre à trois logiques :
– une logique d'assurance sociale, dont l'objectif est de prémunir contre un risque de perte de revenus (chômage, maladie, vieillesse, accident du travail). Les prestations sociales sont financées par des cotisations assises sur les salaires (comme dans une assurance privée), et sont donc réservées à ceux qui cotisent ;
– une logique d'assistance, qui a pour objectif d'instaurer une solidarité entre les individus pour lutter contre les formes de pauvreté. La prestation assure alors un revenu minimum, qui ne couvre pas forcément un risque spécifique. Il est versé sous condition de ressources, mais non de cotisations préalables (revenu de solidarité active – RSA, allocation adulte handicapé – AAH) ;
– une logique de protection universelle, qui a pour but de couvrir certaines catégories de dépenses pour tous les individus. Les prestations sont donc accordées sans conditions de cotisations ni de ressources, mais sont les mêmes pour tous (prestations familiales).

www.vie-publique.fr

1. La protection des risques sociaux passe-t-elle exclusivement par le versement de sommes d'argent ? Expliquez.
2. Distinguez la logique d'assurance de la logique d'assistance et de protection.

DOCUMENT 4 Les risques sociaux au sein d'une famille

Lilya et Marco sont heureux, ils viennent d'avoir leur premier enfant. La semaine dernière, Marco n'a pu se rendre à son travail en raison d'une grave détresse respiratoire qui a nécessité une hospitalisation. Le week-end prochain, ils iront chez le grand-père de Lylia qui fête sa retraite. Le frère de Marco a été licencié et il ne parvient pas à retrouver un travail depuis 10 mois, il est inquiet car dans 8 mois, il ne percevra plus d'allocation chômage.

1. Après avoir construit un tableau comme celui ci-dessous, prélevez des informations dans le document 4 pour analyser les différentes situations de la famille de Lylia et Marco.

Personne(s) concernée(s)	Quel est le risque social rencontré ?	Ont-elles reçu une prestation sociale ? Ont-elles bénéficié de services sociaux ?	À quelle logique répondent ces prestations ?

2. Qui finance les pensions de retraite du grand-père de Lilya ? En quoi cet exemple traduit bien une redistribution horizontale ?

DÉFINITION

La redistribution horizontale protège les individus des risques sociaux. Dans ce mécanisme, un groupe de personnes finance les services ou les besoins d'un autre groupe. C'est le cas, par exemple, des actifs occupés qui financent les allocations des chômeurs indemnisés.

Préparer sa synthèse

1. Quel est l'objectif principal de la protection sociale ?
2. Décrivez le mécanisme de redistribution horizontale mis en œuvre dans le cadre de la protection sociale.

2 Comment la redistribution verticale réduit-elle les inégalités socio-économiques ?

A Les inégalités socio-économiques

DOCUMENT 5 La pauvreté en France

C'est une mauvaise nouvelle. Selon une première estimation de l'Insee [...], la pauvreté a fortement augmenté en France l'an passé. Le taux de pauvreté a grimpé de 0,6 point, 14,7 % de la population française étant considérée comme pauvre à la fin 2018, un niveau au plus haut depuis la fin des années 1970. Il s'agit des personnes dont le niveau de vie est inférieur à 60 % du niveau de vie médian (1 050 euros par mois environ pour une personne seule). Concrètement, 400 000 personnes environ ont basculé l'an passé dans la pauvreté. Celle-ci concernait 9,3 millions de Français.

G. De Calignon, « La pauvreté et les inégalités ont augmenté en France en 2018 », *Les Échos*, 16 octobre 2019.

DÉFINITIONS

Seuil de pauvreté = 60 % du revenu médian (revenu qui sépare la population en deux : une moitié gagne plus et une moitié gagne moins).

Taux de pauvreté : rapport entre le nombre de personnes vivant sous le seuil de pauvreté et la population totale.

1. Comment détermine-t-on la situation de pauvreté d'une personne ?
2. Relevez l'évolution du taux de pauvreté en France.

DOCUMENT 6 Les inégalités en France en chiffres

23,8 %

Les 10 % les plus riches reçoivent 23,8 % de l'ensemble des revenus.

Source : Insee (données 2016).

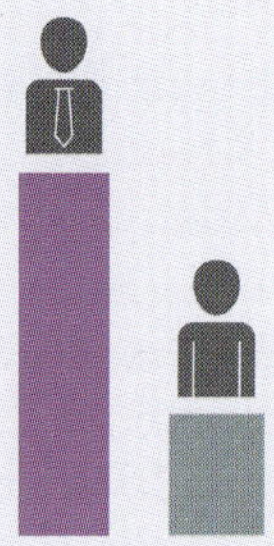

× 2,9

Il y a 2,9 fois plus **d'enfants de cadres que d'enfants d'ouvriers** dans l'enseignement supérieur.

Source : ministère de l'Éducation nationale (données 2017-2018).

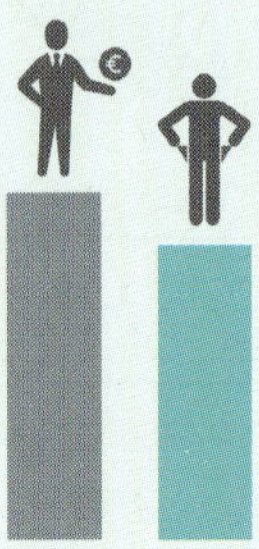

–12,7 ans

Les hommes riches ont une espérance de vie de 84,4 ans **contre 71,7 ans pour les hommes les plus pauvres.**

Source : Insee (données 2012-2016).

1/4

1 actif* sur 4 est en situation de mal-emploi (chômage, contrat précaire).

* Actif ou inactif souhaitant travailler.

Source : Observatoire des inégalités (données 2017).

DÉFINITION

Les inégalités socio-économiques désignent les différences de situation entre individus ou groupes sociaux concernant les ressources, l'accès à certains biens et services ou à certaines pratiques (les loisirs par exemple).

1. Citez les facteurs qui expliquent les inégalités de revenus.
2. Montrez que les inégalités sont socio-économiques et ne se limitent pas aux inégalités de revenus.

B La progressivité des prélèvements obligatoires

DOCUMENT 7 L'impôt sur le revenu : qui paie cet impôt progressif ?

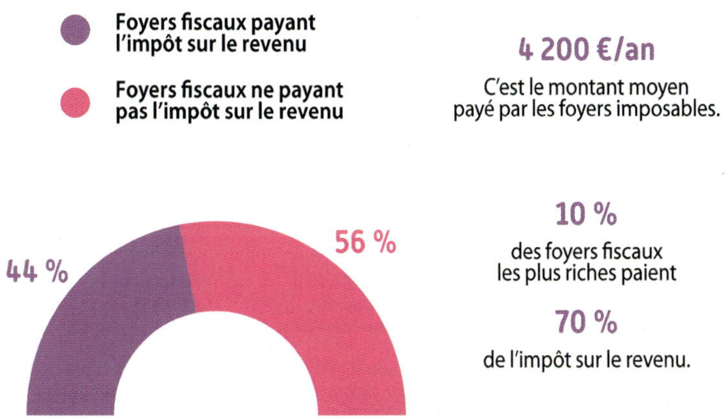

Source : www.performance-publique.budget.gouv.fr

Quelle différence entre l'impôt progressif et l'impôt proportionnel ?
L'impôt proportionnel est un impôt à taux fixe et identique pour tous.
L'impôt progressif est calculé en fonction des revenus, [...] c'est-à-dire que le taux d'imposition appliqué aux revenus augmente quand les revenus augmentent. Plus le revenu est élevé, plus le taux est lui aussi élevé. Il est calculé par tranches.

Bercy Infos, 6 mai 2019.

1. Distinguez l'impôt progressif de l'impôt proportionnel.
2. Par qui est payé l'impôt sur le revenu ?

DOCUMENT 8 Le barème de l'impôt sur le revenu

Barème progressif applicable aux revenus de 2020

Tranches	Taux d'imposition à appliquer sur la tranche correspondante
De 0 € à 10 064 €	0 %
De 10 065 € à 25 659 €	11 %
De 25 660 € à 73 369 €	30 %
De 73 370 € à 157 806 €	41 %
Plus de 157 807 €	45 %

www.service-public.fr, 1er janvier 2020.

VIDÉO
Comment calcule-t-on l'impôt sur le revenu ?
lienmini.fr/e30705revenu
3:05

1. Calculez l'impôt sur le revenu pour une personne célibataire qui perçoit 8 000 € annuel de revenus, puis pour une personne qui perçoit 80 000 €. Que constatez-vous ?
2. Rappelez ce que financent les impôts.
3. Montrez que l'impôt progressif s'inscrit dans une redistribution verticale.

DÉFINITION
Redistribution verticale : transferts sociaux (monétaires et en nature) entre les ménages les plus aisés vers les ménages les plus modestes. Elle est destinée à réduire les inégalités de revenus, la pauvreté et à promouvoir plus de justice sociale.

Préparer sa synthèse

1. Résumez les grands objectifs de la politique sociale à travers la redistribution horizontale et la redistribution verticale.

3 Les politiques sociales sont-elles efficaces ?

A Les difficultés de financement

DOCUMENT 9 Le déficit de la Sécurité sociale se creuse à nouveau

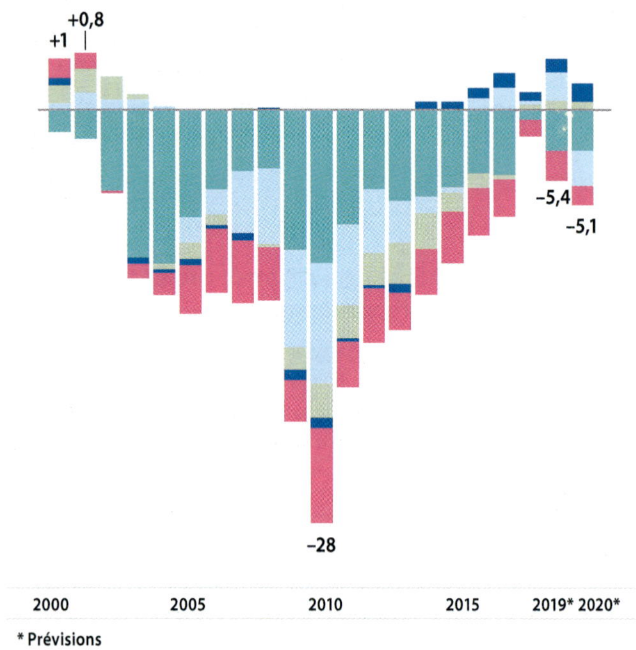

Soldes du régime général de la Sécurité sociale et du fonds de solidarité vieillesse (FSV), en milliards d'euros

- **Maladie (CNAM)** Caisse nationale d'assurance maladie
- **Vieillesse (CNAV)** Caisse nationale d'assurance vieillesse
- **Famille (CNAF)** Caisse nationale des allocations familiales
- **Accident du travail, maladie professionnelle (AT-MP)**
- **Fonds de solidarité vieillesse (FSV)**

VIDÉO
3 minutes pour comprendre la Sécurité sociale
lienmini.fr/e30705securite
3:25

Source : Commission des comptes de la Sécurité sociale et PLFSS 2020.

1. Pourquoi la Sécurité sociale a-t-elle un solde déficitaire ?
2. Décrivez l'évolution du solde global de la Sécurité sociale puis repérez les branches qui pèsent sur les comptes de cette institution.

DOCUMENT 10 L'Assurance chômage

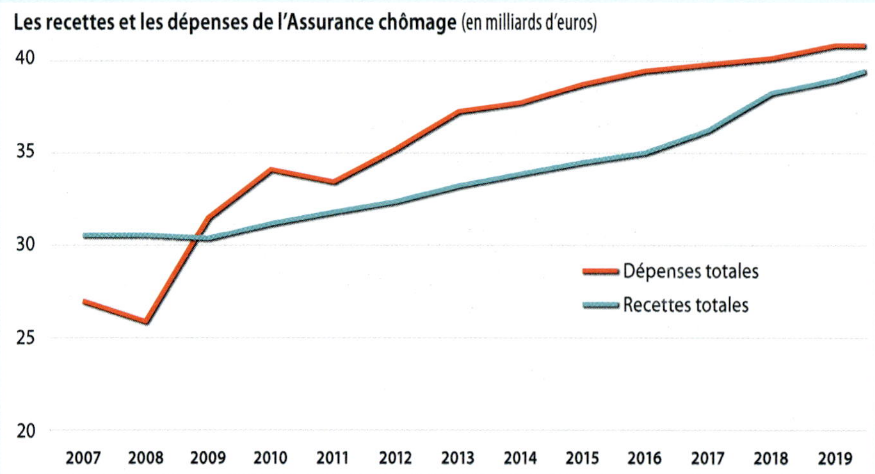

Source : l'UNEDIC, Rapport sur les perspectives financières de l'assurance chômage, septembre 2019.

1. Commentez l'évolution des recettes et des dépenses de l'Assurance chômage.
2. Proposez des solutions pour résorber les difficultés de financement de la Sécurité sociale et de l'Assurance chômage.
3. Ces solutions peuvent-elles limiter l'action de l'État dans le cadre de sa politique sociale ?

B Des difficultés pour atteindre les objectifs

DOCUMENT 11 L'évolution de la pauvreté

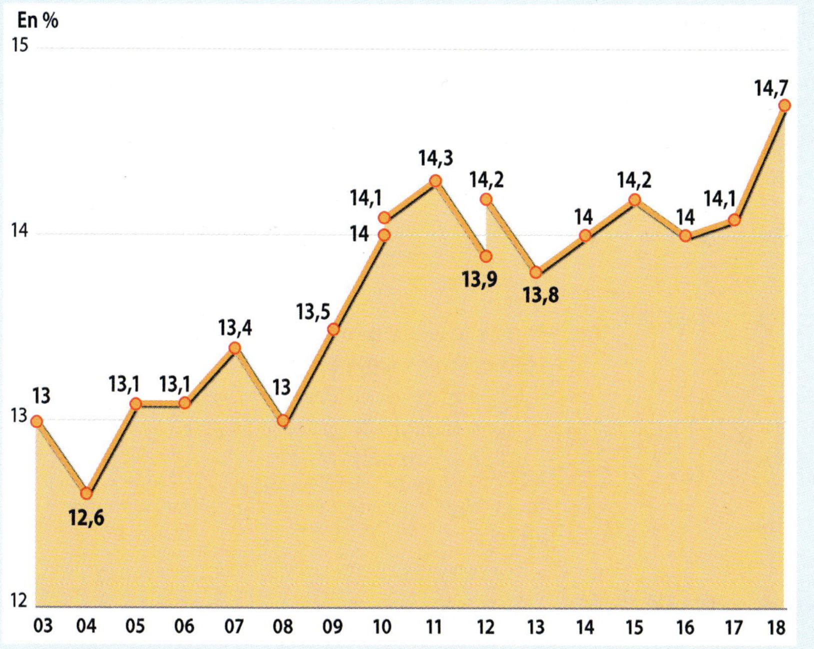

Source : Insee.

1. Observez la tendance de l'évolution du taux de pauvreté depuis 15 ans. Que remarquez-vous ?
2. À l'aide de la vidéo, faites de même avec l'évolution de la richesse issue des revenus et du patrimoine.
3. La politique sociale, notamment à travers sa redistribution verticale, parvient-elle à ses objectifs ?

VIDÉO

Pourquoi les inégalités de richesse augmentent ?

lienmini.fr/e30705richesse

3:42

DOCUMENT 12 Faut-il être riche pour être bien soigné ?

Être bien soigné reste encore en partie une question d'argent dans notre pays car l'Assurance maladie ne rembourse pas tous les frais. Il est possible de souscrire à une mutuelle ou à une assurance complémentaire santé qui finance une partie des frais non pris en charge. Les entreprises ont l'obligation d'en proposer une à leurs salariés. Toutefois, avoir une mutuelle de qualité coûte cher et il existe de grandes inégalités dans ce domaine. Il reste encore des personnes qui n'ont pas les moyens de se payer une « bonne » mutuelle, qui rembourse bien les soins. [...]
En France, environ 25 % de la population déclare avoir renoncé à des soins pour des raisons financières. Parmi les frais de santé les moins bien pris en charge par l'Assurance maladie, les soins dentaires ou encore l'achat de lunettes arrivent en première place.

Observatoire des inégalités, 19 décembre 2019.

1. Repérez quelles difficultés rencontrent certains ménages pour se soigner.
2. La redistribution horizontale permet-elle de protéger tous les ménages des problèmes de santé ?

Préparer sa synthèse

1. Résumez l'état financier des principales institutions de la protection sociale.
2. Précisez si l'efficacité de la politique sociale est toujours optimale.

Activités

1 Se tester

QCM INTERACTIF
Testez-vous !
lienmini.fr/e30705exo5

Choisissez la ou les bonnes réponses.

1. Un risque social est une situation qui provoque :
- une hausse des dépenses et une baisse des ressources ;
- une hausse des ressources et une baisse des dépenses ;
- une hausse des dépenses ou une baisse des ressources.

2. La Sécurité sociale protège les individus des risques liés :
- à la maladie ;
- à la vieillesse ;
- au chômage.

3. Les prestations sociales désignent :
- le versement d'espèces aux ménages ;
- l'accès à des services gratuits ou quasi gratuits ;
- le remboursement de soins aux ménages.

4. La logique d'assurance prévoit une protection accordée :
- sans conditions de cotisations ni de ressources ;
- sous condition d'avoir cotisé au préalable ;
- sans conditions de cotisations mais sous condition de ressources.

5. La redistribution horizontale est un transfert entre :
- personnes bien portantes et personnes malades ;
- personnes actives et personnes au chômage ;
- personnes aisées et personnes pauvres.

6. Les inégalités socio-économiques désignent les différences de situation entre individus concernant :
- les revenus ;
- l'accès à certaines pratiques ;
- l'accès à certains biens et services.

7. Les prélèvements obligatoires progressifs sont calculés à partir :
- d'un taux identique pour tous ;
- d'un taux qui augmente avec le revenu ;
- d'une somme fixe.

8. La redistribution verticale est un transfert entre :
- personnes bien portantes et personnes malades ;
- personnes actives et personnes au chômage ;
- personnes aisées et personnes pauvres.

9. Les comptes des institutions de la protection sociale sont :
- à l'équilibre ;
- déficitaires ;
- excédentaires.

10. Les objectifs de la politique sociale sont :
- systématiquement atteints ;
- atteints mais des inégalités persistent ;
- atteints mais la protection sociale ne couvre pas tous les ménages.

2 Construire sa carte mentale

→ Voir FICHE MÉTHODE 3

Construisez une carte mentale avec pour titre, au centre, « Les politiques sociales », puis liez les notions suivantes :
cotisations sociales - redistribution horizontale - inégalités socio-économiques - prélèvements obligatoires progressifs - protection sociale - risques sociaux - impôts - redistribution verticale.
En fin de branche, associez ces notions à des exemples concrets ou des symboles ou des dessins de votre choix.

3 S'entraîner au Grand Oral

Les inégalités socio-économiques sont très larges et ne se limitent pas aux revenus.
Préparez un exposé oral de 5 minutes maximum pour présenter une forme d'inégalité, son évolution et les améliorations possibles. Pour cela, vous réaliserez une recherche documentaire en citant vos sources.

4 Travailler la méthode : analyser un tableau

→ Voir FICHE MÉTHODE 2

Comment évolue la composition sociale au fil des études ? (Unité : %)

	Élèves de collège en 2002-2003	Bacheliers de 2008	Ensemble de ceux qui poursuivent dans le supérieur	Sortis sans diplôme de l'enseignement supérieur	Diplôme bac + 2	Diplôme bac + 3/4	Diplôme bac + 5	Diplôme bac + 6 ou médecine
Agriculteurs	3	2,6	2,6	1,9	2,9	2,8	2,9	1,0
Artisans, commerçants	10	8,2	7,7	9,3	8,1	8,7	6,4	2,2
Cadres supérieurs	17	33,0	36,4	24,5	21,6	30,5	52,1	73,2
Professions intermédiaires	20	23,9	24,1	24,2	24,8	28,1	21,7	12,9
Ouvriers et employés	49	30,8	27,6	37,0	40,8	28,5	16,1	10,1
Inactifs	1	1,6	1,6	3,1	1,9	1,5	0,8	0,6
Ensemble	**100**	**100**	**100**	**100**	**100**	**100**	**100**	**100**
Rapport cadres / ouvriers et employés	0,3	1,1	1,3	0,7	0,5	1,1	3,2	7,3

Ces données présentent l'évolution de la composition sociale à différents niveaux de diplôme pour une génération qui a eu le bac en 2008. Nous avons estimé la composition sociale de cette génération au collège.
Lecture : parmi les bacheliers de 2008 on comptait 30,8 % d'enfants d'ouvriers et d'employés. Pour cette même génération, ils n'étaient plus que 16 % au niveau bac + 5.

Observatoire des inégalités, 12 novembre 2019.

1. Précisez le sujet du tableau.
2. Rédigez une phrase pour présenter le chiffre 40,8 % de la colonne « Diplôme bac + 2 ».
3. Décrivez l'évolution de la composition sociale entre le collège et les études supérieures.
4. Proposez une explication aux évolutions constatées.

Objectif Bac

Les politiques sociales

À partir de vos connaissances et de la documentation fournie dans les annexes 1 à 3 :

1. Rappelez la notion de redistribution verticale.
2. Commentez les effets de la redistribution sur le revenu disponible des ménages.
3. Montrez que le service public d'éducation peut améliorer le niveau de vie des jeunes.
4. Rédigez une argumentation qui vous permette de répondre à la question suivante : La fonction redistributive de la politique sociale permet-elle de réduire les inégalités socio-économiques ?

Annexe 1 Redistribution : les effets des prestations sociales sur le niveau de vie des ménages les plus modestes

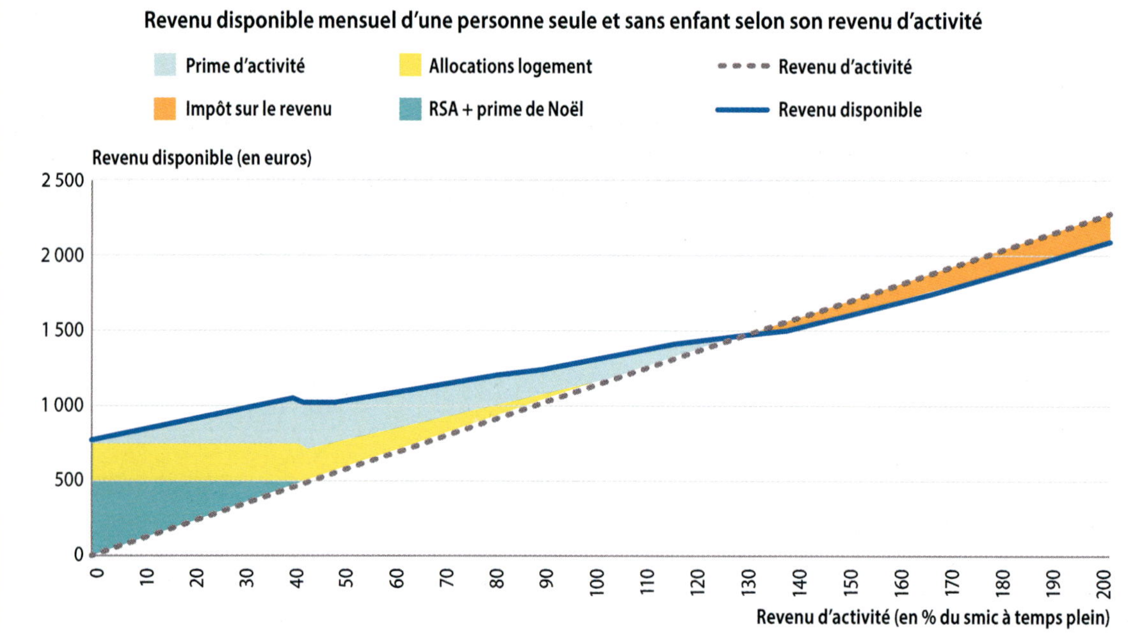

Lecture • Une personne seule, sans enfant, locataire et sans revenu d'activité, perçoit 272 euros d'aide au logement et 484 euros de RSA (y compris la prime de Noël) mensuels.

Champ • France métropolitaine au 1er décembre 2016.

Source : Législation et cas types DRESS.

En France, diverses prestations sociales visent à soutenir le niveau de vie des plus modestes : revenu de solidarité active (RSA), allocations logement, prestations familiales, prime d'activité, etc.

Ministère des Solidarités et de la Santé, 28 septembre 2017.

Annexe 2 L'égalité, vous la préférez horizontale ou verticale ?

Ainsi que l'explique Christiane Marty, « la redistribution verticale a pour fonction de limiter les inégalités de revenus et de promouvoir la justice sociale. Elle passe par des transferts monétaires des revenus les plus élevés vers les plus faibles. »
À l'inverse, « la redistribution horizontale concerne différents domaines, liés à la couverture de risques sociaux : elle est à la base de la protection sociale. En matière de santé, elle organise la solidarité entre bien-portants et malades [...]. De même pour la prise en charge du chômage, il y a redistribution horizontale des actifs occupés vers les chômeurs indemnisés. En matière familiale, elle organise la solidarité des personnes sans enfants et des familles avec enfants. »

La solidarité horizontale est à la base de la Sécurité sociale : les travailleurs occupés cotisent pour les chômeurs et les retraités. C'est pour cela que tant les cotisations que les prestations sociales, les allocations chômage ou les retraites sont *proportionnelles* au revenu. Il faut donc bien noter que la Sécurité sociale n'est pas un mécanisme redistributif : il ne s'agit pas, par la Sécu, de prendre aux riches pour donner aux pauvres. Il s'agit, par un mécanisme d'assurance, de permettre à chaque personne de préserver son niveau de vie. Ainsi, un cadre au chômage ou à la retraite pourra toucher 3 000 € par mois, soit bien plus que la grande majorité des travailleurs.

G. Raveaud, blogs.alternatives-economiques.fr/

Annexe 3 École : des raisons de garder espoir

En quarante ans, la proportion de jeunes sortant du système scolaire avec au mieux le brevet des collèges a été divisée par quatre ! C'est l'un des indicateurs les plus parlants de l'ampleur du long mouvement de démocratisation scolaire qui a caractérisé la France depuis les années 1970. L'instauration du collège dit « unique » (loi Haby de 1975) y a fortement contribué. Mettant fin à l'orientation précoce des élèves en difficulté vers des voies professionnalisantes, elle a encouragé la poursuite d'études dans le secondaire et le supérieur. De quoi alimenter, bien sûr, les jérémiades des tenants de l'élitisme scolaire, convaincus que désormais « le bac est donné à tout le monde »... Pourtant, alors que le diplôme est devenu une condition *sine qua non* de l'emploi, c'est bien le sort très incertain de ces quelque 80 000 jeunes quittant encore l'école avec au mieux le brevet qui doit rester la préoccupation majeure du système éducatif français.

X. Molénat, « Un diplôme sinon rien ! », *Oblik* n° 3, octobre 2019.

Proportion de jeunes de 18 à 24 ans ayant au plus le brevet et qui ne suivent aucune formation

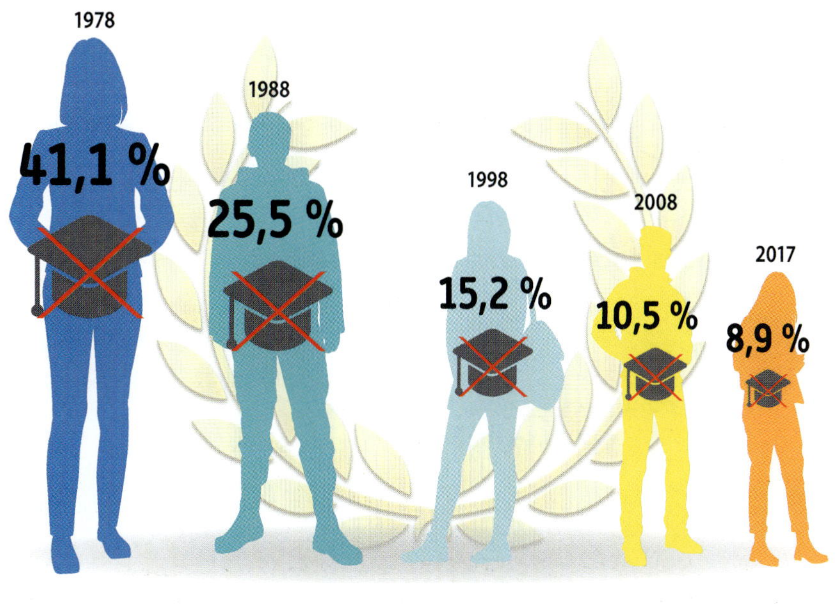

Sources : ministère de l'Éducation nationale, Observatoire des inégalités.

L'essentiel en schéma

L'ESSENTIEL À RETENIR lienmini.fr/e30705ess05

SKETCHNOTE lienmini.fr/e30705sk05

1 Comment la redistribution horizontale de la politique sociale protège-t-elle les individus ?

La redistribution horizontale permet de mettre en œuvre une protection sociale

Elle protège les individus contre les risques sociaux
→ Situations qui entraînent une hausse des dépenses ou une baisse des revenus

Elle s'effectue par :
- Le versement de prestations sociales (prestations pécuniaires)
- L'offre de services sociaux (prestations non pécuniaires)

Elle répond à :
- Une logique d'assistance
- Une logique d'assurance

2 Comment la redistribution verticale réduit-elle les inégalités socio-économiques ?

La redistribution verticale

Elle est mise en œuvre car il existe :
- Des situations de pauvreté
- Des inégalités socio-économiques entre les ménages

L'État intervient
→ Par sa fiscalité en décidant de prélèvements obligatoires progressifs

Elle a pour objectifs de :
- Réduire les inégalités
- Favoriser la justice sociale

3 Les politiques sociales sont-elles efficaces ?

Les politiques sociales rencontrent certaines limites
- Des difficultés de financement de leurs dépenses
- Des inégalités persistantes malgré les redistributions

MOTS CLÉS

VOIR LEXIQUE P. 187

- Redistribution verticale/horizontale
- Inégalités socio-économiques
- Protection sociale
- Prélèvements obligatoires progressifs

CHAPITRE 6

Activité et chômage

THÈME 7
Quelle est l'influence de l'État sur l'évolution de l'emploi et du chômage ?

Notions abordées

- Les différentes formes de chômage
- Le taux de chômage et le taux d'emploi
- Le chômage structurel
- Le chômage conjoncturel

Pour être capable

- De calculer le taux de chômage et le taux d'emploi.
- De décrire et d'interpréter l'évolution de ces taux en France à partir de courbes de tendances.
- De définir les différentes formes de chômage.

1 Quelles sont les catégories de population représentées ci-dessus touchées par le chômage ?

2 Connaissez-vous d'autres catégories de population vulnérables au chômage ?

3 Cherchez des éléments d'explication à ces inégalités face à la situation de chômage.

LANCER LA SÉANCE

VIDÉO EN QUESTIONS

***En guerre*, bande-annonce du film de Stéphane Brizé**
lienmini.fr/e30705avt6

1 Comment mesure-t-on le chômage en France ?

A Le chômage au sens du Bureau international du travail (BIT), principale source statistique

DOCUMENT 1 Le chômage selon le Bureau international du travail

En moyenne en 2018, en France métropolitaine, 2,7 millions de personnes de 15 à 64 ans sont au chômage au sens du Bureau international du travail (BIT). […] Un chômeur au sens du BIT est une personne de 15 ans ou plus, n'ayant pas eu d'activité rémunérée lors d'une semaine de référence, disponible pour occuper un emploi dans les 15 jours et qui a recherché activement un emploi dans le mois précédent (ou en a trouvé un commençant dans moins de trois mois). […] Les enquêtes Emploi en continu (EEC) de l'Insee auprès des ménages permettent de dénombrer, chaque trimestre, les personnes selon leur statut d'activité au sens du BIT : au chômage, en emploi, dans le halo autour du chômage ou inactives hors halo.

Insee Références, dossier « Les chômeurs au sens du BIT », 2 juillet 2019.

1. Repérez l'institution française qui mesure le chômage au sens du Bureau international du travail.
2. Listez les critères qui permettent d'être reconnu comme chômeur au sens du BIT.

DOCUMENT 2 Le chômage selon l'Insee et Pôle emploi

Vidéo conçue et réalisée par la société Sydo, société de conseil en pédagogies innovantes.
© Dessine-moi l'éco/Sydo.

VIDÉO
Comment mesure-t-on le chômage ?
lienmini.fr/e30705mesure
4:03

1. À l'aide du schéma et de la vidéo, distinguez les critères du chômage selon l'Insee et selon Pôle emploi.
2. Déterminez l'intérêt de privilégier la mesure du chômage au sens du BIT.
3. Expliquez comment procède l'Insee pour calculer le nombre de chômeurs.

FOCUS HISTORIQUE

Pôle emploi est issu de la fusion entre l'ANPE et le réseau des Assedic qui est devenue effective par la loi du 13 février 2008. L'objectif était de créer un opérateur qui permette aux demandeurs d'emploi d'avoir un seul interlocuteur pour la gestion des offres d'emploi et de leur allocation.

DOCUMENT 3 Le nombre de chômeurs en 2018

	Nombre de chômeurs (en milliers)
Agriculteurs exploitants	4
Artisans, commerçants et chefs d'entreprise	73
Cadres et professions intellectuelles supérieures	177
Professions intermédiaires	378
Employés	813
Employés qualifiés	284
Employés non qualifiés	529
Ouvriers	795
Ouvriers qualifiés	382
Ouvriers non qualifiés	413
Non renseigné	21
Ensemble des actifs ayant déjà travaillé	2 260
Ensemble des actifs	**2 702**

Source : Insee Références, fiches « Chômage », 2019.

1. Relevez les deux catégories socioprofessionnelles les plus touchées par le chômage.
2. Cherchez des éléments d'explication à cette situation.
3. Donnez la signification de la dernière ligne du tableau : « Ensemble des actifs : 2 702 ».

B Les deux mesures principales du chômage

DOCUMENT 4 Le taux de chômage : une mesure permettant les comparaisons

Au niveau local, l'Insee publie des taux de chômage régionaux, départementaux et par zone d'emploi. Cohérents avec le taux de chômage au sens du BIT, ils sont publiés en moyenne trimestrielle et en moyenne annuelle. Ils permettent ainsi d'établir des comparaisons entre régions, départements ou zones d'emploi.
Au niveau européen,[...] Eurostat, l'office statistique de l'Union européenne, publie chaque mois des taux de chômage dits harmonisés qui s'appuient sur la définition du BIT. Entre deux trimestres, pour le calcul du taux de chômage mensuel français, Eurostat réalise une estimation à partir de l'évolution du nombre de demandeurs d'emploi en catégorie A inscrits à Pôle emploi. Eurostat publie également des résultats trimestriels et annuels.

Insee en bref, « Pour comprendre la mesure du chômage », 11 février 2019.

DÉFINITION

$$\text{Taux de chômage} = \frac{\text{nombre de chômeurs}}{\text{nombre de personnes actives (en emploi ou au chômage)}}$$

1. Présentez l'intérêt de calculer des taux de chômage au niveau local et au niveau européen.
2. Indiquez pourquoi Eurostat ne s'appuie pas seulement sur les statistiques de l'Insee pour calculer les taux de chômage au niveau européen.
3. À l'aide du document 3 (p. 74) et sachant que la population active française s'élève à 29 824 milliers de personnes, retrouvez le taux de chômage 2018 par le calcul.

DOCUMENT 5 Le taux de chômage dans les pays de l'UE en juillet 2019

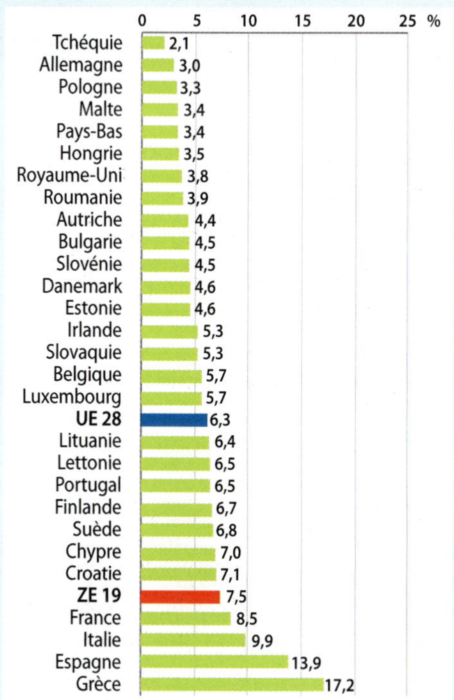

Source : Eurostat.

1. Situez le niveau du chômage de la France par rapport à celui de ses homologues européens.

DOCUMENT 6 Le taux d'emploi en France selon le sexe

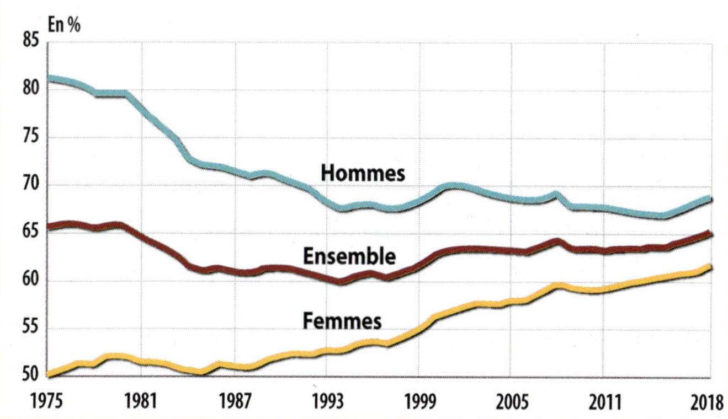

Source : Insee Références, fiches « Emploi », 2019.

1. Comparez les taux d'emploi des hommes et des femmes depuis 1975.
2. À votre avis, pourquoi peut-il être nécessaire de rapprocher le taux de chômage et le taux d'emploi pour expliquer l'évolution du chômage ?

DÉFINITION

Le **taux d'emploi** d'une classe d'individus est calculé en rapportant le nombre d'individus de la classe ayant un emploi au nombre total d'individus dans la classe.

Préparer sa synthèse

1. Présentez la définition d'un chômeur au sens du Bureau international du travail.
2. Rappelez le calcul du taux de chômage et celui du taux d'emploi.

2 Quelles sont les différentes formes de chômage ?

A Le chômage volontaire et involontaire

DOCUMENT 7 La distinction théorique traditionnelle entre chômage volontaire et involontaire

Pour les économistes néoclassiques, les mécanismes de marché permettent d'ajuster à tout moment l'offre et la demande de travail, du moins si le salaire est flexible. Tous les salariés qui acceptent de travailler au salaire d'équilibre trouveront un emploi, le chômage « résiduel » ne pouvant être que volontaire.

Sans remettre en cause les fondements microéconomiques de l'analyse néoclassique (efficience des marchés, rationalité des agents économiques, démarche individualiste pour expliquer les faits économiques et sociaux), les nouvelles théories [néoclassiques] du marché du travail insistent sur l'imperfection des marchés pour rendre compte de la rigidité des prix et des salaires empêchant le retour au plein emploi. Les keynésiens contestent cette analyse : le marché du travail ne détermine pas le niveau de l'emploi, c'est un pseudo marché. Le chômage est involontaire, il résulte principalement d'une insuffisance de la demande (en biens de consommation et de production).

P. Pourcel, *Le Chômage*, Bréal, 2016.

1. Distinguez les notions de chômage volontaire et de chômage involontaire.
2. À quelle condition, à votre avis, peut-on considérer qu'un individu est en situation de chômage volontaire ?
3. Indiquez l'autre cause du chômage selon la théorie néoclassique.

DOCUMENT 8 Le mécanisme du chômage volontaire et la trappe à inactivité

La théorie libérale de l'offre de travail explique qu'un individu « arbitre rationnellement » entre travailler (pour obtenir un revenu) et ne pas travailler (préférer le loisir). Travailler signifie que le salaire couvre la « désutilité » du travail. S'il peut obtenir un revenu sans travailler grâce aux minima sociaux, le RSA par exemple, l'individu rationnel renonce au travail et se trouve pris dans une « trappe », c'est-à-dire un piège, qui le condamne à l'inactivité. Le chômage est alors volontaire. On distingue la « trappe à inactivité », qui concerne les inactifs n'étant pas incités financièrement à entrer sur le marché du travail, et la « trappe à chômage » pour les chômeurs qui n'acceptent pas un travail en raison de l'existence de l'indemnisation du chômage.

Pour l'Éco, n° 10, cahier spécial Bac, juin 2019.

1. En prenant appui sur vos connaissances de Première, rappelez le sens des notions d'utilité et de rationalité en économie.
2. Repérez les deux origines possibles du chômage volontaire.

VIDÉO

Comprendre la doctrine Macron sur les revenus des salariés, retraités, chômeurs

lienmini.fr/e30705doctrine

5:10

DOCUMENT 9 Le chômage français est-il volontaire ?

Sur le papier, il y a une doctrine derrière les arbitrages budgétaires du gouvernement : privilégier les revenus du travail à ceux de l'inactivité. [...]

Le gouvernement entend booster le pouvoir d'achat des salariés en supprimant les cotisations salariales sur les heures supplémentaires. C'est un transfert de 2 milliards à destination des actifs en emploi. La prime d'activité, qui fournit un complément de revenu aux travailleurs pauvres, incitant le retour à l'emploi sur des mini-jobs sera elle aussi revalorisée.

Les choix opérés sont donc bien en ligne avec la doctrine. Et derrière cette doctrine il y a deux idées-forces :

1. Le chômage a un fort contenu volontaire en France. Les entreprises souffriraient de l'étroitesse de l'offre de travail.
2. La rémunération trop généreuse des personnes en situation de dépendance, des 16 millions de retraités notamment, mais aussi des juniors (à travers l'érosion des allocations familiales, de l'allocation de rentrée scolaire, de la prime de naissance, du complément de libre choix du mode de garde), à quoi s'ajoute une assurance chômage qui [...] induit une charge sur le coût du travail, qui nuit à la compétitivité du travail.

O. Passet, Xerfi Canal, 5 septembre 2018.

1. Répondez à la question formulée dans le titre du document et argumentez.
2. Expliquez pourquoi, en France, les choix budgétaires opérés par le gouvernement semblent en accord avec la doctrine libérale de l'offre de travail.

B Le chômage conjoncturel, structurel et frictionnel

DOCUMENT 10 Les différentes interprétations du chômage

On trouve aussi des économistes qui [...] admettent l'existence simultanée de quatre types de chômage [...] :
– le chômage frictionnel, correspond au délai minimum de recherche d'information sur le marché du travail et existant alors même que l'économie est en mesure d'utiliser pleinement tout le travail disponible. Il s'agit d'un chômage de plein emploi qui correspond à un fonctionnement optimal du marché du travail et qu'il ne faut pas chercher à éliminer ;
– le chômage classique [...] ;
– le chômage keynésien [appelé également involontaire ou conjoncturel], renvoyant à une insuffisance de la demande globale, en particulier en phase de récession ou de fort ralentissement de la croissance ;
– le chômage structurel, dû aux mutations technologiques.

J. Généreux, *Introduction à l'économie*, coll. « Points Économie », © Éditions du Seuil, 2017.

DÉFINITION

Le **taux de chômage** observé peut être décomposé en deux sous-éléments : un taux de chômage **structurel**, dont les déterminants sont directement liés au fonctionnement du marché du travail et aux politiques qui lui sont appliquées, et un volant **conjoncturel** qui dépend de l'écart entre la situation macroéconomique du moment et celle qui prévaudrait si l'économie se situait sur une trajectoire équilibrée, où la demande de biens et services est en phase avec les capacités de production.

1. Distinguez le chômage conjoncturel du chômage structurel.
2. Expliquez pourquoi le chômage frictionnel est également appelé chômage de plein emploi.

DOCUMENT 11 Le taux de chômage observé et le taux de chômage structurel en France

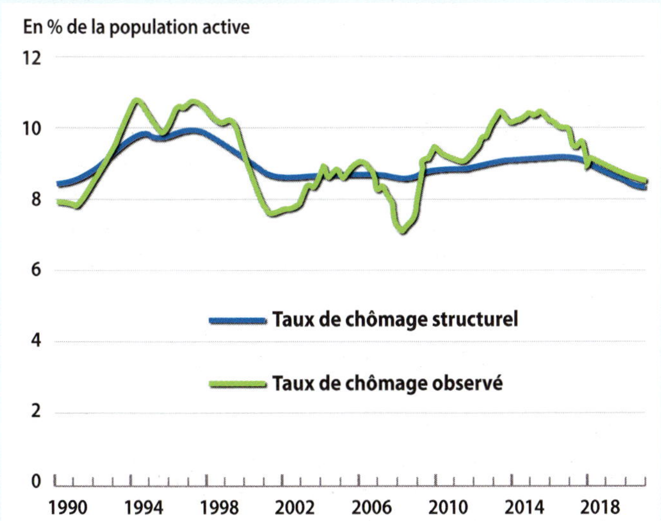

Source : OCDE, « Améliorer les performances du marché du travail en France », document de travail n° 1559, 2019.

1. Comparez le taux de chômage observé au taux de chômage structurel estimé par l'OCDE depuis 1990.
2. Qu'en concluez-vous sur la nature du chômage français ?

DOCUMENT 12 L'impact de la conjoncture économique sur le taux de chômage

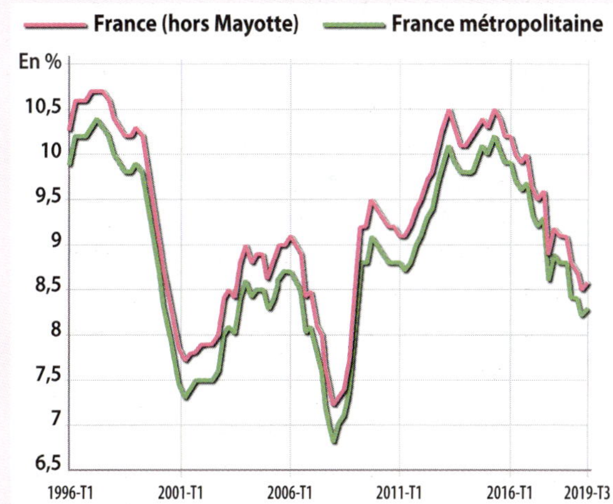

Source : Insee, « Informations rapides », 3e trimestre 2019.

1. Positionnez les événements économiques suivants sur le graphique : crise des subprimes ; explosion de la bulle Internet.
2. Expliquez la conséquence de ces événements sur l'évolution du taux de chômage.
3. Montrez qu'il s'agit alors d'un chômage conjoncturel.

Préparer sa synthèse

1. Distinguez le chômage conjoncturel et le chômage structurel.
2. Exposez pourquoi le chômage volontaire peut être considéré comme une composante du chômage structurel.

Activités

1 Se tester

QCM INTERACTIF
Testez-vous !
lienmini.fr/e30705exo6

Répondez par vrai ou faux aux affirmations suivantes puis justifiez vos réponses.

1. **Il existe plusieurs statistiques permettant d'évaluer le taux de chômage en France.**
2. **Le nombre de chômeurs est calculé par l'Insee en s'appuyant sur l'enquête Emploi.**
3. **Les individus occupant un emploi à temps partiel mais recherchant un emploi à temps plein sont considérés comme chômeurs au sens du Bureau international du travail.**
4. **Les demandeurs d'emploi inscrits au Pôle emploi en catégorie A sont les chômeurs définis au sens du Bureau international du travail.**
5. **Pour calculer le taux de chômage et le taux d'emploi, il est nécessaire de connaître la population totale de la classe d'âge concernée.**
6. **La France fait partie des pays de l'Union européenne les plus touchés par le chômage.**
7. **Le chômage involontaire concerne les personnes qui ne sont pas incitées financièrement à entrer sur le marché du travail.**
8. **Le chômage conjoncturel est lié à la morosité de l'activité économique.**
9. **Le chômage structurel dépend du niveau de la demande de travail.**
10. **La composante structurelle du chômage français est relativement importante.**

2 Construire sa carte mentale

→ Voir FICHE MÉTHODE 3

Construisez une carte mentale avec pour titre, au centre, « Le calcul du chômage et ses différentes formes », puis liez les notions suivantes : chômage au sens du BIT - taux de chômage - taux d'emploi - chômage structurel - chômage conjoncturel - chômage de plein emploi - chômage volontaire - chômage involontaire.
En fin de branche, associez ces notions à des exemples concrets ou des symboles ou des dessins de votre choix. Vous pouvez ajouter des mots clés si cela vous semble pertinent.

3 S'entraîner au Grand Oral

Faire le point sur le chômage en France
Consultez la vidéo du site « Dessine-moi l'éco », puis préparez une synthèse :

1. Rappelez la nature principale du chômage français.
2. Repérez les facteurs de la composante structurelle du chômage en France.
3. Repérez les facteurs de sa composante conjoncturelle.
4. Présentez les remèdes possibles selon les différentes théories économiques.

VIDÉO
D'où vient le chômage ? Y a-t-il un remède ?
lienmini.fr/e30705chomage
3:34

4 Travailler la méthode : analyser une documentation économique chiffrée

→ Voir FICHES MÉTHODE 1 ET 2

Emploi, chômage, inactivité en 2017 — en milliers

	Total	Sexe		Âge			
		Femmes	Hommes	15 à 24 ans	25 à 49 ans	50 à 64 ans	65 ans ou plus
Actifs	29 668	14 263	15 404	2 780	18 138	8 370	379
Population en emploi	26 880	12 932	13 948	2 160	16 545	7 806	368
Population au chômage	2 788	1 332	1 456	620	1 593	564	12
Inactifs	23 544	13 494	10 050	4 757	2 523	4 380	11 885
Total 15 ans ou plus	**53 212**	**27 757**	**25 455**	**7 537**	**20 661**	**12 750**	**12 264**

Champ : France hors Mayotte, personnes de 15 ans ou plus.

Source : Insee, enquêtes Emploi.

Taux de chômage de 1985 à 2017

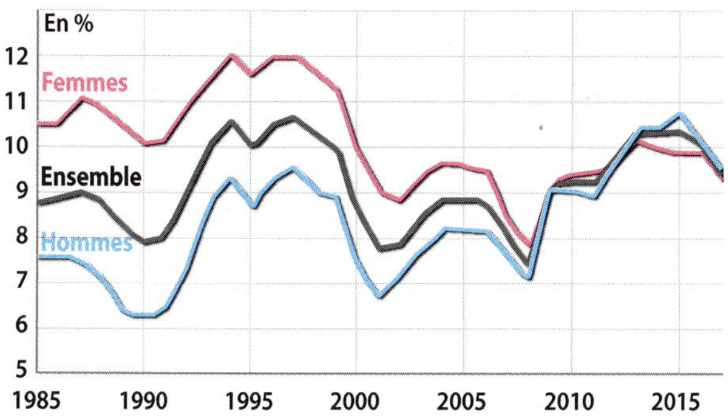

Champ : France hors Mayotte, population des ménages, personnes actives de 15 ans ou plus.

Source : Insee, enquêtes Emploi.

Taux d'emploi par âge entre 1975 et 2017

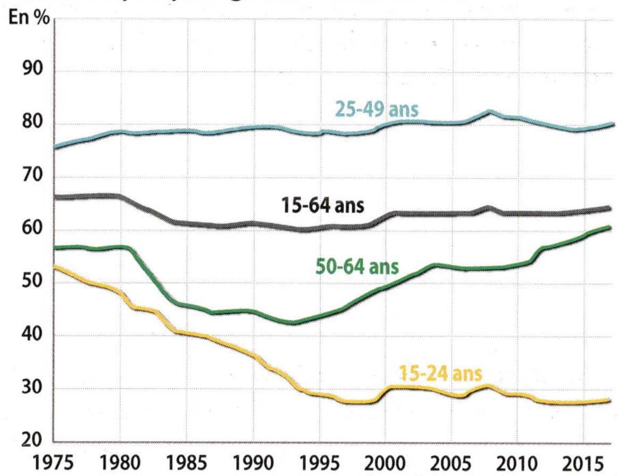

Champ : France hors Mayotte, population des ménages.

Source : Insee, enquêtes Emploi.

Nombre de chômeurs — en milliers

	1982	1990	2000	2010	2017
Femmes	904	1116	1223	1304	1332
Hommes	769	901	1075	1375	1456
Total	**1674**	**2017**	**2298**	**2679**	**2788**

Champ : France hors Mayotte, population des ménages, personnes actives de 15 ans ou plus.

Source : Insee, enquêtes Emploi.

1. Rappelez le calcul du taux de chômage et du taux d'emploi.
2. Calculer le taux de chômage de la population de 15 à 24 ans en 2017.
3. Calculer le taux d'emploi de la population de 15 à 24 ans en 2017.
4. Analyser l'évolution du chômage des femmes depuis les années 1980.
5. Repérez les arguments qui permettent de répondre à la question suivante : Les femmes et les jeunes sont-ils plus touchés par le chômage en France ?

Objectif Bac

L'origine du chômage en France

À partir de vos connaissances et de la documentation fournie dans les annexes 1 à 5 :

1. Comparez l'évolution du taux d'emploi et du taux de chômage en France et dans la zone euro.
2. Précisez l'élément conjoncturel qui peut expliquer la hausse du chômage à partir de 2008 en France.
3. Expliquez comment un chômage d'origine conjoncturelle peut se transformer en chômage structurel.
4. Rédigez une argumentation qui vous permette de répondre à la question suivante : La composante structurelle du chômage français freine-t-elle sa décrue par rapport au reste de la zone euro ?

Annexe 1 Évolution du taux d'emploi et du taux de chômage depuis 1998

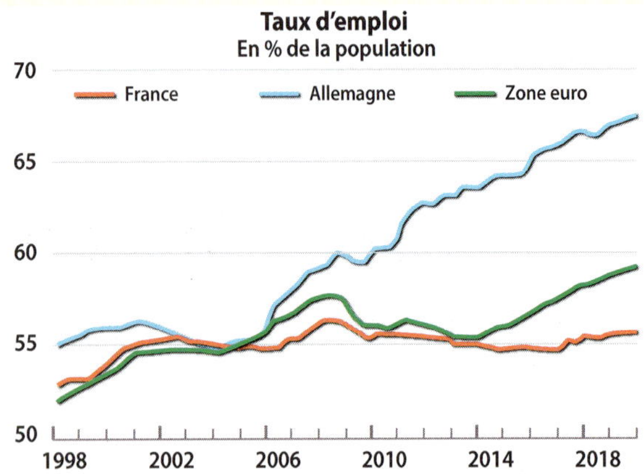

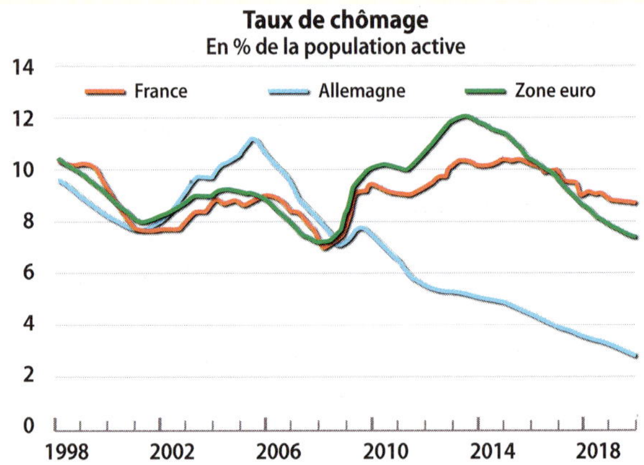

Source : OCDE, « Améliorer les performances du marché du travail en France », document de travail n° 1559, 2019.

Annexe 2 La situation du marché du travail s'améliore moins vite que dans la zone euro

La situation sur le marché du travail français s'est partiellement améliorée. [...] Cependant, la proportion de la population qui se trouve au chômage ou qui souhaiterait travailler davantage demeure supérieure à celle observée avant 2007. [...]
Dans le même temps, la productivité du travail semble se raffermir avec le regain d'investissement des entreprises. Ces améliorations reflètent à la fois les meilleures perspectives de croissance et des réformes qui, depuis 2014, ont visé à réduire le coût du travail, notamment peu qualifié, à sécuriser les transitions professionnelles et à renforcer la formation.
Cependant, les indicateurs de quantité de travail sont faibles, notamment pour les moins qualifiés et certains groupes défavorisés, ce qui a d'importantes conséquences pour leur inclusion. De plus, le fonctionnement de l'économie et du marché du travail se caractérise par une résilience et une adaptabilité aux mutations en cours qui apparaissent moindres que celles de la moyenne de l'OCDE. [...] Ces disparités sont liées à la faiblesse des taux d'emploi et aux difficultés d'accès au marché du travail. Les taux de chômage structurel et de longue durée restent élevés, et les taux d'emploi sont particulièrement faibles pour les jeunes, les plus âgés, les moins qualifiés et les immigrés. Près du tiers de la population adulte a de faibles compétences et souffre d'un chômage élevé, de recours récurrents à des contrats atypiques et de faibles opportunités de formation.

A. Goujard, A. Hijzen, S. Thewissen (2019), « Améliorer les performances du marché du travail en France : mise en œuvre de la stratégie pour l'emploi de l'OCDE », documents de travail du département des Affaires économiques de l'OCDE n° 1559, Éditions OCDE, Paris, https://doi.org/10.1787/3017068c-fr

Annexe 3 La reprise est-elle sur de bons rails ?

L'économie française a été moins dynamique au premier trimestre. Est-ce juste un trou d'air ou déjà la fin de la reprise ?

Patrick Artus : Les études, qu'elles émanent de l'OCDE, de la Banque de France ou de Bercy, ont tendance à surestimer le potentiel de croissance de l'économie. Je suis plutôt méfiant à cet égard. Surtout, une enquête de l'Insee montre que les chefs d'entreprise sont confrontés à d'importantes difficultés de recrutement. Elles se situent à un niveau historiquement élevé alors que le taux de chômage est encore à 8,5 %. J'étais récemment face à des chefs d'entreprise qui refusaient des commandes parce qu'ils n'arrivaient pas à trouver le personnel qualifié adéquat.

C'est un élément de freinage de la croissance française qui m'incite à prévoir un rythme de croissance plus bas en fin d'année 2018, un peu en dessous de 1,25 %. La réforme de la formation professionnelle va dans le bon sens. Mais le temps que la loi soit votée et mise en œuvre, on ne peut espérer d'impact sur le marché de l'emploi avant 2020.

Entretien P. Artus/É. Heyer, *Alternatives économiques*, 18 mai 2018.

Annexe 4 La part du chômage de longue durée en 2017

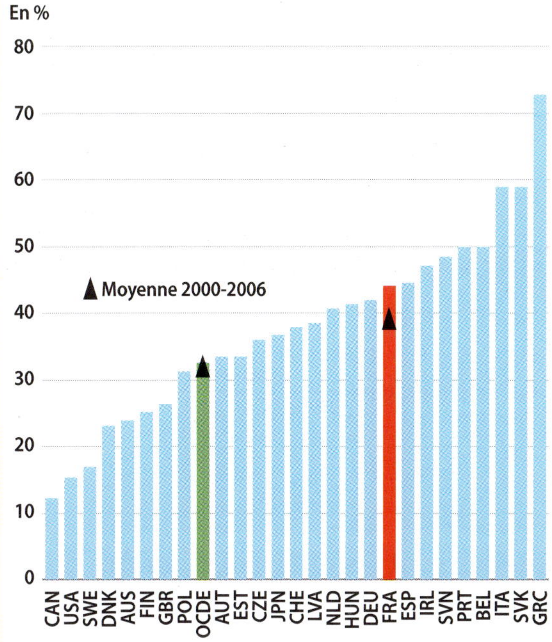

OCDE, « Améliorer les performances du marché du travail en France », document de travail n° 1559, 2019.

Annexe 5 En Allemagne, les lois Hartz ont réduit les salaires… et l'emploi

L'Allemagne, en raison notamment des très importantes réformes de son marché du travail au cours de la décennie 2000, sert de modèle à suivre pour la majorité des économistes, ainsi que pour le chef de l'État Emmanuel Macron et sa ministre du Travail Muriel Pénicaud, après, comme eux, François Hollande et Myriam El Khomri.

Pourtant, il apparaît que les mesures adoptées par le chancelier social-démocrate Gerhard Schroeder entre 2003 et 2005, sur les conseils de la commission dirigée par Peter Hartz, […] ont été négatives en matière d'emploi et de salaires.

Quatre lois Hartz ont été adoptées. Les deux premières visaient à encourager les employeurs à embaucher ; la troisième à améliorer le fonctionnement de l'Agence fédérale de l'emploi ; et la dernière à « inciter » les chômeurs à retrouver plus rapidement du travail.

En apparence, les lois Hartz ont été une réussite : tandis que l'Allemagne était « l'homme malade de l'Europe » dans les années 2000, avec un taux de chômage supérieur à 10 % de la population active, celui-ci a depuis fortement chuté, étant aujourd'hui inférieur à 4 %.

Comme le disent Tom Krebs (université de Mannheim, Allemagne) et Martin Scheffel (université de Cologne, Allemagne), « la plupart des économistes ne sont probablement pas surpris d'apprendre que des réformes qui réduisent de manière spectaculaire les allocations chômage et qui facilitent la rencontre entre les demandeurs d'emploi et les entreprises conduisent à une nette baisse du taux de chômage ».

G. Raveaud, *Alternatives économiques*, 12 mars 2019.

L'essentiel en schéma

L'ESSENTIEL À RETENIR
lienmini.fr/e30705ess06

SKETCHNOTE
lienmini.fr/e30705sk06

1 Comment mesure-t-on le chômage en France ?

L'Insee
(source statistique à partir de l'enquête Emploi)

Mesure

Le chômage au sens du BIT :
- Être sans emploi
- Être immédiatement disponible
- Être à la recherche d'un emploi

Taux de chômage = $\frac{\text{nombre de chômeurs}}{\text{population active correspondante}}$

Taux d'emploi = $\frac{\text{nombre de personnes en emploi}}{\text{population totale correspondante}}$

2 Quelles sont les différentes formes de chômage ?

Les formes du chômage

Chômage conjoncturel ou chômage involontaire ou chômage keynésien
Lié à l'insuffisance de la demande de biens et de services

Chômage structurel
Lié à une inadéquation entre l'offre de travail et les besoins de l'économie

Avec différentes origines :

Chômage frictionnel
Appelé aussi chômage de plein emploi qui représente le temps de latence inévitable entre deux emplois
et/ou
Chômage volontaire
Lié à l'absence d'incitation du retour au travail
et/ou
Chômage de long terme

MOTS CLÉS

VOIR LEXIQUE P. 187

- Chômage (au sens du Bureau international du travail)
- Taux de chômage
- Taux d'emploi
- Chômage conjoncturel
- Chômage structurel

CHAPITRE 7

L'offre et la demande de travail

THÈME 7
Quelle est l'influence de l'État sur l'évolution de l'emploi et du chômage ?

Notions abordées

- La demande de travail/l'offre d'emploi
- L'offre de travail/la demande d'emploi
- La population active et le taux d'activité
- Le plein emploi
- Le sous-emploi
- Les négociations salariales
- Les contraintes légales et conventionnelles
- Le salaire minimum
- La demande anticipée

Pour être capable

- De définir l'offre de travail et la demande de travail, et de les distinguer de l'offre d'emploi et de la demande d'emploi.
- De distinguer la population active de la population inactive.
- De calculer le taux d'activité.
- De décrire et d'interpréter ce taux en France à partir de courbes de tendances.
- De définir ce que sont une situation de plein emploi et une situation de sous-emploi.
- D'identifier et d'interpréter les différentes sources d'imperfections du marché du travail.

1. Quels sont les personnages qui se rencontrent sur ces dessins de presse ?
2. Pourquoi leurs intérêts réciproques divergent ?
3. À votre avis, l'augmentation du salaire minimum peut-elle être destructrice d'emplois ?

LANCER LA SÉANCE

VIDÉO EN QUESTIONS

Le marché du travail
lienmini.fr/e30705avt7

1 Que représentent l'offre et la demande sur le marché du travail ?

A L'offre de travail ou la demande d'emploi

DOCUMENT 1 L'offre de travail pour un économiste

Écartons d'emblée une ambiguïté fréquente dans le vocabulaire relatif au marché du travail. Une offre de travail ne doit pas être confondue avec une offre d'emploi publiée dans un journal ou déposée dans une agence de placement de chômeurs. L'économiste prend le terme « travail » au sens de facteur de production utilisé par les entreprises ou les administrations pour produire des biens et services. Ce sont les individus qui offrent du travail et les employeurs qui demandent du travail.

J. Généreux, *Introduction à l'économie*, coll. « Points Économie », © Éditions du Seuil, 2017.

1. Définissez la notion d'offre sur le marché du travail.
2. Déterminez l'équivalent de l'offre de travail sur le marché de l'emploi.
3. Expliquez pourquoi les économistes utilisent la notion d'offre de travail et non son équivalent.

DOCUMENT 2 La population active, source de l'offre de travail

En 2017, selon l'enquête Emploi, la population active au sens du Bureau international du travail (BIT) est estimée à 29,7 millions de personnes de 15 ans ou plus en France (hors Mayotte). Elle regroupe 26,9 millions d'actifs ayant un emploi et 2,8 millions de personnes au chômage. Le reste de la population âgée de 15 ans ou plus constitue la population dite « inactive », c'est-à-dire les personnes ne travaillant pas et ne recherchant pas activement un emploi ou n'étant pas disponibles rapidement pour en occuper un. [...]

Sur la dernière décennie, la population active âgée de 15 à 64 ans a augmenté de 1,0 million de personnes en France (hors Mayotte), principalement sous l'effet de la hausse du taux d'activité (+ 2,1 points). Cette hausse est avant tout portée par les seniors : entre 2007 et 2017, en France, le taux d'activité des 50-64 ans a augmenté de 9,8 points. La participation des seniors au marché du travail n'a cessé de croître depuis 2009, malgré la crise de 2008-2009. Cette hausse est imputable aux réformes des retraites successives et aux restrictions d'accès aux dispositifs de cessation anticipée d'activité. La hausse de l'activité est également due à une présence accrue des femmes sur le marché du travail : leur taux d'activité a progressé de 3,1 points en dix ans, en France, celui des hommes de 1,2 point.

TEF, édition 2019, Insee Références.

1. Définissez la population active et distinguez-la de la population inactive.
2. Montrez que la population active représente l'offre sur le marché du travail.
3. Caractérisez succinctement l'offre sur le marché du travail français en 2017.

DOCUMENT 3 Le taux d'activité, indicateur de l'évolution de la population active

Taux d'activité en France de 1975 à 2018

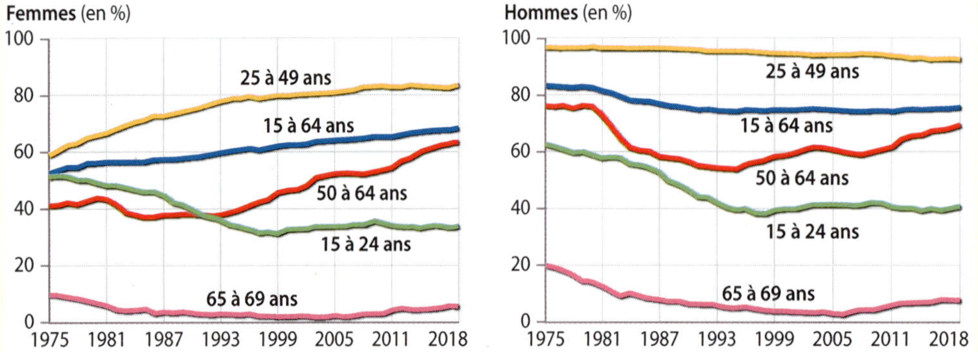

Champ : hors Mayotte, population des ménages, personnes de 15 à 69 ans. Source : Insee, séries longues sur le marché du travail, enquêtes Emploi.

1. Formulez le calcul du taux d'activité des 15-64 ans.
2. Commentez l'évolution des taux d'activité des hommes et des femmes selon leur classe d'âge.

B La demande de travail ou l'offre d'emploi

DOCUMENT 4 La vision classique de la demande de travail

La condition de profit maximum pour l'entreprise est que la productivité physique du travail progresse au même rythme que le salaire réel. En effet, si le salaire réel payé pour une heure dépasse la productivité réelle de cette heure de travail, l'entreprise perd de l'argent et renonce à utiliser cette heure de travail. En revanche, si la productivité horaire est supérieure au salaire horaire, le profit s'améliore et l'employeur est incité à utiliser davantage de travail. La quantité de travail demandée varie donc en sens inverse du salaire réel : la demande est une fonction décroissante du salaire réel. Cette loi est renforcée à long terme dans la mesure où les producteurs peuvent modifier le volume de capital et sont donc moins dépendants du seul facteur travail pour s'adapter aux variations de leur volume d'activité. [...] Si le coût du travail progresse plus vite que celui du capital, les employeurs seront attirés par des méthodes plus intensives en capital et ils substitueront du capital au travail.

J. Généreux, *Introduction à l'économie*, coll. « Points Économie », © Éditions du Seuil, 2017.

DÉFINITION

Demande anticipée (aussi nommée demande effective) : demande globale de biens de consommation et d'investissements prévue par les entrepreneurs.

1 Rappelez de qui émane la demande de travail.

2 Repérez les trois facteurs qui agissent sur la demande de travail.

DOCUMENT 5 La vision keynésienne de la demande de travail

La capacité des entrepreneurs à se projeter dans le futur avec optimisme va déterminer l'idée qu'ils se font de la demande future adressée à leur entreprise, et donc de ses velléités d'investissement, ainsi que les perspectives de création d'emplois qui en découlent. La notion de demande effective représente la clé de voûte de l'analyse keynésienne, [...] car elle détermine l'investissement futur et le niveau d'emploi.

L'Économie post-keynésienne, histoire, théories et politiques, © Éditions du Seuil, 2018.

1 Retrouvez le quatrième facteur qui agit sur la demande de travail.

2 Expliquez comment ce facteur influence la demande de travail.

DOCUMENT 6 L'évolution de l'emploi salarié par région en 2018 par rapport à 2017

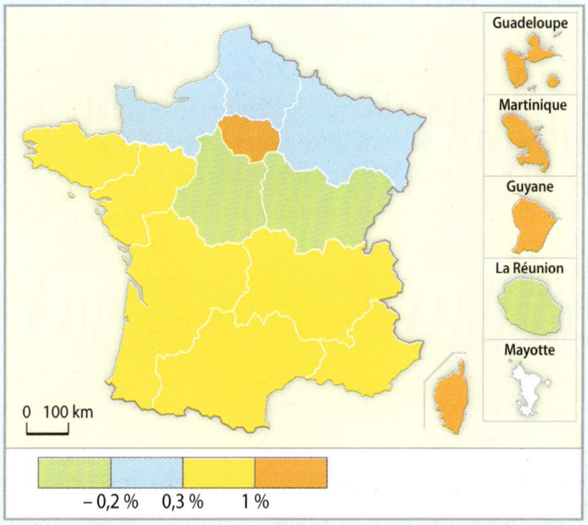

Insee Références, fiches « Emploi », 2019

1 Identifiez les régions françaises où les offres d'emploi sont les plus dynamiques.

2 Cherchez des facteurs explicatifs à ces évolutions.

VIDÉO

Emploi : les régions les plus dynamiques

lienmini.fr/e30705regions

1:01

Préparer sa synthèse

1 Rappelez les définitions d'offre et de demande de travail.

2 Résumez les caractéristiques de la population active française.

3 Recensez les facteurs économiques qui influencent la demande de travail.

2 Comment se forme le prix sur le marché du travail ?

A L'articulation entre l'offre et la demande de travail

DOCUMENT 7 L'équilibre de plein emploi

Le raisonnement qui fonde l'économie néoclassique est simple : sur un marché libre, il existe toujours un prix qui équilibre l'offre et la demande. Appliqué au travail, ce raisonnement signifie qu'on peut toujours trouver un salaire pour lequel chaque personne souhaitant travailler trouvera un emploi. Par conséquent, le chômage est volontaire, lorsque le salaire est jugé trop bas, ou résulte d'un mauvais fonctionnement du marché du travail.

Il faut bien comprendre ce qu'est un marché du travail libre, conforme aux marchés «parfaits» décrits dans les manuels. Les États-Unis sont souvent présentés comme le modèle d'un tel marché, car les licenciements y sont possibles sans préavis, sans justification et sans indemnités. Mais nous sommes encore bien loin du compte. Il faudrait, par exemple, que les salaires de toutes les personnes en emploi soient renégociés en permanence, un peu comme les actions sont cotées en continu (à défaut, les salaires pourraient être revus heure par heure, ce qui est peut-être un degré de rigidité acceptable). En réaction, un salarié arrivant au bureau le matin et découvrant le salaire d'équilibre prévu pourrait informer son employeur de son intention de ne travailler que deux heures, après avoir arbitré entre coût du travail et coût du loisir.

Alternatives économiques, hors-série n° 70, 1er novembre 2014.

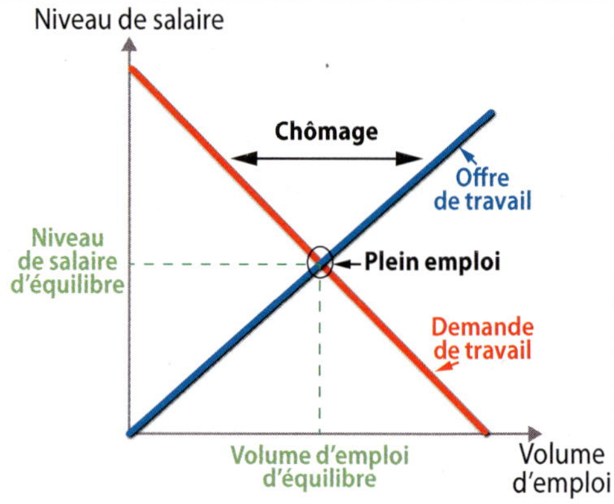

VIDÉO
Le retour du plein emploi en 2025 ?
lienmini.fr/e30705emploi
4:08

1. Rappelez la loi de l'offre et de la demande.
2. Précisez comment est fixé, en théorie, le salaire sur le marché du travail.
3. Expliquez pourquoi, dans ce contexte, un niveau de salaire élevé engendre une situation de chômage.
4. Indiquez ce qui, en pratique, limite une fixation libre du salaire sur ce marché.
5. À partir de la vidéo, identifiez les évolutions sur le marché du travail depuis ces dernières années et expliquez leur impact sur la situation potentielle de l'emploi.

DOCUMENT 8 La situation de sous-emploi

Selon Keynes, les débouchés anticipés par les entrepreneurs déterminent le volume de l'emploi, et certains salariés peuvent ne pas être appelés alors qu'ils voudraient travailler. [...]

On peut se trouver en situation d'équilibre de sous-emploi quand la demande effective est morose. Et la baisse des salaires nominaux, en dégradant la propension de la communauté à consommer, ne pourrait en aucun cas de façon durable accroître l'emploi. C'est le paradoxe de la pauvreté au sein de l'abondance : les sociétés développées sont incapables de fournir de l'emploi à tous. Il faut que les occasions d'investissement soient plus nombreuses pour que les perspectives de création d'emplois ne soient pas hypothéquées par une modeste propension à consommer.

L'Économie post-keynésienne, histoire, théories et politiques, © Éditions du Seuil, 2018.

1. Repérez l'impact d'une baisse de salaire sur la demande effective.
2. Expliquez pourquoi, selon Keynes, une baisse des salaires ne permet pas de résorber le chômage.
3. Déduisez-en la définition d'équilibre de sous-emploi et de plein emploi.
4. Reproduisez le graphique du document 7 et placez-y l'équilibre de sous-emploi.

B Les contraintes légales et conventionnelles pesant sur la fixation du salaire

DOCUMENT 9 Les trois niveaux de fixation des salaires en France

En France, comme dans beaucoup de pays européens, la fixation des salaires est régulée par des institutions de négociation à plusieurs niveaux, dont le but est d'assurer aux salariés un niveau minimum de rémunération du travail. [...] Les branches professionnelles regroupent des entreprises relevant du même accord ou de la même convention collective. [...] Les branches sont ensuite tenues de négocier chaque année des salaires minima, dits « conventionnels », qui s'imposent aux entreprises de la façon suivante. Chaque emploi d'une entreprise relevant d'une branche donnée est associé à un niveau de la classification. Pour cet emploi, un employeur ne peut rémunérer un salarié à un niveau inférieur au minimum conventionnel, en particulier si celui-ci a été renégocié à la hausse. Cette obligation concerne l'ensemble des entreprises relevant de la branche au moment où l'accord de branche est étendu.

Emploi, chômage, revenus du travail, édition 2018, Insee Références.

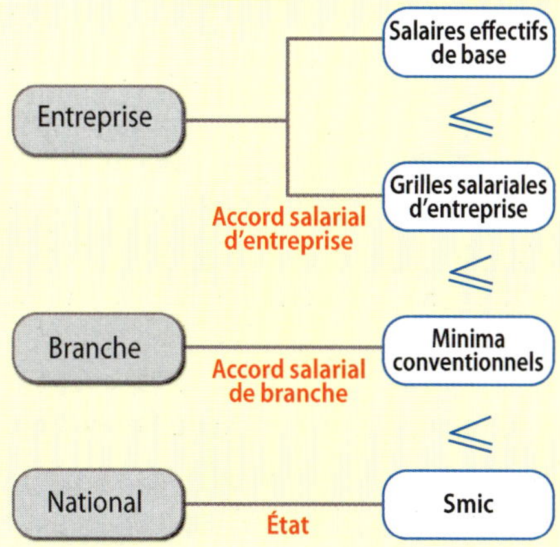

Lecture : le montant du Smic, fixé par l'État au niveau national, est inférieur ou égal à celui des minima conventionnels.

1. Repérez les trois niveaux de fixation des salaires en France.
2. Expliquez en quoi ces niveaux de négociations salariales peuvent être considérés comme des contraintes dans le fonctionnement du marché du travail.

DOCUMENT 10 Le Smic, une contrainte légale

Dans le contexte de la crise des gilets jaunes, une proposition revient fréquemment : revaloriser le Smic, qui est actuellement de 9,88 euros bruts de l'heure, soit 1 499 euros mensuels pour 35 heures par semaine. Cela permettrait de soutenir le pouvoir d'achat des salariés du bas de l'échelle, affectés par la hausse du prix des carburants. Il n'est pas sûr cependant que les marges de manœuvre soient importantes sur ce plan.

Le Smic est obligatoirement revalorisé chaque année de la progression sur douze mois de l'indice des prix (hors tabac) pour les 20 % de ménages les plus modestes. À quoi doit s'ajouter la moitié du gain de pouvoir d'achat du salaire horaire de base des ouvriers et des employés (SHBOE). Le gouvernement a cependant la possibilité d'aller au-delà de cette revalorisation minimale, à travers ce qu'on appelle communément un « coup de pouce ».

G. Duval, *Alternatives économiques*, 10 décembre 2018.

1. Donnez la signification du sigle Smic.
2. Précisez comment et par qui le Smic est revalorisé.
3. Exposez les avantages et les inconvénients économiques de la mise en place du Smic.

VIDÉO
Le Smic en détail
lienmini.fr/e30705smic
1:41

FOCUS HISTORIQUE

Au sortir de la guerre, c'est la loi du 11 février 1950 qui crée le Smig. Ce Salaire minimum interprofessionnel garanti vient mettre fin à douze années de blocage des salaires. En 1970, le Smic avec un « c » remplace le Smig. Le salaire minimum interprofessionnel de croissance, créé par Jacques Chaban-Delmas, alors premier ministre, est doté d'un nouveau mode de calcul pour sa réévaluation afin de rapprocher le Smic du salaire moyen.

Préparer sa synthèse

1. Rappelez comment se fixe, en théorie, le salaire de base.
2. Classez dans un tableau les contraintes économiques, légales et conventionnelles qui pèsent sur la fixation des salaires.

Activités

1 Se tester

QCM INTERACTIF
Testez-vous !
lienmini.fr/e30705exo7

Répondez par vrai ou faux aux affirmations suivantes puis justifiez vos réponses.

1. **La population active représente la population en âge de travailler.**
2. **La population active représente la demande de travail sur le marché du travail.**
3. **L'offre de travail correspond à la demande d'emploi.**
4. **Le taux d'activité des femmes a tendance à augmenter depuis 30 ans.**
5. **La demande est une fonction décroissante du salaire réel.**
6. **La demande de travail dépend notamment de la productivité du travail.**
7. **Le salaire sur le marché du travail français est égal au salaire d'équilibre.**
8. **Le salaire de base est librement négocié entre employeur et salarié.**
9. **Le sigle Smic signifie : salaire minimum interprofessionnel de correspondance.**
10. **Un accord salarial de branche est une contrainte conventionnelle de fixation du salaire.**

2 Construire sa carte mentale

→ Voir FICHE MÉTHODE 3

Construisez une carte mentale avec pour titre, au centre, « L'offre et la demande de travail », puis liez les notions suivantes : marché du travail - demande de travail - offre de travail - demande d'emploi - offre d'emploi - salaire - contraintes légales et conventionnelles.
En fin de branche, associez ces notions à des exemples concrets, des symboles ou des dessins de votre choix.

3 S'entraîner au Grand Oral

1. Dans chacune des situations, identifiez le demandeur de travail/d'emploi et l'offreur de travail/d'emploi.
2. Caractérisez l'évolution de la recherche d'emploi entre 1970 et aujourd'hui à partir du document et de vos recherches sur Internet.
3. Exposez vos constats à la classe.

Chercher un emploi dans les années 1970

Chercher un emploi aujourd'hui

ANEMONELOST.COM

4 Travailler la méthode : analyser un tableau économique

→ Voir FICHE MÉTHODE 2

La population active et le taux d'activité selon les caractéristiques des personnes

	France métropolitaine				France hors Mayotte			
	2008	2010	2012	2014	2014	2015	2016	2017
Population active totale (en milliers)	**27 897**	**28 236**	**28 491**	**28 670**	**29 423**	**29 476**	**29 556**	**29 668**
Femmes	13 218	13 428	13 575	13 757	14 127	14 165	14 224	14 263
Hommes	14 679	14 808	14 916	14 913	15 295	15 311	15 332	15 404
Taux d'activité des 15-64 ans (en %)	**69,9**	**70,3**	**70,7**	**71,4**	**71,1**	**71,3**	**71,4**	**71,5**
• Par sexe								
Femmes	65,2	65,8	66,3	67,4	67,2	67,3	67,6	67,6
Hommes	74,7	74,9	75,3	75,4	75,3	75,3	75,4	75,6
• Par âge*								
15-24 ans	38,5	38,9	37,4	37,1	36,9	37,1	36,9	36,9
25-49 ans	89,3	89,3	88,7	88,6	88,3	87,9	87,9	87,8
50-64 ans	55,6	57,2	60,6	63,0	63,0	64,1	64,9	65,6
dont 55-64 ans	*39,8*	*42,2*	*47,4*	*50,7*	*50,7*	*52,6*	*53,7*	*54,9*
• Par statut d'immigration								
Immigrés	67,2	67,4	68,1	67,9	67,7	67,0	66,6	67,2
Non-immigrés	70,1	70,6	71,0	71,8	71,5	71,8	72,0	72,1
Descendants d'immigrés	...	65,1	64,3	67,3	67,1	67,4	67,6	67,3
Sans lien avec l'immigration	...	71,2	71,9	72,3	72,1	72,3	72,6	72,7
• Par type de zone géographique								
Rurale	71,6	72,1	73,1	73,7	73,7	74,2	74,2	74,4
Urbaine	69,4	69,7	70,0	70,7	70,4	70,4	70,6	70,7

* Il s'agit de l'âge atteint pendant la semaine de référence de l'enquête.

Champ : France métropolitaine jusqu'en 2013, France hors Mayotte à partir de 2014, personnes âgées de 15 ans ou plus vivant en ménage ordinaire.

Lecture : en moyenne en 2017, en France hors Mayotte, 71,5 % de la population en âge de travailler (conventionnellement de 15 à 64 ans) est active (en emploi ou au chômage).

Source : Insee, enquêtes Emploi.

1. Repérez le niveau et la composition de la population active en 2017.
2. Identifiez les caractéristiques principales du taux d'activité des 15-64 ans en 2017.
3. Rappelez la définition et le calcul du taux d'activité.
4. Analyser l'évolution du taux d'activité des personnes selon leur statut d'immigration et leur zone d'habitation.
5. Repérez les arguments qui permettent de répondre à la question suivante : Existe-t-il des inégalités d'activité entre les hommes et les femmes sur le marché du travail ?

Objectif Bac

Le salaire minimum dans l'Union européenne

À partir de vos connaissances et de la documentation fournie dans les annexes 1 à 4 :

1. Identifiez les six pays de l'Union européenne qui n'ont pas adopté de salaire minimum.
2. Rappelez l'impact du coût du travail sur la demande de travail.
3. Comparez le taux de chômage et le salaire minimum entre les pays européens. Que constatez-vous ?
4. Rédigez une argumentation qui vous permette de répondre à la question suivante : L'adoption d'un salaire minimum est-elle néfaste à l'emploi ?

Annexe 1 Salaire minimum et emploi sont-ils si antagonistes ?

Longtemps, les économistes, en grande majorité, étaient sûrs d'eux : imposer aux entreprises de verser un salaire minimum à leurs salariés, si cela pouvait éventuellement se justifier dans une logique de valorisation du travail, était nécessairement néfaste pour l'emploi. Certes, les salariés en place seraient mieux payés, mais moins de personnes seraient embauchées à ce niveau de salaire. De nombreuses études empiriques récentes ont grandement relativisé ce résultat, au point d'aboutir à la situation quasiment inverse, où de nombreux économistes estiment que, à leur niveau actuel, les salaires minimaux en place dans les pays riches ne détruisent pas d'emplois. Plus encore, il apparaît qu'un salaire décent, parce qu'il rend les travailleuses et les travailleurs dignes et leur permet d'échapper au stress permanent de la pauvreté, les aide à prendre des décisions favorables à leur santé et au bien-être de leurs proches. Loin d'être seulement des décisions économiques, des salaires décents seraient donc un moyen d'être en meilleure santé morale et physique. Au point que des études mettent en avant la réduction de la mortalité permise par les hausses du salaire minimum aux États-Unis. Le basculement du consensus des économistes à l'égard des effets du salaire minimum sur l'emploi est impressionnant. Ainsi, [...] une « quantité impressionnante de travaux empiriques [s'est révélée] incapable de mettre en évidence de manière nette [les] effets négatifs sur l'emploi du salaire minimum [que] tant d'économistes croyaient si fortement trouver ».

Au Royaume-Uni, où le salaire minimum n'existe que depuis 1999, les travaux très détaillés de la Commission des bas salaires (Low Pay Commission) ne mettent pas en évidence de destructions d'emplois, en dépit des hausses répétées du salaire minimum depuis son introduction (où il avait certes été fixé à un niveau très bas). De même, en Allemagne, où son introduction est encore plus récente (2015), le salaire minimum a permis un fort rattrapage salarial dans les Landër de l'ex-RDA, sans pénaliser l'emploi dans des secteurs comme l'industrie de la viande ou la sécurité, où le coût du travail joue pourtant un rôle important.

G. Raveaud, *Alternatives économiques*, 5 avril 2019

Annexe 2 Salaires et coût du travail dans l'Union européenne

En 2017, dans l'Union européenne (UE), le coût horaire de la main-d'œuvre dans l'industrie, la construction et les services marchands pour les entreprises de 10 salariés ou plus s'élève en moyenne à 26,6 euros. Il varie fortement selon les pays, avec un écart relatif de 1 à 9 entre la Bulgarie (4,9 euros) et le Danemark (43,6 euros). La France occupe la 5e position des pays ayant les coûts horaires les plus élevés avec 36,6 euros ; l'Allemagne occupe la 6e place avec 34,6 euros. Dans l'industrie, le coût horaire allemand (40,2 euros) dépasse le coût français (38,8 euros). C'est l'inverse dans les services marchands : 36,4 euros en France contre 31,5 euros en Allemagne. [...]
Les salaires et traitements bruts représentent la plus grande partie du coût du travail (76,3 % en moyenne dans l'UE). La part des salaires dans le coût du travail varie selon le mode de financement de la protection sociale : plus élevée dans les pays où ce financement passe par l'impôt sur le revenu comme au Danemark (86,7 %) et plus basse lorsqu'il est assuré par le prélèvement de cotisations sociales comme en France (68,6 %) ou en Suède (67,0 %).

La France dans l'Union européenne, édition 2019, Insee Références.

Annexe 3 Les salaires minimums en Europe en 2018

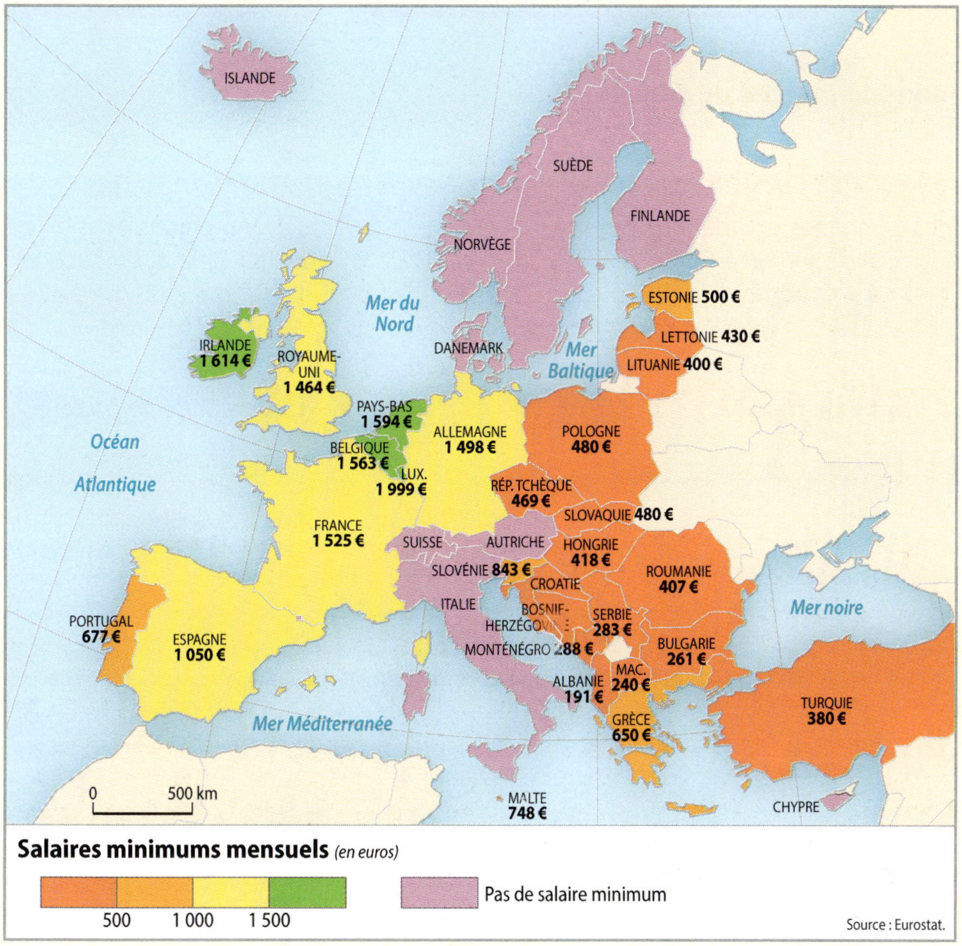

Annexe 4 Taux de chômage dans l'Union européenne en 2008 et 2017

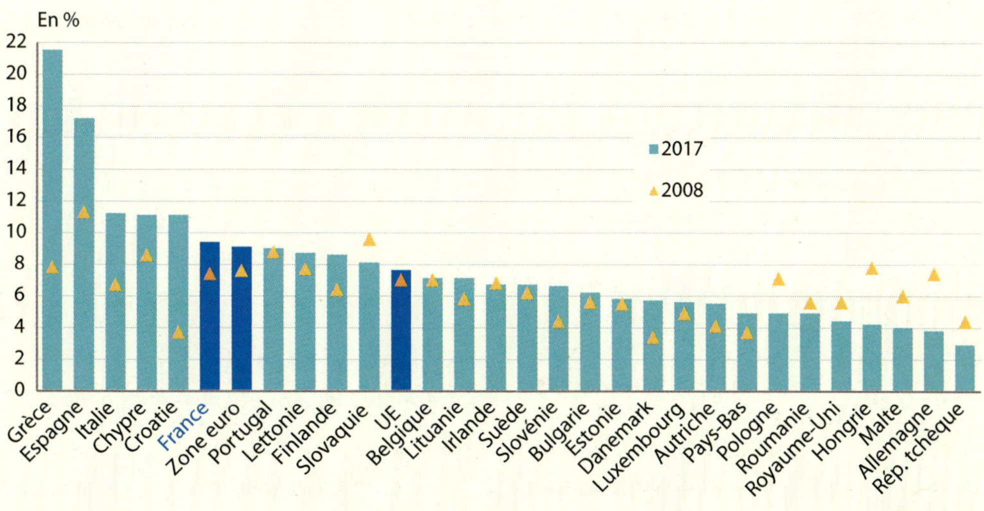

Marché du travail, édition 2019, Insee Références.

L'essentiel en schéma

L'ESSENTIEL À RETENIR
lienmini.fr/e30705ess07

SKETCHNOTE
lienmini.fr/e30705sk07

Le fonctionnement du marché du travail

La population active
= Ensemble des personnes occupant un emploi ou à la recherche d'un emploi

↓

L'offre de travail
= Demande d'emploi

Les entreprises
= Agents économiques dont la fonction principale est la production

↓

La demande de travail
= Offre d'emploi

↘ ↙

Le marché du travail
= Lieu de rencontre entre l'offre et la demande

↓

Le salaire
= Prix d'équilibre sur le marché du travail

Influencée par (offre de travail → contraintes légales et conventionnelles)

Influencé par (salaire → contraintes légales et conventionnelles / contraintes économiques)

Influencée par (demande de travail → contraintes économiques)

Les contraintes légales et conventionnelles
- Le Smic
- Les négociations annuelles
- Les conventions collectives de branches ou d'entreprises

Les contraintes économiques
- La productivité
- La demande anticipée
- Le coût du travail
- La pression concurrentielle

MOTS CLÉS

VOIR LEXIQUE P. 187

- Offre de travail
- Demande de travail
- Demande d'emploi
- Offre d'emploi
- Population active
- Taux d'activité
- Négociations collectives
- Contraintes légales et conventionnelles
- Smic
- Plein emploi
- Sous-emploi

CHAPITRE 8

Les politiques de l'emploi

THÈME 7
Quelle est l'influence de l'État sur l'évolution de l'emploi et du chômage ?

Notions abordées

- Les politiques actives et les politiques passives de lutte contre le chômage

Pour être capable

- D'identifier les différentes politiques de l'emploi et de les catégoriser en politiques actives ou politiques passives.

TERRITOIRES ZÉRO CHÔMEUR DE LONGUE DURÉE

1. Rappelez les critères du chômage de longue durée.
2. Quel est, d'après vous, le sens de la banderole présentée sur la photographie.
3. Recherchez des informations sur l'expérimentation « Territoires zéro chômeur de longue durée » soutenue par le ministère du Travail.

LANCER LA SÉANCE

VIDÉO EN QUESTIONS

Que proposent les candidats à la présidentielle pour lutter contre le chômage ?
lienmini.fr/e30705avt8

1 Les politiques de lutte contre le chômage structurel

A Les politiques passives

FOCUS HISTORIQUE

Le régime d'Assurance chômage a été créé le 31 décembre 1958 par les partenaires sociaux, dans un contexte de relatif plein emploi. Ce régime paritaire, non rattaché à la Sécurité sociale, est piloté par l'Unédic, association loi de 1901. Depuis 2008 et la création de Pôle emploi, l'Unédic n'est plus en charge des activités opérationnelles telles que le recouvrement des cotisations, l'inscription ou l'indemnisation.

DOCUMENT 1 La crise et le développement des dépenses passives

Le développement des dépenses passives pour l'emploi est concomitant avec l'éclatement de la crise et l'augmentation du chômage. La mise en place d'un système d'indemnisation chômage relativement « généreux », au milieu des années 1970, s'explique par la perception que les hommes politiques ont du chômage à cette époque. Il est perçu comme transitoire, [...] les politiques macroéconomiques expansionnistes devant permettre le retour au plein-emploi. Dans ce contexte, l'indemnisation chômage doit permettre d'atténuer les effets sociaux liés à la perte d'emploi (et accessoirement limiter la contestation sociale) et assurer la transition vers un nouvel emploi.

P. Pourcel, *Le Chômage*, Bréal, 2016.

1. Repérez l'origine de la mise en place des politiques dites « passives » de lutte contre le chômage.
2. Identifiez la nature de ces politiques passives initiales et présentez leurs objectifs.

DOCUMENT 2 Les politiques passives face au chômage de masse

Avec le développement d'un chômage de masse et l'incapacité des politiques de relance à y faire face, la perception du sous-emploi se modifie. Il s'agit alors de diminuer l'offre de travail dans un contexte de pénurie d'emploi jugée durable. En France, le choix va se porter principalement sur les retraites anticipées et les dispenses de recherche d'emploi financées sur fonds publics. Ces mesures paraissent toutefois contradictoires avec l'objectif d'augmenter le taux d'emploi des séniors afin de faciliter le financement des retraites, c'est la raison pour laquelle elles sont appelées à fortement reculer dans les prochaines années.

P. Pourcel, *Le Chômage*, Bréal, 2016.

1. Rappelez le sens de la notion d'offre de travail.
2. Présentez les mesures des récentes politiques passives de l'emploi et leur objectif.
3. Expliquez-en les limites.

DOCUMENT 3 La réforme de l'Assurance chômage du 1er novembre 2019

Pour ouvrir des droits à indemnisation, il faudra désormais avoir travaillé au moins six mois (« 130 jours ou 910 heures ») sur les 24 derniers mois. Jusqu'à présent, cette condition était de quatre mois sur les 28 derniers (sauf pour les plus de 53 ans où la période de référence restera de 36 mois). En conséquence, la durée minimale d'indemnisation passe aussi de quatre à six mois. La durée maximale reste de deux ans pour les moins de 53 ans, deux ans et demi pour les 53-55 ans, trois ans pour les plus de 55 ans. [...] Les salariés qui avaient un revenu supérieur à 4 500 euros brut par mois (soit environ 3 500 euros net) verront leur indemnisation réduite de 30 % à partir du 7e mois, avec un minimum à 2 261 euros net mensuels. Le plafond de l'indemnisation maximale restera de 6 615 euros net.

France info avec l'AFP, 29 octobre 2019.

VIDÉO

Les points essentiels de la réforme de l'Assurance chômage
lienmini.fr/e30705reforme
2:12

1. Présentez les nouvelles conditions d'accès à l'indemnisation du chômage depuis le 1er novembre 2019.
2. Expliquez pourquoi, à votre avis, cette réforme prévoit une mesure de dégressivité de l'indemnisation chômage pour les hauts revenus.
3. À l'aide de la vidéo, repérez la nouvelle mesure qui pourrait être avantageuse pour l'ensemble des personnes en activité.

B Les politiques actives

DOCUMENT 4 L'activation des dépenses pour l'emploi

Au fil des décennies, les politiques destinées à contrer la montée du chômage ont été à la fois diverses et conséquentes. [...] Les dépenses dites « ciblées sur les individus », qui recouvrent l'indemnisation des chômeurs, et les dépenses dites « actives », qui comprennent la formation, l'accompagnement, les contrats aidés et les aides à la création d'entreprise, sont assez stables : elles s'élevaient en 2013 à 51 milliards d'euros, soit 2,4 % du PIB, ce qui place la France en 7e position en Europe. Les dépenses dites « générales », qui visent en grande partie à abaisser le coût du travail par l'exonération de cotisations sociales et les crédits d'impôt, ont quant à elles tendanciellement augmenté depuis quinze ans : elles s'élevaient à plus de 57 milliards en 2015, soit 2,6 % du PIB. Au total, ce sont donc environ 108 milliards d'euros de ressources publiques, soit 5 points de PIB, qui sont directement mobilisés chaque année pour l'emploi.

France stratégie, *2017/2027, Quels leviers pour l'emploi ?*, www.strategie.gouv.fr

1. Identifiez les mesures dites de « politiques actives » de lutte contre le chômage.
2. Déduisez-en une définition.

DOCUMENT 5 Les dépenses pour les politiques « actives » du marché du travail

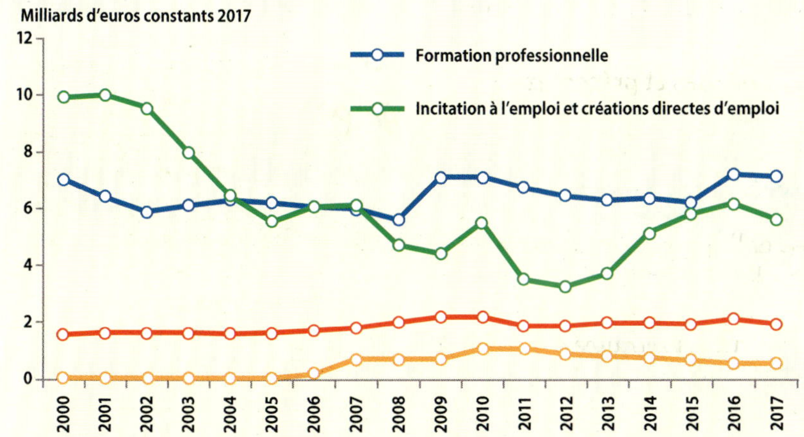

Champ : France entière.

Source : DARES Résultats, n° 47, octobre 2019.

1. Repérez les politiques actives qui génèrent le plus de dépenses pour l'État depuis 2000.
2. Illustrez par un exemple concret chaque type de dépenses « actives ».
3. Analysez l'évolution des dépenses concernant l'emploi protégé et la création d'entreprises.

DOCUMENT 6 Faut-il augmenter ou diminuer les emplois aidés ?

Que faut-il penser de la diminution programmée des contrats aidés ? Je me restreindrai ici à une définition étroite des emplois aidés qui inclut aujourd'hui notamment les contrats uniques d'insertion (d'accompagnement dans l'emploi et d'initiative emploi), les emplois d'avenir et enfin les contrats d'insertion par l'activité économique. Ces emplois subventionnés concernaient, au premier trimestre 2017, 473 000 personnes.

O. Passet, « Emplois aidés : faut-il vraiment les maintenir ? », xerficanal.com

1. Définissez la notion d'emplois aidés.
2. Indiquez le nombre d'actifs bénéficiant d'une des mesures d'emplois aidés.
3. À l'aide de la vidéo, précisez l'objectif principal des emplois aidés en matière de lutte contre le chômage.
4. Concluez sur l'efficacité de cette politique.

VIDÉO
Emplois aidés : faut-il vraiment les maintenir ?
lienmini.fr/e30705aide
4:38

Préparer sa synthèse

1. Définissez les notions de politiques actives et de politiques passives de l'emploi.
2. Répertoriez dans un tableau les différentes politiques passives et actives étudiées.

2 Les politiques de lutte contre le chômage conjoncturel

A La politique de relance budgétaire

DOCUMENT 7 Le mécanisme du multiplicateur keynésien et son effet sur l'emploi

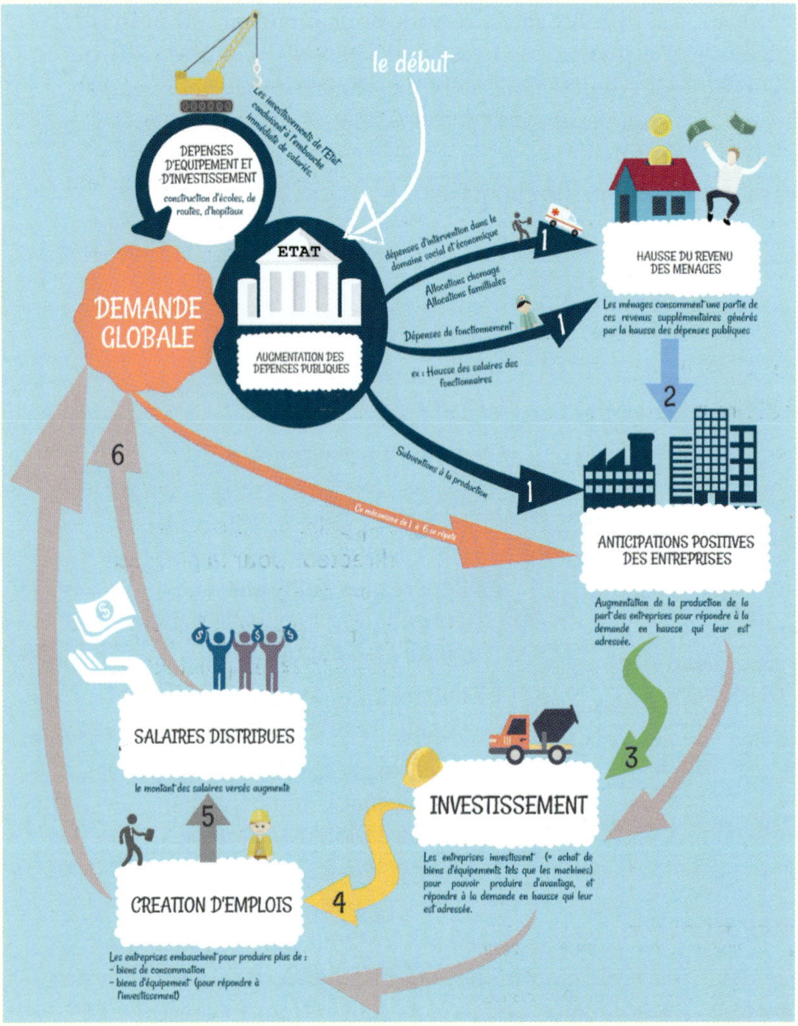

A. Melachrinos, www.ecoenschemas.com
lienmini.fr/e30705effet

1. Rappelez la définition de la notion de demande globale.
2. Indiquez la 1re étape du mécanisme du multiplicateur keynésien.
3. Repérez les étapes génératrices d'emplois nouveaux d'après ce mécanisme.
4. Expliquez comment une augmentation initiale des dépenses publiques peut permettre de lutter contre le chômage conjoncturel.

FOCUS HISTORIQUE

La politique de relance initiée par François Mitterrand en 1981 a en partie échoué du fait que les ménages français ont essentiellement consommé plus de produits importés, ce qui a dégradé fortement la balance commerciale.

DOCUMENT 8 Emplois : vive la demande !

Près de 95 000 emplois ont été créés en France au 1er trimestre 2019 (près de 220 000 en un an), nous dit l'Insee. On ne peut que s'en réjouir, mais pour savoir à quel point, il faut aller regarder les chiffres dans le détail. [...] Le dynamisme de l'emploi repose d'abord sur les services. Le trio de tête des plus fortes croissances en matière de créations de postes se trouve dans les services informatiques (+ 6,5 %), les services juridiques aux entreprises (+ 4,1 %), ainsi que l'information et la communication (+ 4 %). C'est-à-dire dans le « B to B », les activités à destination d'autres entreprises. [...] Ainsi, si on constate depuis le 4e trimestre 2018 une reprise des créations d'emplois, le premier facteur d'explication repose sur un effet de rattrapage par rapport aux autres trimestres de 2018. [...]

Il y a une seconde explication à cet accroissement des créations d'emplois : la politique de la demande. Avec le mouvement des gilets jaunes, Emmanuel Macron a dû distribuer du pouvoir d'achat. En particulier, la prime de fin d'année distribuée par les entreprises et défiscalisée par le gouvernement. Les données de la Sécu en dressent un bilan assez impressionnant : si la masse salariale soumise à cotisations sociales dans le secteur privé n'a augmenté que de 0,1 % au 1er trimestre 2019, on passe à une hausse de 1,4 % en intégrant la prime ! Il y a clairement eu un effet de relance ponctuel du pouvoir d'achat sur les revenus des salariés qui ont eu la chance de pouvoir en bénéficier.

C. Chavagneux, *Alternatives économiques* n° 392, 27 juin 2019.

1. Repérer les secteurs dynamiques en matière de création d'emplois en 2019.
2. Expliquez comment l'État français a participé indirectement à ces créations d'emplois.

B La politique de relance monétaire

DOCUMENT 9 Les banques centrales tentent le tout pour le tout

Pour la plupart d'entre nous, les variations des taux directeurs des banques centrales, c'est-à-dire les taux d'intérêt auxquels elles prêtent de l'argent aux banques, paraissent n'exciter que les férus d'économie. En fait, ces évolutions nous concernent tous. Car les décisions des banquiers centraux déterminent le coût du crédit. Il est aujourd'hui très faible pour les grandes entreprises et même négatif pour certains États considérés comme sûrs, comme la France et l'Allemagne. Ce qui signifie, en clair, que des investisseurs acceptent de récupérer moins que la somme prêtée, et donc que l'État est… payé pour emprunter ! Le fait que la Banque centrale européenne (BCE) prête de l'argent à taux nul aux banques permet à ces dernières de réduire leurs frais et d'accorder à leur tour des crédits à taux faible aux ménages et aux entreprises pour stimuler l'activité. Derrière les ajustements complexes de politique monétaire, se joue notre capacité à financer des investissements dans des secteurs clés, comme la transition énergétique, et à limiter l'ampleur des impacts sociaux en cas de secousses économiques. […] La BCE continue de prêter aux banques commerciales à taux zéro, autrement dit sans payer d'intérêts. Le message de Francfort aux intermédiaires financiers est clair : prêtez, prêtez et prêtez encore.

A. Martin, *Alternatives économiques* n° 397, 10 septembre 2019.

1. Rappelez le nom de l'autorité en charge de la politique monétaire de la France.
2. Précisez pourquoi la politique monétaire actuelle est dite « de relance ».
3. Montrez comment une politique de relance monétaire permet de lutter contre le chômage.

DOCUMENT 10 L'évolution des taux directeurs de la BCE

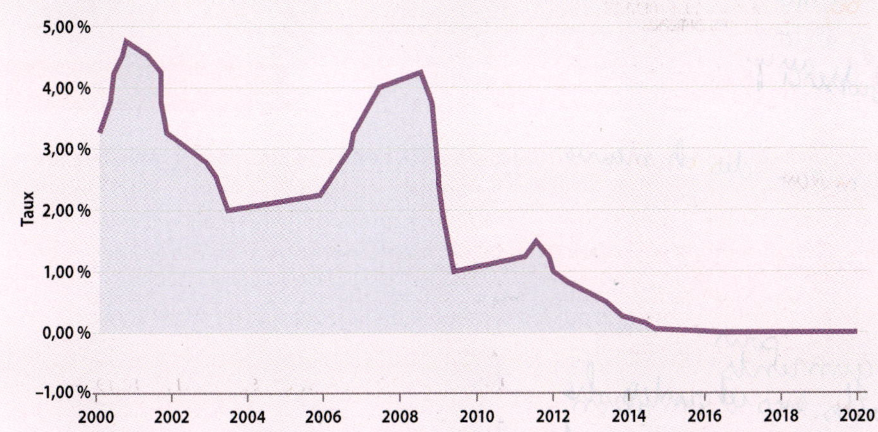

Source : Banque de France.

1. Rappelez le rôle du taux directeur pour la politique monétaire.
2. Commentez l'évolution de ce taux, en particulier depuis 2008.

DOCUMENT 11 L'intervention de la BCE

1. À l'aide du podcast, relevez les avantages et les inconvénients de la politique monétaire de relance adoptée par la Banque centrale européenne (BCE) depuis la crise de 2008, notamment pour l'emploi.

PODCAST
La BCE : pompier et pyromane
lienmini.fr/e30705pompier
3:16

Préparer sa synthèse

1. Présentez les deux instruments de politique de relance de l'emploi.

Activités

1 Se tester

QCM INTERACTIF
Testez-vous !
lienmini.fr/e30705exo8

Répondez par vrai ou faux aux affirmations suivantes puis justifiez vos réponses.

1. **Les politiques passives permettent aux chômeurs d'atténuer les effets sociaux liés à la perte d'emploi.**
2. **Les politiques passives ont été mises en place dès le début des Trente Glorieuses.**
3. **Les mesures de préretraites sont des mesures de politiques passives.**
4. **Les politiques actives sont mises en place pour limiter le chômage de longue durée.**
5. **La formation professionnelle est une mesure de politique passive.**
6. **L'indemnisation des chômeurs est une mesure de politique passive.**
7. **La lutte contre le chômage structurel passe principalement par le biais de dépenses actives.**
8. **Une politique de relance a pour objectif de lutter contre le chômage conjoncturel.**
9. **Une diminution des dépenses publiques a pour effet d'augmenter la consommation et la production.**
10. **Une baisse des taux directeurs a pour effet de diminuer le coût du crédit et de relancer l'investissement et l'emploi.**

2 Construire sa carte mentale

→ Voir FICHE MÉTHODE 3

Construisez une carte mentale avec pour titre, au centre, « Les politiques de lutte contre le chômage », puis liez les notions suivantes : chômage structurel - chômage conjoncturel - politiques actives - politiques passives - politique de relance budgétaire - politique de relance monétaire - préretraites - formation professionnelle - subventions à l'emploi - indemnisation du chômage - allongement de la scolarité - aide à la création d'entreprise - création d'emplois aidés.
En fin de branche, associez ces notions à des exemples concrets ou des symboles ou des dessins de votre choix. Vous pouvez ajouter des mots clés si cela vous semble pertinent.

3 S'entraîner au Grand Oral

Préparer un débat sur les politiques passives

1. Préparez des arguments qui démontrent l'utilité des politiques passives dans la lutte contre le chômage.
2. Préparez des arguments qui mettent en évidence les inconvénients de ces politiques passives.
3. Confrontez vos arguments en classe lors d'un débat organisé par le professeur.

4 Travailler la méthode : analyser un texte économique long

Les dépenses en faveur de l'emploi et du marché du travail en France

Les dépenses ciblées en faveur du marché du travail s'élèvent à 66 Mds € en 2017. Elles représentent 2,9 points de PIB en 2017, un niveau supérieur à celui de la période d'avant la crise, entre 2006 et 2008, où elles représentaient environ 2,5 points de PIB. [...]
Les dépenses associées aux politiques « actives » du marché du travail s'élèvent à 15,3 Mds € en 2017, soit 0,7 point de PIB, et représentent 23 % des dépenses ciblées. Sous l'impulsion du Plan 500 000 formations supplémentaires, ces dépenses avaient fortement progressé en 2016 (+ 10 %). En 2017, elles diminuent sensiblement (– 4,9 %) mais conservent un niveau supérieur à celui de 2015.
Les dépenses de formation professionnelle pour les personnes en recherche d'emploi représentent 7,1 Mds €, soit près de 47 % des dépenses actives. Elles comprennent les rémunérations des stagiaires et les coûts pédagogiques. Ces dépenses enregistrent une légère baisse de 2,2 % en 2017 mais restent néanmoins à un niveau élevé, le Plan 500 000 entrant dans sa seconde année de mise en œuvre.
Les dépenses de rémunération en faveur des demandeurs d'emploi en formation restent quasiment stables, à un niveau élevé, 3,1 Mds € en 2017. Celles relevant de la rémunération des demandeurs d'emploi en formation Pôle Emploi sont restées stables, de même que l'allocation en faveur des demandeurs d'emploi en formation. Les dépenses d'allocations du contrat de sécurisation professionnelle (CSP) ont fortement baissé en 2017 (– 18,6 %), une diminution notamment due à la réduction du nombre de licenciements économiques.
Les dépenses d'apprentissage sont stables en 2017, à près de 1,3 Md €. Le dispositif TPE Jeunes Apprentis poursuit sa montée en charge (+ 10 % à 198 M € en 2017). [...]
Les dépenses d'aides à l'emploi, principalement les contrats aidés, baissent fortement en 2017 (– 8,5 %) et s'établissent à 8,2 Mds €. Les dépenses d'incitation à l'embauche et les créations directes d'emploi, et plus particulièrement les contrats aidés, sont celles qui diminuent le plus (– 9,6 %, à 5,7 Mds €). Cette dynamique s'explique par l'arrêt de certains dispositifs de contrats aidés. [...]
Les dépenses d'aides à la création d'entreprise poursuivent leur baisse entamée depuis 2010. Toutefois, elles chutent plus fortement depuis 2014 (– 20 % en 2017 après – 15 % en 2016) et s'établissent à 551 M €. [...]
Les dépenses de soutien du revenu en cas d'absence d'emploi (allocations chômage) atteignent 45,1 Mds € en 2017, soit 2 points de PIB. Elles sont en légère diminution (– 1,5 %) dans un contexte de stabilisation du nombre de demandeurs d'emploi indemnisés par l'assurance chômage et le régime de solidarité (+ 0,45 % en 2017). Hors transferts du Fonds de solidarité vieillesse (2,4 Mds €), les dépenses de soutien du revenu diminuent très légèrement (– 0,7 %). [...]
Les dépenses au titre de l'allocation d'aide au retour à l'emploi (ARE) versée par l'assurance chômage s'élèvent à 36,6 Mds € en 2017, en baisse de 1,2 %. Celles au titre de l'allocation de solidarité spécifique (ASS) apparaissent stables, à 4,2 Mds €. Les dépenses d'allocation équivalent retraite (AER), dispositif en extinction depuis 2011, poursuivent leur baisse (– 56 % en 2017 à 56 M €). La politique de réduction des dispositifs publics de préretraite menée depuis le début des années 2000 conduit à la diminution continue des dépenses au titre de ces dispositifs (– 60 % en 2017, à 5 M €).

DARES Résultats, n° 47, octobre 2019.

1. Repérez le niveau des dépenses en faveur du marché du travail en 2017.
2. Distinguez les politiques actives et les politiques passives pour l'emploi.
3. Classez les différentes dépenses citées dans le texte entre politiques actives et passives.
4. Repérez les arguments qui permettent de répondre à la question suivante :
Les dépenses actives pour l'emploi sont-elles privilégiées en France ?

Objectif Bac

Les politiques de lutte contre le chômage en France et dans l'Union européenne

À partir de vos connaissances et de la documentation fournie dans les annexes 1 à 5 :

1. Définissez la notion de politiques actives et illustrez-la par un exemple.
2. Rapprochez l'évolution du nombre de chômeurs de celle des dépenses pour les politiques du marché du travail en France.
3. Comparez le taux de chômage et les dépenses pour le marché du travail entre les pays de l'Union européenne.
4. Rédigez une argumentation qui vous permette de répondre à la question suivante : Les politiques actives sont-elles efficaces pour lutter contre le chômage ?

Annexe 1 Les dépenses pour les politiques du marché du travail en France (en millions d'euros)

	2000	2005	2010	2015	2016	16/15 en % en euros constants
Services du marché du travail	**2 681**	**4 286**	**6 194**	**5 749**	**5 657**	**-1,8**
Mesures actives	**14 843**	**11 845**	**15 119**	**14 691**	**16 177**	**9,9**
Formation professionnelle	5 639	5 455	6 740	6 166	7 246	17,3
Incitations à l'emploi	2 135	1 780	1 308	1 070	1 288	20,1
Emploi protégé	1 254	1 455	2 112	1 963	2 147	9,2
Création directe d'emploi	5 777	3 091	3 902	4 803	4 911	2,1
Aide à la création d'entreprises*	38	64	1 056	689	586	- 15,1
Soutiens	**25 015**	**35 373**	**38 773**	**44 957**	**45 371**	**0,7**
Maintien et soutien du revenu en cas de perte d'emploi	22 423	34 395	38 543	44 930	45 358	0,8
Préretraites	2 592	978	229	27	13	- 51,5
Total	**42 540**	**51 504**	**60 086**	**65 397**	**67 206**	**2,5**
Dépenses totales (en % du PIB)	2,9	2,9	3,0	3,0	3,0	///

* Estimation : les montants des exonérations de cotisations sociales ne sont pas connus en totalité.
Note : le montant des dépenses ciblées sur les demandeurs d'emploi et les personnes en difficultés a été significativement corrigé à la hausse (près de 12 Md€) afin de tenir compte des versements au titre des droits à la retraite des demandeurs d'emploi. Ces transferts ont été reconstitués depuis l'année 2000.

Source : Insee, Tableaux de l'économie française : travail - emploi, 2019.

Annexe 2 Le nombre de chômeurs en France (en milliers)

	1980	1990	2000	2010	2016	2017
Femmes	709	1048	1140	1217	1402	1332
Hommes	509	841	994	1288	1571	1456
Total	**1218**	**1889**	**2134**	**2505**	**2972**	**2788**

Source : Insee, Tableaux de l'économie française : travail - emploi, 2018 et 2019.

Annexe 3 Les dépenses ciblées pour le marché du travail dans l'Union européenne

Dans la plupart des pays de l'Union européenne, les dépenses ciblées sur le marché du travail ont fortement augmenté après la crise de 2008 pour atteindre un pic en 2010. Depuis, ces dépenses diminuent tendanciellement et suivent partiellement l'évolution du taux de chômage qui baisse depuis 2013 au niveau européen [annexe 4]. En 2017, leur niveau se situe entre 0,7 et 2,9 % du PIB. La France se place à un niveau élevé avec une dépense qui atteint 2,9 % du PIB. Ce niveau est relativement stable sur la période, comme le taux de chômage.
Ces dépenses sont constituées en grande partie de revenus de remplacement, notamment des allocations chômage et d'allocations de préretraite. En effet, celles-ci représentent, en moyenne dans l'UE, près des deux tiers des dépenses ciblées en faveur du marché du travail et tendent à baisser depuis 2013. Elles restent prépondérantes en Espagne, où elles représentent 75 % des dépenses du pays en faveur des politiques du marché du travail. Suivent l'Italie, la France et l'Autriche, où les dépenses d'allocations chômage (et de préretraite) représentent respectivement 69 %, 68 % et 66 % de la dépense ciblée en faveur des politiques du marché du travail. Les pays scandinaves consacrent une part importante de leurs dépenses aux mesures actives. En 2017, celles-ci représentent respectivement 56 % et 47 % de la dépense totale en Suède et au Danemark. La France, la Belgique et l'Autriche se positionnent à un niveau moyen (25 % de la dépense totale) tandis que l'Allemagne et l'Espagne y consacrent moins de 20 % de leurs dépenses (respectivement 15 % et 19 %).

DARES Résultats, n° 47, octobre 2019.

Annexe 4 Les dépenses pour le marché du travail et le taux de chômage dans l'UE

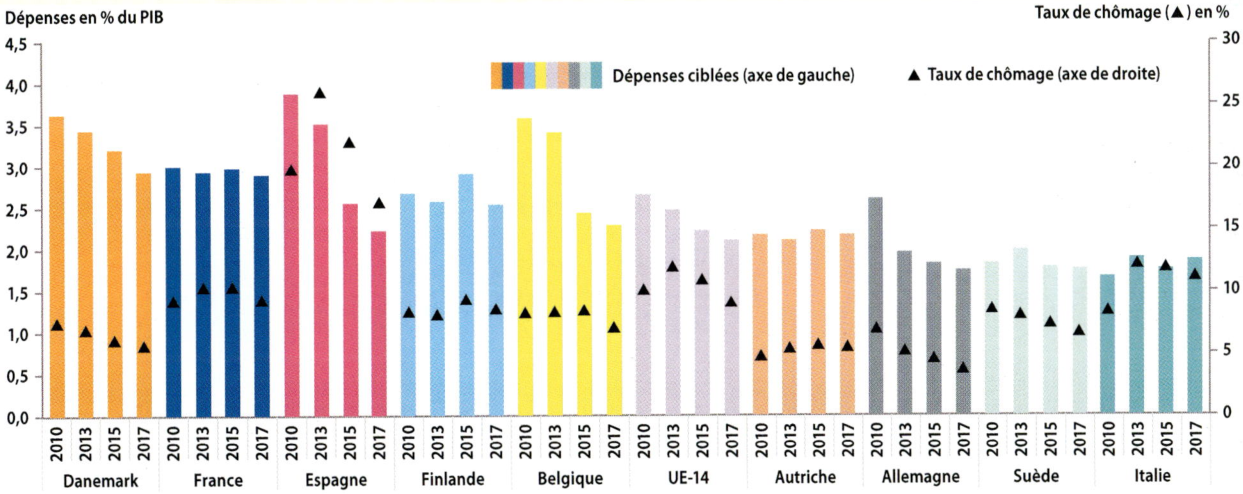

Lecture : en 2017, en France, les dépenses ciblées sur le marché du travail représentent 2,9 % du PIB et le taux de chômage se situe à 9,4 % de la population active.

DARES Résultats, n° 47, octobre 2019.

Annexe 5 Les politiques actuelles de l'emploi en France

Depuis le début du quinquennat, le nombre de chômeurs a diminué de 300 000 personnes. Le taux de chômage est passé de 9,6 % à 8,5 %, soit le plus bas niveau depuis dix ans. […] Ainsi, la croissance des marchés et la fin de la peur de l'embauche, notamment dans les TPE/PME, dynamisent la création d'emplois, surtout en CDI. Au deuxième trimestre 2019, l'emploi salarié du secteur privé a augmenté de 0,3 %, avec 62 100 créations nettes d'emploi après 95 600 au premier trimestre. Ces créations d'emploi le sont de plus en plus sur des contrats stables. En 2018, pour la première fois dans l'histoire de notre pays, plus de 4 millions de personnes ont été embauchées en CDI. Par ailleurs, l'apprentissage connaît une dynamique jusqu'alors inconnue. Alors qu'en 2018, le nombre d'entrées en apprentissage a connu sa plus forte augmentation depuis 20 ans, de très nombreux nouveaux CFA ont été enregistrés […].

Communiqué de presse du ministère du Travail, 14 août 2019.

L'essentiel en schéma

L'ESSENTIEL À RETENIR
lienmini.fr/e30705ess08

SKETCHNOTE
lienmini.fr/e30705sk08

1 Les politiques de lutte contre le chômage structurel

Chômage structurel

Lié à une inadéquation entre l'offre de travail et les besoins de l'économie

Politiques actives

Mesures ayant pour objectif de remettre les chômeurs en emploi et d'augmenter le niveau d'emploi dans l'économie

Exemples :
- Formation professionnelle
- Aides à la création d'entreprise
- Emplois aidés

Politiques passives

Mesures ayant pour objectif d'atténuer les conséquences sociales du chômage

Exemples :
- Indemnisation du chômage
- Retraites anticipées
- Allongement de la scolarité

2 Les politiques de lutte contre le chômage conjoncturel

Chômage conjoncturel

Lié à l'insuffisance de la demande de biens et de services

Politique de relance budgétaire

Accroissement des dépenses publiques pour relancer la demande globale, la production et par conséquent l'emploi

Politique de relance monétaire

Baisse des taux d'intérêt pour favoriser le crédit, la consommation, l'investissement et par conséquent l'emploi

MOTS CLÉS

VOIR LEXIQUE P. 187

- Politiques passives de lutte contre le chômage
- Politiques actives de lutte contre le chômage

CHAPITRE 9

Les transformations du commerce mondial

THÈME 8
Comment organiser le commerce international dans un contexte d'ouverture des échanges ?

Notions abordées

- Les importations et les exportations de biens et services
- La segmentation
- Les produits intermédiaires, les produits finis
- La balance des biens et des services
- Les investissements directs à l'étranger (IDE)
- Les firmes multinationales (FMN)

Pour être capable

- De décrire et d'expliquer le développement des échanges de biens et services entre pays.
- D'interpréter l'évolution du solde d'une balance de biens et services.
- De décrire le processus de mondialisation de la chaîne de valeur ajoutée pour un produit, en distinguant les phases d'élaboration des segments de produits et les phases d'assemblage.
- De montrer comment la segmentation des processus de production engendre des flux d'importations et d'exportations des pays participant aux échanges.
- De décrire et d'illustrer l'importance de la régionalisation des échanges commerciaux.
- D'interpréter les flux d'investissements directs à l'étranger (IDE) entre pays.
- D'apprécier la place des firmes multinationales dans les échanges internationaux.

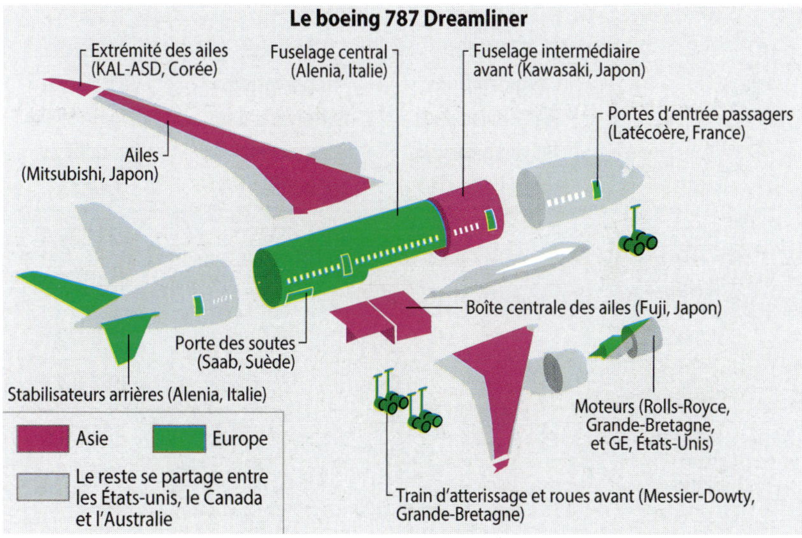

1. Présentez l'activité représentée sur la photographie de gauche.
2. Expliquez ce qu'est la segmentation de la production et ses conséquences sur le commerce international.

LANCER LA SÉANCE

VIDÉO EN QUESTIONS

Comment la France est devenue déficitaire: 25 années d'échanges extérieurs
lienmini.fr/e30705avt9

5:16

1 Quelles sont les caractéristiques des échanges commerciaux mondiaux ?

A Le développement des échanges extérieurs

DOCUMENT 1 L'évolution du commerce mondial de marchandises et du PIB

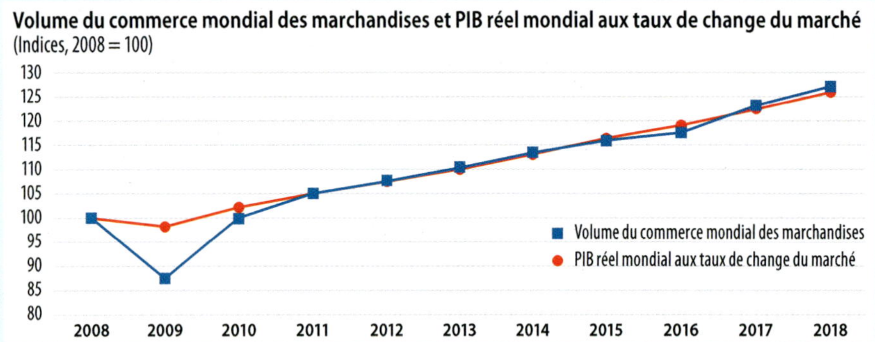

Source : Estimations de l'OMC, perspectives de l'économie mondiale du FMI.

1. Commentez l'évolution du commerce mondial de marchandises et l'évolution du PIB de 2008 à 2018.

DOCUMENT 2 Le commerce extérieur des biens des principaux pays engagés dans le commerce mondial en 2018

	Part des exportations nationales dans les exportations mondiales (%)	Part des importations nationales dans les importations mondiales (%)	Solde de la balance commerciale (en millions d'euros)
UE 28	15,5	15,2	**- 22 876,0**
Russie	3	1,6	178 890,0
Canada	3	3,0	**- 8 119,0**
États-Unis	11,2	17	**- 804 361,3**
Mexique	3,0	3	**- 11 631,5**
Brésil	1,6	1,2	49 667,4
Chine	16,9	13,3	nc
Japon	5,2	4,9	**- 8 481,3**
Corée du Sud	4,3	3,5	58 953,4
Inde	2,2	3,3	**- 156 751,6**
Singapour	2,8	2,4	34 919,4

Pour la Chine : données de 2017. Source : Eurostat.

1. Classez les pays (ou groupe de pays) ensemble : les plus exportateurs puis les plus importateurs.
2. Donnez une définition du solde de la balance commerciale.
3. Relevez les pays (ou groupe de pays) ayant un solde excédentaire sur l'ensemble de la période et ceux ayant un solde déficitaire.

DOCUMENT 3 Le commerce extérieur de biens dans quelques pays de l'UE

	Commerce des biens en 2018 (en millions d'euros)	
	Exportations	Importations
UE 28	1 956 362,2	1 979 238,1
Allemagne	1 320 837,9	1 088 542
France	492 673,0	569 296,3
Italie	462 899,0	423 998,1
Espagne	292 063,2	328 426,6

Source : Eurostat.

1. Calculez le taux de couverture du commerce des biens et le solde de la balance commerciale pour chaque pays de l'UE mentionné.
2. Comparez le commerce extérieur des biens de ces quatre pays de l'Union européenne.

DÉFINITION

$$\text{Taux de couverture} = \frac{\text{exportations}}{\text{importations}} \times 100$$

DOCUMENT 4 Les types de marchandises échangées

Exportations mondiales de marchandises par groupe de produits et croissance annuelle (2008-2018)

(Milliards de dollars EU et variation annuelle moyenne en pourcentage)

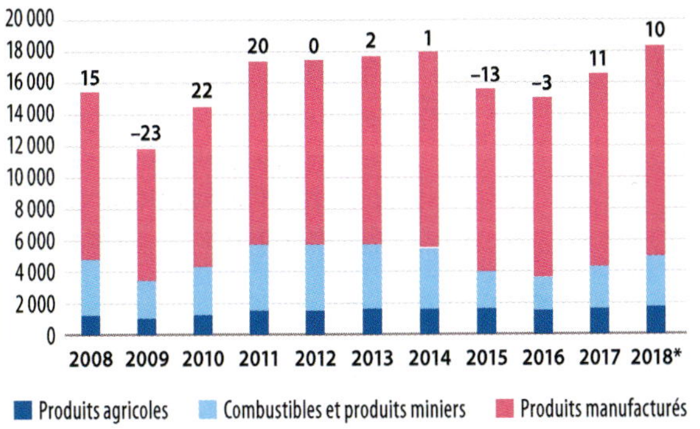

* Estimation provisoire

Exportations mondiales de services commerciaux par secteur et croissance annuelle (2008-2018)

(Milliards de dollars EU et variation annuelle moyenne en pourcentage)

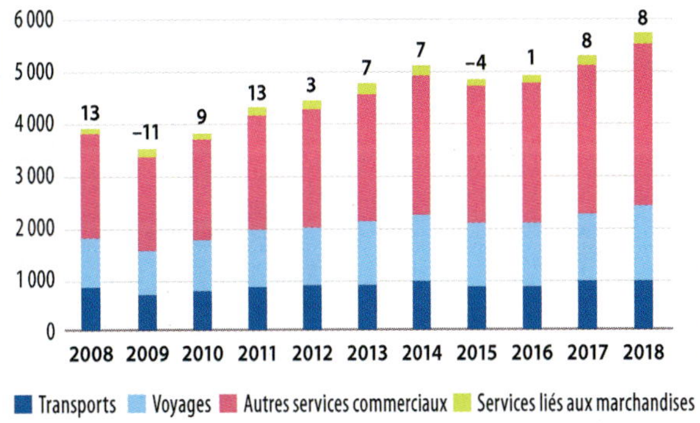

Source : Estimations de l'OMC.

1. Quel type de biens occupe la plus grande part dans les échanges mondiaux ?
2. Commentez l'évolution des exportations mondiales de biens et de services de 2008 à 2018.

DOCUMENT 5 L'avenir de la mondialisation passe par les services

« Le secteur des services est le plus dynamique du commerce mondial sans que cela soit reconnu ou bien compris », affirme l'OMC. La valeur des échanges de ce secteur a augmenté plus rapidement que celle des biens, à un rythme annuel de 5,4 % entre 2005 et 2017. Les services, qui ne pesaient que 9 % du commerce mondial en 1970, représentent désormais 20 % et ce niveau pourrait grimper à 33 % d'ici 2040, selon les projections de l'OMC. [...]

Certains services, telles les productions audiovisuelles, franchissent la frontière pour être consommés à l'étranger. Parfois, c'est le consommateur qui se déplace à l'étranger comme c'est le cas avec le tourisme. Le fournisseur peut aussi de manière temporaire ou permanente se déplacer hors de son pays pour vendre ses services, comme le font les sociétés informatiques indiennes qui envoient leurs consultants chez des clients aux États-Unis.

L'affaire se complique encore davantage si l'on prend en compte la part des services dans la valeur ajoutée des produits industriels, que ce soit lors de leur conception ou de leur transport. L'OMC a ainsi calculé que les échanges de services pourraient augmenter de 50 % d'ici les vingt prochaines années.

J. Bouissou, « L'OMC voit dans les services le nouveau moteur de la mondialisation », *Le Monde*, 10 octobre 2019.

1. Appréciez l'évolution de la part des services dans le commerce international.
2. À partir des documents 4 et 5, donnez des exemples de services en progression dans les échanges.

B La polarisation et la régionalisation des échanges

DOCUMENT 6 Les grands pôles d'échanges

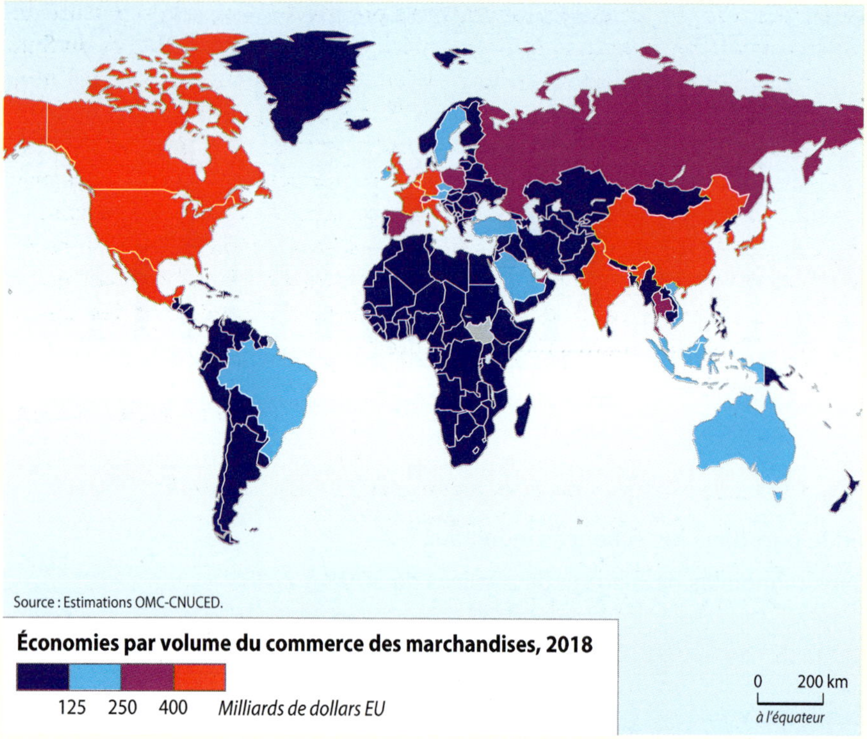

1. Appréciez la place des pays africains dans le commerce mondial de marchandises en 2018.
2. Repérez les pays (ou groupe de pays) les plus actifs dans le commerce mondial de marchandises en 2018.

FOCUS

- Valeur du commerce mondial de marchandises en 2018 : 19 670 milliards de dollars.
- Valeur du commerce mondial de services en 2018 : 5 630 milliards de dollars.

DOCUMENT 7 L'évolution du commerce mondial des économies en développement et des économies développées

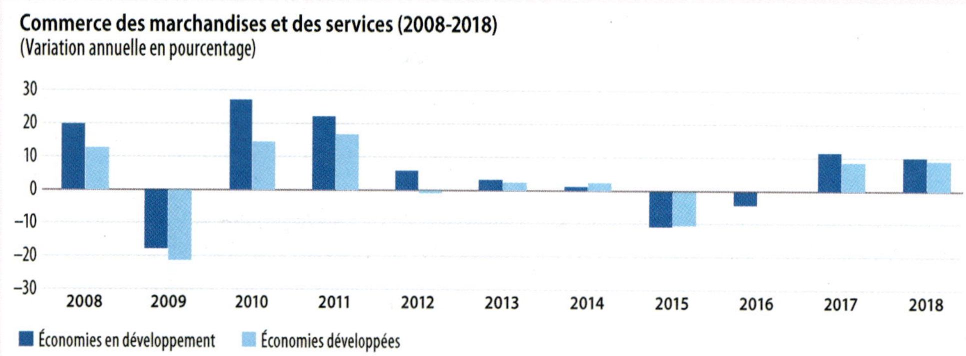

Source : Estimations OMC-CNUCED-ITC.

1. Comparez l'évolution du commerce des marchandises et des services entre les pays en développement et les pays développés de 2008 à 2018.

DOCUMENT 8 La multiplication des accords commerciaux régionaux (ACR)

Avec près du quart du commerce mondial en son sein, l'UE occupe une place majeure dans le commerce international. C'est le résultat d'un long processus d'intégration entamé avec le traité de Rome le 25 mars 1957, avec l'entrée en vigueur de l'union douanière en 1968, puis la mise en place du marché unique en 1993 qui a amplifiée l'intégration européenne. En 2020, le Brexit la confrontera pour la première fois de son histoire à une remise en cause du processus d'intégration. [...]
Le nombre d'accords commerciaux régionaux (ACR) est resté très faible de la fin des années 1970 jusqu'au début des début des années 1990. Puis un grand nombre d'ACR sont entrés en vigueur [...] : de 11 en 1977, leur nombre est passé à 252 en 2015. [...] En termes de valeur des échanges, les ACR couvraient déjà un quart du commerce mondial dans les années 1970. Leur part a ensuite augmenté à près de 40 % avec la signature de grands ACR en Amérique du Nord (ALENA) et du Sud (MERCOSUR) au début des années 1990. Aujourd'hui, les ACR régulent 50 % des échanges mondiaux. [...]
Signés en majorité entre grands pays proches géographiquement, les ACR regroupent des partenaires aux intérêts économiques communs et entre lesquels l'intégration commerciale est forte avant même la mise en place d'un accord. Les grandes négociations lancées à partir du début des années 2010 impliquent des partenaires moins « naturels ».

CEPII, *Carnets graphiques*, 2018.

1. Recherchez la définition des expressions suivantes : une zone de libre-échange, une union douanière, un marché unique, une union économique, une union économique et monétaire.
2. Indiquez la part du commerce mondial concernée par les ACR.
3. Recherchez les pays signataires des accord ALENA et MERCOSUR.

DOCUMENT 9 L'importance de la part des échanges régionaux

Exportations dans le cadre des accords commerciaux régionaux (ACR), 2008 et 2017
(Part en pourcentage)

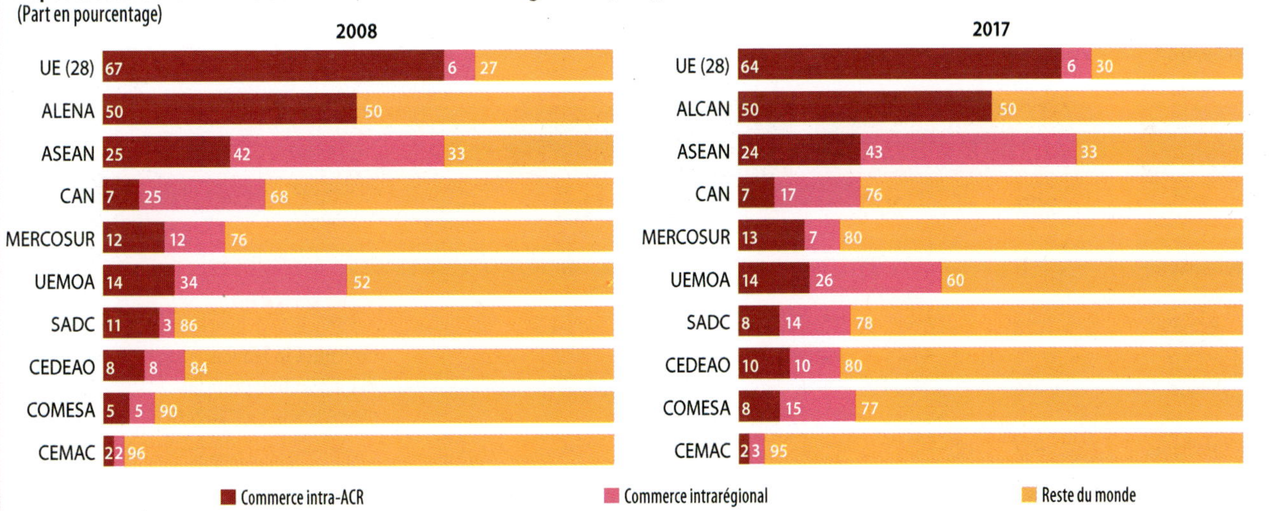

Source : Estimations OMC-CNUCED.

1. Montrez que pour les pays membres des accords UE, ALCAN (ex-ALENA), ASEAN, le commerce extérieur est majoritairement un commerce régional.

Préparer sa synthèse

1. Appréciez l'évolution du commerce mondial de biens et de services depuis 10 ans.
2. Montrez le poids des échanges régionaux dans le commerce mondial.

2 Comment les entreprises deviennent-elles multinationales ?

A L'investissement direct à l'étranger

DOCUMENT 10 L'Investissement direct à l'étranger (IDE) pour se multinationaliser

Les objectifs recherchés par les FMN		
De meilleures conditions d'offre	**De meilleures conditions de demande**	**Une meilleure position concurrentielle**
• Recherche du moindre coût • Sécurité des approvisionnements • Accès à la technologie	• Accès aux marchés étrangers et contournement des barrières protectionnistes • Recherche de la proximité avec les consommateurs • Se diversifier internationalement	• Réactions oligopolistiques, réactions des firmes suiveuses, effets d'agglomération et externalités positives • Course technologique, position dominante et effets d'alliance

1 Précisez comment une entreprise devient une firme multinationale (FMN).
2 Relevez les raisons des investissements directs à l'étranger.

DÉFINITIONS

Firme multinationale (FMN) : groupe de sociétés dont le centre de décision est situé dans le pays d'origine et qui contrôle au moins une filiale à l'étranger (dans le pays hôte). Les firmes deviennent des FMN en investissant à l'étranger.

Investissement direct à l'étranger : l'IDE est un capital investi dans la propriété d'actifs réels pour implanter une filiale à l'étranger ou pour prendre le contrôle d'une entreprise étrangère existante ; il vise à établir des relations économiques durables avec une unité établie à l'étranger.

DOCUMENT 11 Les principaux flux d'investissements directs dans le monde

	Flux entrants En milliards de dollars		Flux sortants En milliards de dollars	
	2016	2017	2016	2017
Allemagne	17	35	51	82
Brésil	58	63	-7	-1
Chine	134	136	196	125
États-Unis	457	275	281	342
France	35	50	63	58
Hong-Kong	117	104	60	83
Japon	11	10	145	160
Singapour	77	62	28	25
UE	534	304	453	436
Monde	1 868	1 430	1 473	1 430

Source : CNUCED, *World Invesment Report*, 2017.

VIDÉO

Pourquoi la France est attractive pour les investisseurs étrangers ?
lienmini.fr/e30705attractive
5:12

1 Calculez, par rapport au total monde, la part du flux d'IDE ainsi que le solde des IDE pour chaque pays.
2 Établissez un classement des principaux pays qui accueillent des IDE.
3 Citez les pays qui investissent le plus à l'étranger.

DOCUMENT 12 Le poids des firmes multinationales

D'après la CNUCED, le monde compte environ 100 000 entreprises multinationales en 2017 contrôlant 800 000 filiales. Les cent plus grandes firmes détiennent 30 % des filiales et produisent près de 60 % de la valeur ajoutée mondiale. [...] Par le choix de localisation de leurs activités, les multinationales organisent une division internationale du travail qui structure le système productif mondial. Elles jouent ainsi un rôle essentiel dans l'ensemble des accords qui déterminent ce qui est produit, par qui, pour qui, où, avec quelles méthodes et à quelles conditions, notamment salariales.

C. Chavagneux, « Les acteurs de la mondialisation », in A. Bénassy-Quéré *et al.*, *Les Enjeux de la mondialisation*, La Découverte, 2019.

1. Appréciez le poids des firmes multinationales dans le système productif et leur poids dans le commerce mondial.

B Les avantages et les limites de l'investissement direct à l'étranger

DOCUMENT 13 Les avantages et les inconvénients de l'IDE pour un pays

Les IDE peuvent être très utiles au pays qui les reçoit, car ils viennent compléter les dépenses d'investissement nationales ; de plus, la multinationale y apporte généralement sa technologie de pointe et ses compétences en matière de direction, que ne possèdent pas nécessairement les compétences nationales. Voilà pourquoi la plupart des États ont éliminé les barrières à l'IDE, qu'ils accueillent désormais à bras ouverts, bien qu'ils soient nombreux à le restreindre dans certains secteurs « stratégiques ». Le véritable souci de nombreux pays n'est pas de limiter l'IDE entrant, mais plutôt de tenter de freiner l'IDE sortant, c'est-à-dire des transferts de capitaux vers des contrées plus rentables (qui limite l'investissement intérieur, le progrès technologique et l'emploi). Cela dit, il y a un prix à payer pour l'IDE entrant. Les pays qui en sont trop dépendants courent de nombreux risques, dont le rapatriement à long terme des profits des entreprises étrangères, la diminution du nombre de postes de cadres et la perte de souveraineté sur les grandes décisions en matière d'investissement.

J. Stanford, *Petit Cours d'autodéfense en économie : l'abc du capitalisme*, Lux Éditeur, 2016.

1. Présentez sous forme de tableau les avantages et les inconvénients des IDE pour un pays.

DOCUMENT 14 Les IDE pour soutenir la croissance économique et sauver l'emploi

Si les fluctuations de l'investissement direct à l'étranger impactent la croissance d'un pays, c'est que les entreprises qui accueillent l'IDE sont plus performantes que les autres, tout comme celles qui réalisent ces investissements. Pour qu'une entreprise investisse à l'international, elle doit avoir des avantages à faire valoir sur le nouveau marché qu'elle convoite : elle sera ainsi plus performante, car elle sera soit en mesure de produire une offre qui n'existe pas dans le pays où elle s'installe, soit en mesure de produire moins cher que ses concurrents locaux, soit en mesure de distribuer ses produits en s'affranchissant des barrières à l'entrée insurmontables par l'exportation.

S. Zunz, *La France à vendre ? Pour en finir avec la peur des investissements étrangers*, Hermann, 2018.

1. Expliquez le lien établi dans le document entre la croissance économique d'un pays et l'IDE.

Préparer sa synthèse

1. Appréciez le poids des firmes multinationales (FMN) dans le système productif et les échanges commerciaux.
2. Expliquer l'importance des investissements directs à l'étranger (IDE) pour un pays.

3 Comment la segmentation des processus de production structure-t-elle les échanges internationaux ?

A La décomposition internationale des processus de production

DOCUMENT 15 La segmentation du processus de production à l'échelle internationale par les FMN

La stratégie de rationalisation de la production a été adoptée par les FMN dont les opérations de production sont segmentables, et se prêtant à une décomposition internationale du processus productif (DIPP). Plus un produit est complexe, plus il contient de composants qui peuvent être fabriqués de façon autonome les uns des autres, plus il offre de possibilités de DIPP, et plus la FMN peut associer deux décisions : celle de segmenter (séparer les unes des autres) les opérations de production préalables à l'assemblage du produit final, et celle de délocaliser certaines de ces opérations dans divers pays hôtes. Les activités de production peuvent être localisées librement soit dans les filiales étrangères, soit par sous-traitance ou coopération internationale et approvisionnement à l'étranger. Tous les stades du processus productif ne présentent pas la même intensité en capital technologique (machines spécialisées), en main-d'œuvre peu qualifiée, en énergie ou en savoir-faire (qualifications). La FMN arbitre entre les pays hôtes potentiels en fonction de leurs avantages comparés pour chaque opération de production. Un effet de la DIPP est la perte d'autonomie et la déstructuration partielle des systèmes productifs nationaux, dont certaines industries passent dans la sphère de décision des FMN.

W. Andreff, *Les Multinationales globales*, La Découverte, 1996.

1 Repérez les deux décisions prises par les FMN qui aboutissent à une décomposition internationale du processus productif.

2 Établissez le lien entre la localisation des segments de production et les facteurs de production.

VIDÉO

DIPP : l'exemple des vêtements made in Bangladesh
lienmini.fr/e30705dipp
2:14

DOCUMENT 16 La chaîne de valeur : l'exemple d'Apple

Un iPhone est composé à 90 % de pièces fabriquées hors des États-Unis : semi-conducteurs d'Allemagne et de Taïwan, mémoires de Corée et du Japon, écrans et circuits de Corée et de Taïwan, métaux rares d'Afrique et d'Asie, acier de Russie... L'assemblage est réalisé à Zhengzhou, la « Apple City » de la province du Henam (Chine) par l'entreprise taïwanaise Foxconn, qui y emploie près de 300 000 ouvriers. Apple contrôle ainsi toute la chaîne de valeur du produit et optimise ses coûts grâce aux « qualités » de chacun des segments de production. [...] Ce modèle productif n'aurait pas été possible sans le développement des technologies de communication et la révolution des transports, par conteneurs, notamment. Mais cette croissance exponentielle des transports et de la consommation d'énergie (carbonée) porte en elle les germes d'un véritable désastre écologique.

O. Blamangin, J. Lusson, G. Massiah, in *Manuel indocile de sciences sociales*, La Découverte, 2019.

1 Retracez les flux d'exportations et d'importations pour un iPhone en distinguant les flux de produits intermédiaires et les flux de produits finis.

2 Citez les technologies qui ont permis ce modèle productif et analysez les conséquences de ce modèle pour la planète.

DÉFINITION

Chaîne de valeur : étude précise des différentes étapes nécessaires à la production d'un bien au sein d'une entreprise ou d'une filière, de l'achat de matière première jusqu'au service après-vente. L'objectif est d'identifier, en décortiquant ainsi chaque étape nécessaire à la production, où et comment se crée la valeur du produit et quelles sont les étapes qui donnent à l'entreprise ou à la filière un avantage concurrentiel.

B Les conséquences de la segmentation

DOCUMENT 17 L'augmentation des importations de biens intermédiaires

Participation aux CVM en amont et en aval pour certaines économies en développement (2015)
(Pourcentages des exportations brutes totales)

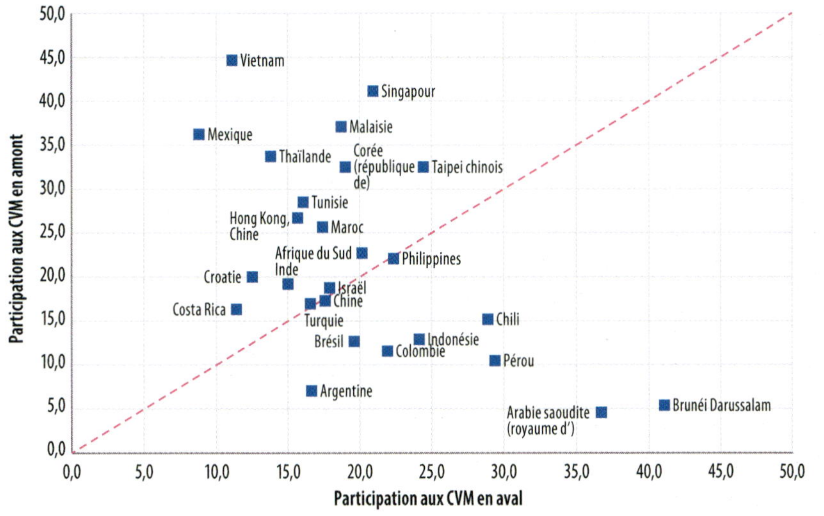

Source : OCDE.

Plus de la moitié du commerce mondial des marchandises et des services porte sur les produits intermédiaires qui sont principalement échangés à l'intérieur des chaînes de valeur mondiales (CVM), lesquelles constituent des réseaux mondiaux de production de marchandises et de services. Les CVM représentaient 57 % du commerce mondial en 2015. La participation à ces chaînes de production offre aux pays en développement une possibilité de stimuler leur croissance économique en tirant profit de leurs ressources naturelles, de leurs capacités productives, de leur main-d'œuvre ou de leurs compétences spécialisées.

Source : OMC, Rapport sur le commerce mondial, 2019.

1. Relevez et expliquez la part des produits intermédiaires dans le commerce mondial.
2. À l'aide du graphique, justifiez que la participation de Singapour aux CVM est de 62 %.

DOCUMENT 18 La chaîne de valeur mondialisée et ses bienfaits économiques

Le cadre et les roues [d'un vélo] sont produits en Chine et au Vietnam, le pédalier au Japon, la selle en Italie, les freins en Malaisie. Tout cela dans une immense chaîne de valeur mondialisée. Celle-ci conduit à faire baisser les prix, à augmenter le marché potentiel et la productivité et, *in fine*, à créer de l'emploi et de la prospérité.

Cette mondialisation de la fabrication d'un même bien a accompagné la croissance économique de la planète sur les vingt dernières années, contribuant à élever la condition de nombreux pays comme le Vietnam, le Mexique, le Bangladesh, l'Éthiopie ou le Kenya. Pour l'économiste en chef de la Banque mondiale, Pinepoli Koujianou Goldberg, une augmentation de 1 % de la participation d'un pays à cette chaîne de valeur se traduit par un gain de 1 % du revenu par habitant, deux fois plus que le commerce traditionnel.

P. Escande, « Banque mondiale : quand la mondialisation rétropédale », *Le Monde*, 10 octobre 2019.

1. Analysez l'effet de la mondialisation des chaînes de valeur pour les consommateurs, pour les entreprises, pour les habitants et pour un pays.

Préparer sa synthèse

1. Expliquez ce qu'est la segmentation des processus de production à l'échelle internationale.
2. Analysez les conséquences de cette segmentation sur les échanges commerciaux.

Activités

1 Se tester

QCM INTERACTIF
Testez-vous !
lienmini.fr/e30705exo9

Répondez par vrai ou faux aux affirmations suivantes puis justifiez vos réponses.

1. **La Chine et les États-Unis ont un commerce extérieur de biens excédentaire.**
2. **Le solde de la balance des biens et services est le rapport entre les exportations et les importations.**
3. **Le commerce mondial des biens et services a connu une croissance positive chaque année de 2008 à 2018.**
4. **La part des services dans le commerce mondial des biens et services est restée stable depuis 1970.**
5. **Les économies en développement ont un commerce extérieur de biens et services plus dynamique que les pays développés.**
6. **L'Union européenne est la troisième zone d'accueil des investissements directs à l'étranger (IDE) entrants.**
7. **Les firmes multinationales (FMN) n'ont aucune incidence sur les systèmes productifs nationaux.**
8. **Le contenu étranger des exportations est stable dans le temps.**
9. **Le commerce mondial de produits intermédiaires représente 20 % du commerce mondial en 2015.**
10. **Les décisions de segmenter et de délocaliser par les FMN sont à l'origine de la décomposition internationale des processus productifs.**

2 Construire sa carte mentale

→ Voir FICHE MÉTHODE 3

Construisez une carte mentale avec, pour titre, « Les transformations du commerce mondial », pour synthétiser le chapitre à partir des termes suivants : le développement des échanges extérieurs – la polarisation et la régionalisation des échanges – les firmes multinationales – l'investissement direct à l'étranger – les avantages et les limites de l'investissement direct à l'étranger – la décomposition internationale des processus de production – les conséquences de la segmentation.
Votre travail sera structuré et exemplarisé. Les définitions devront être présentes.

3 S'entraîner au Grand Oral

En vous appuyant sur le texte (p. 112 et 113), présentez la transformation du commerce international et du système productif entre la révolution industrielle et aujourd'hui.

Durant les premières phases de la révolution industrielle, avant l'introduction massives de machines motorisées, les différentes étapes du processus de transformation de matières en biens consommables se déroulaient au sein d'une seule usine, souvent soutenues par une armée de travailleurs à domicile préparant les matières premières à la transformation finale. Durant les cent ans qui ont suivi, les vagues de mécanisation ont incité à la concentration et à la spécialisation, favorisant la croissance de réseaux de production plus complexes au sein du territoire national. Durant la majeure partie de ces deux siècles, le commerce international consistait en des matières premières et des produits finis.

La mondialisation, en allongeant les maillons de la chaîne de la production et en créant de la valeur en dehors des frontières nationales a profondément transformé cette organisation. Comme William Milberg le notait, « du fait de la mondialisation de la production, l'industrialisation actuelle est différente de celle d'il y a vingt ans, alors centrée sur un processus visant les biens finaux destinés à l'exportation ».
La grande différence, « la manifestation déterminante de la mondialisation de la production », et non des moindres, est « l'essor des biens intermédiaires au sein du commerce international, que cela se fasse au sein des firmes comme résultat d'un investissement direct à l'étranger ou via la sous-traitance sans lien de dépendance ». Cela ne signifie pas que l'externalisation puisse se réduire au commerce des intrants intermédiaires – on doit aussi inclure l'exportation de biens finis depuis des pays à bas salaires vers les entreprises et les consommateurs des pays impérialistes.

J. Smith, C. Rivallan, *L'Impérialisme au XXIe siècle : mondialisation, surexploitation et crise finale du capitalisme*, Éditions Critiques, 2019.

4 Travailler la méthode : exploiter une carte

Le commerce mondial de marchandises en 2016

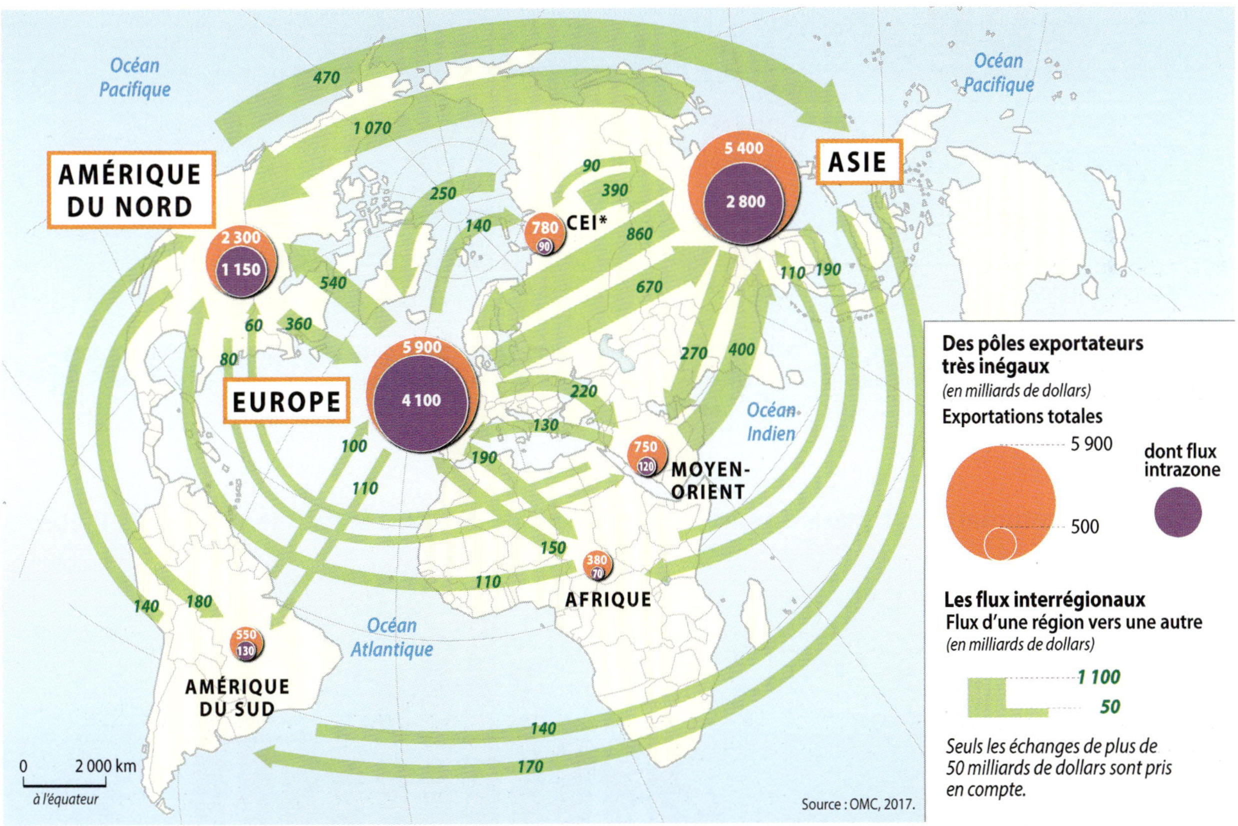

À l'aide de la carte, relevez trois phénomènes importants qui ressortent de l'analyse des flux internationaux de marchandises. Construisez un paragraphe détaillé pour chacun d'eux.

Objectif Bac

Le commerce extérieur français

À partir de vos connaissances et de la documentation fournie dans les annexes 1 à 3 :

1. Définissez les termes « solde extérieur » et « part de marché des exportations françaises », puis justifiez par le calcul le solde extérieur pour l'année 2018.
2. Commentez l'évolution du commerce extérieur français de 2000 à 2018.
3. Présentez et analysez les explications envisagées concernant l'atonie des exportations françaises.
4. Rédigez une argumentation qui vous permette de répondre à la question suivante : La baisse des parts de marché des exportations françaises traduit-elle une moindre compétitivité des entreprises françaises ?

Annexe 1 Les échanges de biens et de services de la France de 2000 à 2018 (en milliards d'euros)

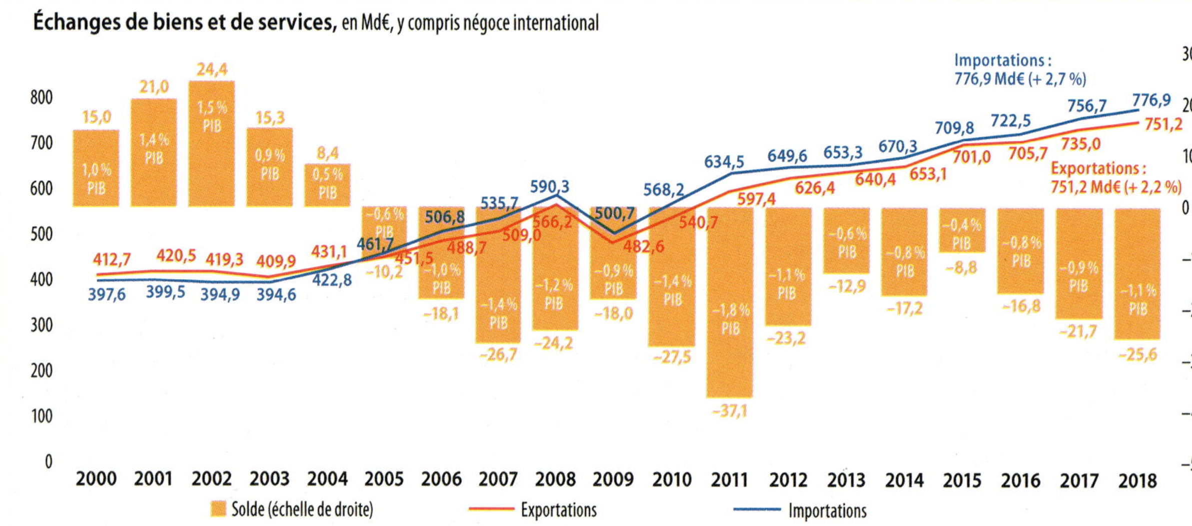

Source : Banque de France, Insee.

Annexe 2 Le commerce extérieur de services de la France de 2000 à 2018 (en milliards d'euros)

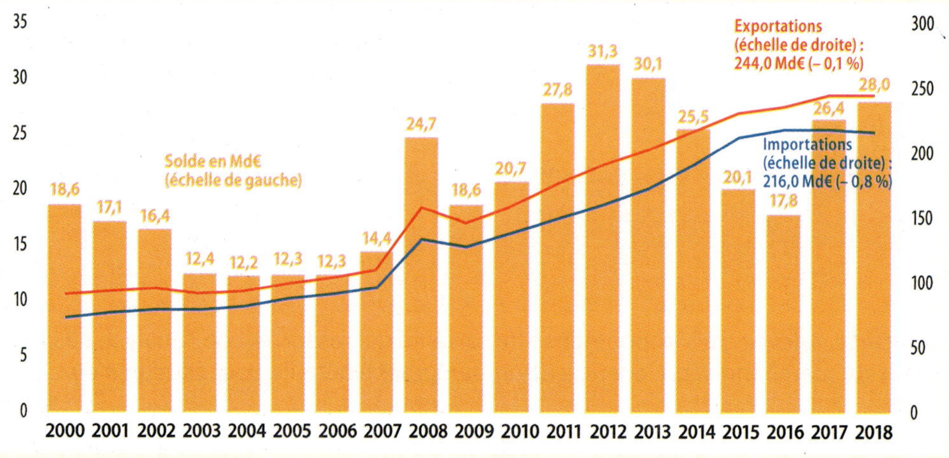

Source : Banque de France.

Annexe 3 L'étonnante atonie des exportations françaises

Évolution des parts de marché dans les exportations mondiales de biens et de services
(base 100 en 1999)

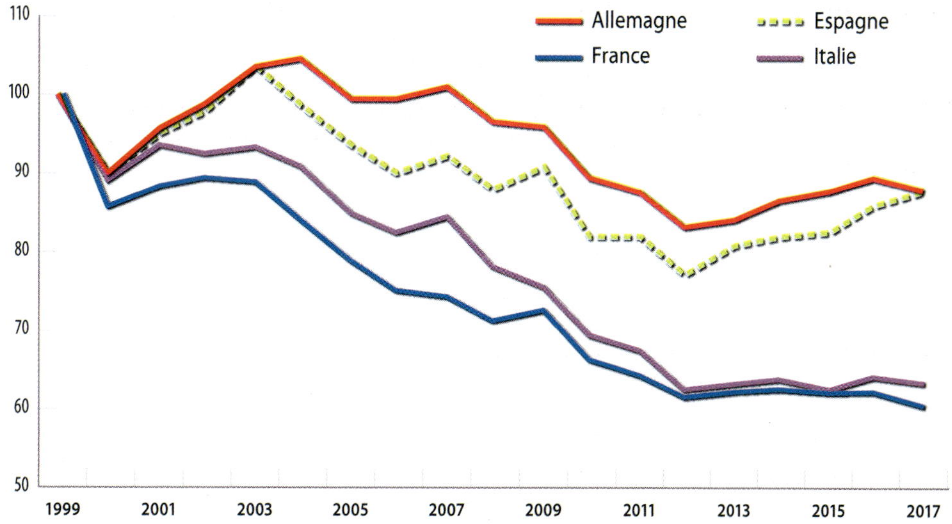

Source : CHELEM.

Les exportations françaises n'ont pas regagné ces dernières années les parts de marché qu'elles avaient perdues avant la crise, suscitant des inquiétudes sur la compétitivité. Cette atonie ne s'explique ni par une mauvaise structure de spécialisation, ni par un effet d'irréversibilité de la désindustrialisation, et les interprétations en termes de compétitivité hors prix ne sont guère mieux fondées. [...]
Une première question est de savoir si cette chute de parts de marché est liée à quelques secteurs en particulier. Seule l'aéronautique fait figure d'exception, mais positivement puisque la part de la France dans les exportations mondiales y a sensiblement augmenté depuis 1999. Pour le reste, la chute des parts de marché est une tendance partagée par l'ensemble des secteurs, avec pour la plupart du temps un déclin assez proche de 40 %. Le rôle de l'automobile mérite d'être souligné : 7 % des exportations françaises en moyenne sur la période 1999-2017, 6 milliards d'excédent en 1999 et un déficit extérieur de 14 milliards en 2017, alors que dans le même temps l'excédent allemand passe de 47 milliards à 134 milliards d'euros. [...]
Le moindre dynamisme des exportations résulte-t-il d'une spécialisation inadaptée à la demande mondiale ? La réponse est négative, dans la mesure où le taux de croissance de la demande n'est pas fortement contrasté entre les grands pays de la zone euro. Les baisses de parts de marché françaises ne s'expliquent pas par une plus faible croissance de leurs marchés d'exportations. Une autre dimension structurelle de spécialisation des économies est celle de la gamme de qualité des produits exportés. Or la structure des exportations des différents pays ne présente pas de modifications significatives au cours de la période (spécialisation dans le haut de gamme pour l'Allemagne 50 %, pour l'Italie et la France 40 %, et entre 28 % et 30 % en Espagne). [...]
Le poids des FMN peut également aider à comprendre les spécificités de la France : leur emploi salarié à l'étranger atteignait près de 6 millions en 2014, contre 5 millions pour les FMN allemandes, 1,8 millions pour les FMN italiennes et moins d'1 million pour les FMN espagnoles. Cette spécificité française s'accentue puisque le nombre d'employés et le chiffre d'affaires à l'étranger ont augmenté de près de 60 % entre 2007 et 2014, un rythme deux fois supérieur à celui des FMN allemandes et italiennes. Les conséquences sont ambiguës parce que l'implantation à l'étranger n'est pas nécessairement un substitut à la production sur le territoire national. D'après l'Insee, la part des FMN dans les exportations françaises est restée stable à 88 % entre 2011 et 2015.

C. Emlinger, S. Jean, V. Vicard, *Lettre du CEPII*, janvier 2019.

L'essentiel en schéma

L'ESSENTIEL À RETENIR
lienmini.fr/e30705ess09

SKETCHNOTE
lienmini.fr/e30705sk09

1 Quelles sont les caractéristiques des échanges commerciaux mondiaux ?

Échanges mondiaux de biens et de services

Poids des services : 20 % en 2020, 33 % en 2040 (estimation)

Balance extérieure des biens et services

exportations – importations = solde extérieur

Commerce intrarégional

ACR = accords commerciaux régionaux (UE, Mercosur...)

2 Comment les entreprises deviennent-elles multinationales ?

Importance des FMN dans les échanges commerciaux mondiaux

FMN = 60 % de la valeur ajoutée mondiale

Firmes + investissements directs à l'étranger (IDE) = FMN

Segmentation Fragmentation

Localisation

- Division internationale des processus de production (DIPP)
- Chaîne de valeur mondiale (CVM)

3 Comment la segmentation des processus de production structure-t-elle les échanges internationaux ?

Structuration des échanges commerciaux internationaux par la DIPP

Poids des produits intermédiaires dans les exportations et les importations = 57 %

- Baisse de prix
- Augmentation de la taille du marché
- Création d'emplois
- Élévation du revenu pour les pays participants aux CVM

MOTS CLÉS

VOIR LEXIQUE P. 187

- Exportations
- Importations
- Balance commerciale
- Balance des biens et des services
- Solde du commerce extérieur
- Chaîne de valeur
- Segmentation/fragmentation
- Décomposition internationale des processus productifs (DIPP)
- Externalisation
- Délocalisation
- Produits intermédiaires
- Firmes multinationales
- Investissement direct à l'étranger

CHAPITRE 10

Des politiques commerciales divergentes

THÈME 8
Comment organiser le commerce international dans un contexte d'ouverture des échanges ?

Notions abordées

- Les droits de douane
- Les restrictions quantitatives à l'importation (barrières non tarifaires)

Pour être capable

- De décrire les avantages et les limites du libre-échange et/ou d'une économie en autarcie.
- De définir et d'expliquer les différentes mesures protectionnistes.

Colbert (1619-1683), contrôleur général des finances de Louis XIV, agit en défenseur du « patriotisme économique » en doublant les taxes sur les produits hollandais durant la « Guerre de Hollande ».

M. Goodwin, D. E. Burr, *Economix*, Les Arènes, 2019.

Aujourd'hui, aux Pays-Bas, la récolte des tulipes est principalement réalisée par des travailleurs polonais. La plupart des tulipes sont destinées à l'exportation.

1. Qualifiez la stratégie de Colbert afin de mettre fin à l'hégémonie de la Hollande durant la guerre.
2. Identifiez les potentiels impacts économiques de la place de leader des Pays-Bas sur le marché mondial des fleurs.

LANCER LA SÉANCE

VIDÉO EN QUESTIONS

Tout comprendre au CETA, traité transatlantique entre l'UE et le Canada
lienmini.fr/e30705avt10

5:26

1 Quels sont les effets de l'ouverture des échanges ?

A Des gains en termes de baisse des prix et de diversité des produits

DOCUMENT 1 Le commerce international, source d'avantages selon Smith et Ricardo

La théorie du commerce international et la démonstration des avantages du libre-échange qui en découle sont à juste titre considérées comme l'un des fleurons de la pensée économique classique. L'idée de spécialisation trouve son origine dans l'approche d'Adam Smith en termes d'avantage absolu, elle sera enrichie par l'analyse ricardienne des avantages comparatifs [...]. Un trait commun à Smith et Ricardo est le lien étroit établi entre commerce international et croissance. [...] La règle qui prévaut [...] consiste tout simplement à s'approvisionner au meilleur coût : « Cette maxime qui est sagesse dans la conduite des affaires d'une famille a peu de raison d'être folie dans celle d'un grand royaume. » L'argument essentiel en faveur du libre-échange est à chercher du côté des importations qui donnent accès à des marchandises moins coûteuses et plus variées. [...] À vrai dire, nous avons déjà rencontré ce raisonnement avec les mercantilistes, mais il est désormais présenté avec tout l'appareil analytique de la *Richesse des nations* : exporter plus, c'est accroître la taille du marché, approfondir la division du travail, accélérer l'innovation et les gains de productivité qui renforcent l'avantage initial de coût.

J. Mistral, *La Science de la richesse, Essai sur la construction de la pensée économique*, Gallimard, 2019.

DÉFINITION

Libre-échange : système économique dans lequel aucun obstacle douanier, fiscal ou réglementaire, ne vient freiner les échanges commerciaux entre États.

1. Indiquez quels sont, selon Adam Smith et David Ricardo, les avantages de la libre circulation des biens et des services ?
2. Expliquez le sens des phrases soulignées.

VIDÉO

Qu'est-ce que l'avantage comparatif ?
lienmini.fr/e30705comparatif
3:01

DOCUMENT 2 Le commerce international selon Krugman

Les économies d'échelle à l'origine des gains de l'échange

L'apport fondamental de Paul Krugman réside sans doute dans sa compréhension de l'impact des rendements croissants, ou économies d'échelle (l'augmentation de la production d'un bien entraîne la baisse des prix par unité produite ainsi que la croissance de la productivité), sur les échanges commerciaux et sur la localisation des activités économiques. Pour Paul Krugman [...], l'amélioration de la productivité liée aux rendements croissants a des effets cumulatifs qui favorisent la compétitivité de l'entreprise, mais aussi de l'économie régionale. [...] En analysant l'articulation entre économie régionale et commerce international, Paul Krugman montre que la mondialisation économique ouvre des opportunités de développement pour les économies régionales, puisque l'accès à un marché mondial (plutôt que simplement national) permet aux entreprises mais aussi aux districts industriels* d'allonger les séries produites et d'exploiter ainsi les mécanismes des rendements croissants pour améliorer leur compétitivité.

*District industriel : grand nombre de petites entreprises spécialisées dans la même production et agglomérées dans un même territoire.

F. Leriche, « Paul Krugman, prix Nobel d'économie 2008 », *Les Cafés géographiques*, www.cafe-geo.net

1. Dégagez en quoi les économies d'échelle présentent des gains pour les entreprises et les régions.
2. Présentez pourquoi, selon Paul Krugman, les États ont intérêt à échanger même lorsqu'ils produisent des produits semblables.
3. Déduisez des documents 1 et 2 quels avantages le libre-échange comporte pour les consommateurs.

B Des effets contrastés sur les inégalités

DOCUMENT 3 L'évolution des inégalités mondiales de revenus

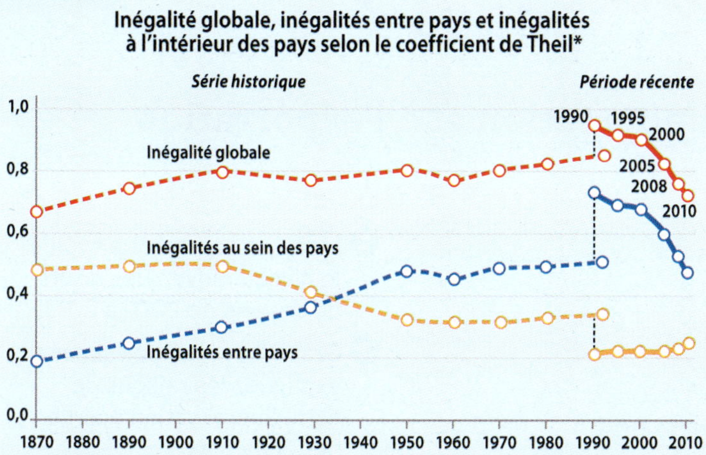

*L'indice de Theil est un indice de mesure d'inégalité. Il est d'autant plus élevé que la distribution s'éloigne de la situation d'égalité absolue.

À noter, la rupture entre les courbes en pointillés et en trait plein est due à un changement de bases de données.

Source : F. Bourguignon, calculs réalisés à partir des séries d'A. Maddison, des données de l'OCDE et de la Banque mondiale (POVCAL).

1. Entre 1990 et 2010, le Theil global est passé de 0,95 à 0,72. Calculez l'évolution de ce coefficient et tirez-en des conclusions.
2. À l'aide du graphique, comparez l'évolution des inégalités entre pays et au sein des pays depuis 1870.

DOCUMENT 4 La mondialisation dans les pays émergents

L'extension des exportations, permise par la mondialisation des échanges, et souvent avec l'appui d'investissements étrangers en provenance des pays riches, a été un puissant facteur de développement. [...] Dans ces économies, c'est autant le développement lui-même que la mondialisation des échanges qui entraînent une restructuration de l'économie en faveur des secteurs modernes et marchands. Cela étant, les exportations de produits manufacturés vers les pays riches ont constitué un puissant moteur de développement en Chine et dans d'autres pays asiatiques, comme cela avait été le cas dans les années 1960-1970 pour les « dragons » asiatiques (Corée du Sud, Hong Kong, Singapour et Taïwan).

F. Bourguignon, *La Mondialisation de l'inégalité*, Seuil, 2012.

VIDÉO

La mondialisation a-t-elle permis une baisse des inégalités entre pays ?

lienmini.fr/e30705inegalites

2:31

1. À l'aide de la vidéo, interprétez l'évolution de l'inégalité mondiale et de l'inégalité entre pays.

DOCUMENT 5 Une mondialisation controversée dans les pays développés

Aux États-Unis, la controverse est vive depuis plusieurs années déjà sur la mondialisation et ses conséquences, dans un contexte marqué par la montée des inégalités et par la stagnation, voire le déclin du pouvoir d'achat des classes populaires et moyennes depuis le début des années 1980. Plusieurs travaux ont notamment montré le rôle joué par le choc de l'émergence de la Chine dans la désindustrialisation des États-Unis, qui a elle-même alimenté la polarisation du marché du travail américain, c'est-à-dire la baisse significative des emplois à qualification et rémunération intermédiaires, au profit des emplois très qualifiés mais également, dans une moindre mesure, de ceux qui ne le sont pas du tout. Cet amenuisement des classes moyennes a été durement ressenti dans de nombreuses régions américaines, alimentant un sentiment de déclassement, voire d'abandon dont la crise des opioïdes – multiplication des décès par surdose d'opioïdes – est la manifestation la plus dramatique.

S. Jean, in CEPII, *L'Économie mondiale 2020*, La Découverte, 2019.

1. En vous appuyant sur les documents 3 et 5, expliquez les impacts de la mondialisation de l'économie sur le marché de l'emploi américain depuis les années 1980.
2. Précisez les conséquences de la désindustrialisation des États-Unis sur la population.

Préparer sa synthèse

1. Exposez les avantages attendus de la doctrine du libre-échange, puis montrez quelles peuvent être ses limites.

2 Quelles mesures permettent la mise en œuvre de politiques d'ouverture aux échanges ?

A La réduction des droits à l'importation et à l'exportation

DOCUMENT 6 L'évolution des droits de douane

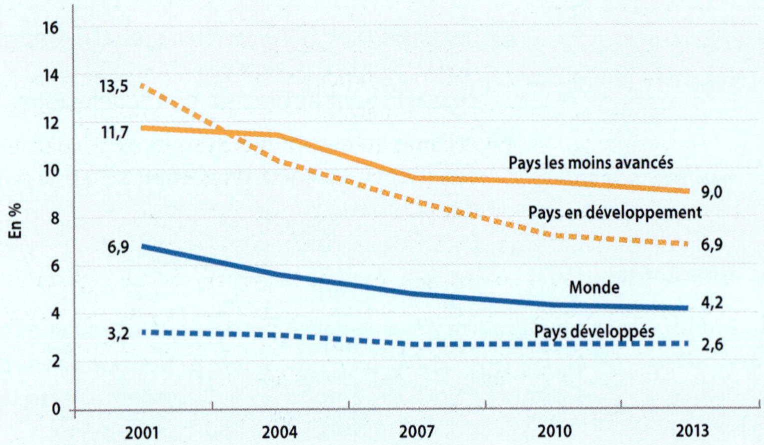

Source : calculs de H. Guimbard, à partir d'une base de données du CCI et du CEPII : MAcMap-HS6.

1. Indiquez comment a évolué le niveau moyen des droits de douane de 2001 à 2013.
2. Grâce à vos connaissances, expliquez les raisons de cette libéralisation accrue des échanges.

DÉFINITION

Droit de douane : impôt prélevé par l'État sur les acheteurs nationaux du bien importé par le pays.

DOCUMENT 7 L'accord de libre-échange entre l'UE et le Mercosur

L'accord commercial conclu vendredi 28 juin au soir entre l'Union européenne (UE) et les pays du Mercosur (Brésil, Argentine, Uruguay, Paraguay), doit permettre d'accroître considérablement les échanges entre les deux régions [...].

Plus de 90 % des taxes à l'importation supprimées

L'accord éliminera à terme 91 % des droits de douane imposés par le Mercosur aux produits européens, ce que la Commission [européenne] évalue en valeur à 4 milliards d'euros. À l'inverse, l'UE supprimera de son côté 92 % des taxes actuellement appliquées aux biens sud-américains qui arrivent sur son sol. [...]

Produits agricoles : les taxes du Mercosur sur le vin (27 %), le chocolat (20 %), les spiritueux (de 20 à 35 %), les biscuits (16 à 18 %), les pêches en conserve (55 %), les boissons gazeuses (20 à 35 %) ou les olives seront supprimées.

Le Monde / AFP, 29 juin 2019.

L'ouverture suscite ainsi la profonde inquiétude des agriculteurs européens, qui craignent une concurrence jugée déloyale.

[...] « La Commission européenne sera à leur disposition pour les aider », a concédé Phil Hogan. Il leur promet « une aide financière » jusqu'à un milliard d'euros « en cas de perturbation du marché ». « Pour que cet accord soit gagnant-gagnant, nous ne nous ouvrirons aux produits agricoles du Mercosur qu'avec des quotas soigneusement gérés qui garantiront qu'aucun produit ne risque d'inonder le marché européen », a-t-il insisté. Cependant, les différences des pratiques ne sont pas favorables aux Européens : antibiotiques utilisés comme hormones de croissance et soja OGM sur fond de déforestation d'un côté, contre toujours plus de normes environnementales côté européen.

Le Figaro / AFP, 29 juin 2019.

1. Présentez en quoi consiste l'accord commercial conclu entre l'UE et le Mercosur.
2. Justifiez quels sont les intérêts pour l'UE de mettre en place un accord commercial préférentiel avec d'autres pays.
3. Repérez les risques émanant de cette entente pour les agriculteurs européens.

B L'élimination des quotas

DÉFINITION

Quotas : limitation à l'importation ou/et à l'exportation de biens et de services imposée par un gouvernement.

DOCUMENT 8 L'évolution de la politique sucrière de l'UE

L'abandon des quotas sucriers

Le secteur sucrier européen post-quota sera plus complexe et volatile qu'il ne l'était depuis 2006, avec de nouvelles opportunités à saisir mais aussi des défis importants à relever [...]. Dans un tel contexte, [des] facteurs clés de succès se dégagent pour les acteurs de la filière :

– disposer d'un portefeuille de produits suffisamment large dans le sucre et au-delà pour mieux [...] répondre aux attentes des grands clients ;

– être international (pour les mêmes raisons) ;

– exceller dans la performance industrielle et maîtriser les coûts de production et la supply chain ;

– disposer de la taille critique pour peser face aux géants en amont et en aval, et amortir les coûts fixes [...].

Pwc.fr, « Fin des quotas sucriers européens : quelles options stratégiques pour les acteurs de la filière en Europe ? », 2015.

Le secteur sucrier en crise

À l'origine de la crise, il y a la convergence de deux phénomènes. Le premier est la suppression des quotas sur la production de sucre dans l'Union européenne en octobre 2017 [...]. En contrepartie, ces quotas de production étaient associés à un prix minimum garanti pour la tonne de sucre [...]. En mettant fin à ce système des quotas, l'UE a ainsi permis à sa filière sucre de produire et d'exporter sans contraintes de volumes du sucre à usage alimentaire. Tout en l'exposant à la concurrence internationale et à la très forte instabilité du marché mondial. On en vient alors au deuxième facteur de cette crise : une surproduction planétaire, fruit de deux années d'excellentes récoltes, aussi bien pour la betterave à sucre que pour la canne à sucre. [...]. Résultat : une forte dégringolade du prix de la tonne de sucre, y compris en Europe, puisque le prix n'y est plus garanti, mais désormais fixé sur le cours mondial. « À ce jour, la tonne de sucre se vend 300 euros, quand le prix moyen mondial a été de 390 euros sur les dix dernières années [...]. »

F. Pouliquen, « Quelle est donc cette crise du sucre qui frappe de plein fouet la France ? », *20 minutes*, 14 mai 2019.

1. Montrez quelles opportunités étaient à saisir pour les producteurs de sucre suite à la fin des quotas sucriers.
2. Expliquez, en fin de compte, les effets de cette suppression.

C La simplification de la réglementation

VIDÉO

Comprendre les enjeux du TAFTA
lienmini.fr/e30705tafta
3:57

DOCUMENT 9 Qu'est-ce que le TAFTA ?

Ce projet d'accord vise à supprimer les barrières douanières, uniformiser les normes et ainsi créer un vaste marché unique des deux côtés de l'Atlantique. [...] Les barrières douanières étant déjà faibles entre l'Union européenne et les États-Unis, la négociation porte principalement sur ces fameuses normes et leur harmonisation. C'est toute la philosophie de l'accord : une harmonisation des normes vers un mieux ou un moins disant. Barack Obama a été catégorique dimanche : « Le TTIP [autre nom pour le TAFTA] ne va pas abaisser les normes. Cela va même les relever. » [...]

« Aujourd'hui, le poulet au chlore et le bœuf aux hormones sont de réels dangers et non un fantasme », tranche Thomas Porcher, professeur à Paris School of Business. « Le mode de production de la viande aux États-Unis est 40 % moins cher qu'en Europe, les multinationales américaines, très puissantes, ont un intérêt d'un nivellement par le bas des normes », poursuit l'économiste.

www.lejdd.fr, 21 juin 2017.

1. Expliquez en quoi consiste le TAFTA.
2. Repérez quels secteurs pourraient être touchés par cet accord de libre-échange et quelles conséquences ce dernier pourrait entraîner dans ces secteurs.

Préparer sa synthèse

1. Synthétisez quelles mesures peuvent prendre les pays afin de mettre en place une politique commerciale d'ouverture.

3 Comment et pourquoi mettre en œuvre des politiques protectionnistes ?

A La notion de protectionnisme

DÉFINITION

Protectionnisme : doctrine préconisant un ensemble de mesures restrictives ou prohibitives pour pénaliser l'introduction dans un pays de produits ou services étrangers.

DOCUMENT 10 Le protectionnisme : avantages et limites

La théorie du protectionnisme éducateur

Défendu aux États-Unis par Hamilton à la fin du XVIIIe siècle, puis au XIXe siècle par Frédéric List et John Stuart Mill, l'argument repose sur le fait que, dans des pays en retard sur le plan du développement industriel, il est légitime de protéger certaines activités pour leur permettre d'atteindre une taille suffisante. La thèse présentée par List (1857) suppose que la branche bénéficie d'économies d'échelle. Dans sa phase de démarrage, elle doit être protégée par des droits de douane prélevés sur les importations de biens étrangers semblables. Lorsque la taille atteinte lui permet de produire à un coût moyen comparable à celui des partenaires, l'ouverture sur l'extérieur devient possible. La protection n'est donc justifiée que si elle est temporaire. Au surplus, elle ne doit être mise en œuvre que si la croissance de la firme (ou des firmes) protégée(s) engendre des effets d'entraînement sur le reste de l'économie (externalités positives).

B. Guillochon, *Le Protectionnisme*, La Découverte, 2001.

Le protectionnisme, une doctrine dangereuse

Les mesures annoncées visant le commerce entre les États-Unis et la Chine pourraient avoir des conséquences de l'ordre de 25 milliards de dollars pour chacun de ces deux pays. [...]
Les deux mesures annoncées en mars 2018 sont les droits de douane additionnels imposés au nom de la sécurité nationale sur les importations d'acier (25 %) et d'aluminium (10 %) et des représailles prises à l'encontre des transferts de technologie et de la politique de protection de la propriété intellectuelle chinoise, imposant un tarif additionnel de 25 % sur différents produits en provenance de Chine.
Les droits sur l'acier et l'aluminium causeraient alors une augmentation des coûts de production de produits manufacturés américains de 0,5 % en moyenne, et jusqu'à 3 % dans la métallurgie. Pour les ménages, ce sont les prix à la consommation finale qui comptent. Ils sont directement augmentés par la taxation des biens finals ciblés par les mesures de protection, et indirectement par la combinaison des surcoûts de production et de l'effet induit sur les prix fixés par les producteurs bénéficiant d'une moindre concurrence.
À plus long terme, une protection commerciale durable réduit l'efficacité productive car elle empêche les économies de se spécialiser selon leurs avantages comparatifs, augmente le coût des intrants importés et entrave la concurrence.

C. Bellora, S. Jean, G. Santoni, « Un chiffrage de l'impact des mesures de protection commerciale de Donald Trump », La Lettre du CEPII, mai 2018.

1. Développez en quoi consiste la théorie du protectionnisme éducateur et montrez que les mesures prises par les États-Unis à l'encontre de la Chine ne relèvent pas de ce type de doctrine.
2. Relevez dans quelle situation, selon List, la mise en place d'un protectionnisme éducateur ne serait plus pertinente.
3. Identifiez les dangers du protectionnisme pour une économie.

B Les mesures de mise en œuvre des politiques protectionnistes

DOCUMENT 11 Les barrières non tarifaires

Celles-ci peuvent prendre la forme de quotas, imposés par une nation aux importateurs ou négociés ; on parle alors d'accord d'autolimitation des exportations. [...]
Par ailleurs, les nations peuvent recourir à des mesures administratives comme les normes nationales de qualité destinées à protéger les consommateurs. Les règlements nationaux qui ont un tel but sont établis dans des secteurs comme l'agroalimentaire. C'est ainsi que les États-Unis considèrent que la règlementation européenne prohibant l'usage d'hormones afin de stimuler la croissance des veaux a une finalité protectionniste : leur usage est autorisé aux États-Unis. De nombreux autres secteurs sont concernés comme l'électronique grand public (normes de conformité technique) ou l'automobile (normes antipollution et normes de sécurité). [...]

Parallèlement à l'usage des normes, de multiples mesures administratives peuvent être utilisées, par exemple en établissant des contraintes sur les lieux de dédouanement des produits ou encore sur les documents qui accompagnent les produits importés, ce qui créé un coût supplémentaire pour les importateurs. [...]

Les subventions constituent la dernière mesure protectionniste possible. [...] En général, il s'agit de subventions à la production : si un État subventionne ses producteurs nationaux, il leur permet à l'évidence de concurrencer des importateurs mais aussi d'améliorer leur position dans les échanges internationaux.

A. Bénassy-Quéré *et al.*, *Les Enjeux de la mondialisation*, La Découverte, 2019.

1. Identifiez les différents instruments non tarifaires de la politique commerciale protectionniste.
2. Expliquez pourquoi les normes et les mesures administratives sont souvent considérées comme des formes de protectionnisme déguisé.

DOCUMENT 12 Les barrières tarifaires : les droits de douane

Avec un droit *ad valorem*, l'État prélève un pourcentage donné du prix à l'importation. Il existe aussi des droits spécifiques, égaux à une valeur monétaire fixe (par objet ou par unité de poids), indépendante du prix à l'importation. [...] De 1947 à 1993, période durant laquelle le processus d'abaissement des obstacles aux échanges dépendait principalement du GATT (General Agreement on Tariffs and Trade), les grandes négociations portaient essentiellement sur les droits de douane. Pour éviter que les pays adhérents de l'accord ne procèdent à des mesures discriminatoires, le GATT reposait sur le principe de la nation la plus favorisée. Dans ce système toujours en vigueur, chaque pays doit appliquer à tout autre partenaire le régime douanier dont bénéficiait jusque-là la nation la plus favorisée. [...] Le droit de douane présente l'avantage de la transparence, par rapport à d'autres formes de protection : en cas de tarif douanier, les exportateurs étrangers connaissent parfaitement l'ampleur de l'obstacle qui est fixé par le pays importateur. Ils peuvent donc déterminer, en toute clarté, leur politique de prix.

B. Guillochon, *Le Protectionnisme*, La Découverte, 2001.

1. Différenciez les deux types de droit de douane existants.
2. Indiquez quels avantages peuvent présenter les barrières tarifaires face à d'autres outils de protection.

DOCUMENT 13 Les effets des droits de douane

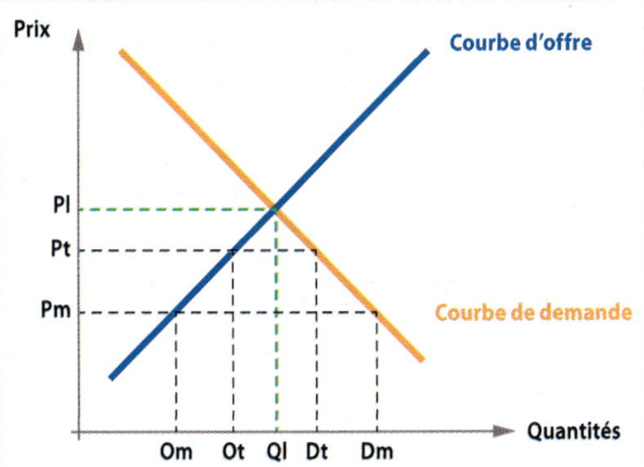

Le graphique représente un marché importateur. Dans l'hypothèse d'une absence d'importations, Pl représente le prix d'équilibre du marché local. Néanmoins, le prix étranger pour un même produit, Pm, est bien inférieur à ce prix local. En cas d'introduction d'un droit de douane, le prix passe de Pm à Pt.

1. Rappelez en quoi consiste la loi de l'offre et de la demande. Que se passe-t-il pour les quantités offertes et demandées lorsque le prix d'équilibre Pl est atteint ?
2. Analysez les conséquences sur l'offre, la demande et les importations lorsque le prix mondial Pm est inférieur au prix du marché local.
3. Étudiez les effets de la mise en place d'un droit de douane.
4. Déterminez quels agents économiques bénéficieront d'une meilleure répartition des revenus suite à l'introduction d'une taxe.

Préparer sa synthèse

1. Citez les avantages d'une restriction du commerce international selon la thèse du protectionnisme éducateur après avoir rappelé en quoi cette dernière consiste.
2. Listez quelles limites la doctrine protectionniste comporte selon ses détracteurs.
3. Distinguez les différents instruments protectionnistes.

Activités

1 Se tester

Répondez par vrai ou faux aux affirmations suivantes puis justifiez vos réponses.

1. **Selon la théorie classique, la spécialisation permet aux pays de réaliser des économies d'échelle et de gagner en productivité pour la production du bien dans laquelle ils se sont spécialisés.**
2. **Les pays n'ont intérêt à échanger que si leurs productions sont différentes.**
3. **Les délocalisations touchent seulement les emplois des classes populaires.**
4. **Lors de la mise en place d'une entente commerciale entre régions, la baisse des droits de douane permet d'éviter la concurrence déloyale.**
5. **La suppression des quotas sucriers n'a pas entraîné pour l'Europe les effets escomptés.**
6. **List ne conçoit pas le protectionnisme comme un état permanent.**
7. **La mise en place des droits de douane augmente le prix du bien visé de manière directe et indirecte.**
8. **Lorsque le prix mondial est inférieur au prix local, l'offre étrangère pallie la défaillance des producteurs locaux et l'excès de demande.**
9. **Les producteurs et les consommateurs d'un pays sont les seuls agents économiques touchés lors de l'introduction d'une taxe.**
10. **Le traité de libre-échange TAFTA permettrait de réduire les quotas entre les États-Unis et l'Union européenne.**

QCM INTERACTIF

Testez-vous !
lienmini.fr/e30705exo10

2 Construire sa carte mentale

→ Voir FICHE MÉTHODE 3

Construisez une carte mentale avec pour titre, au centre, « Libre-échange et protectionnisme », puis liez les notions suivantes : innovations - normes - droits de douane - quotas - économies d'échelle - protectionnisme - subventions - libre-échange - protectionnisme éducateur - délocalisations - restriction des marchés publics. Votre travail sera structuré et exemplarisé. Les définitions devront être présentes.

3 S'entraîner au Grand Oral

Débattre : pour ou contre le TAFTA ?

La classe sera divisée en deux camps : les défenseurs de la mise en place du TAFTA et ses détracteurs.
Après des recherches en binômes sur les tenants et aboutissants de ce traité de libre-échange, vous passerez devant la classe pour défendre vos arguments pendant 5 minutes.

VIDÉO

Le TAFTA pour les nuls
lienmini.fr/e30705pourlesnuls
3:15

4 Travailler la méthode : analyser un graphique

→ Voir FICHE MÉTHODE 1

Évolution de la politique sucrière en Europe de 1960 à 2019

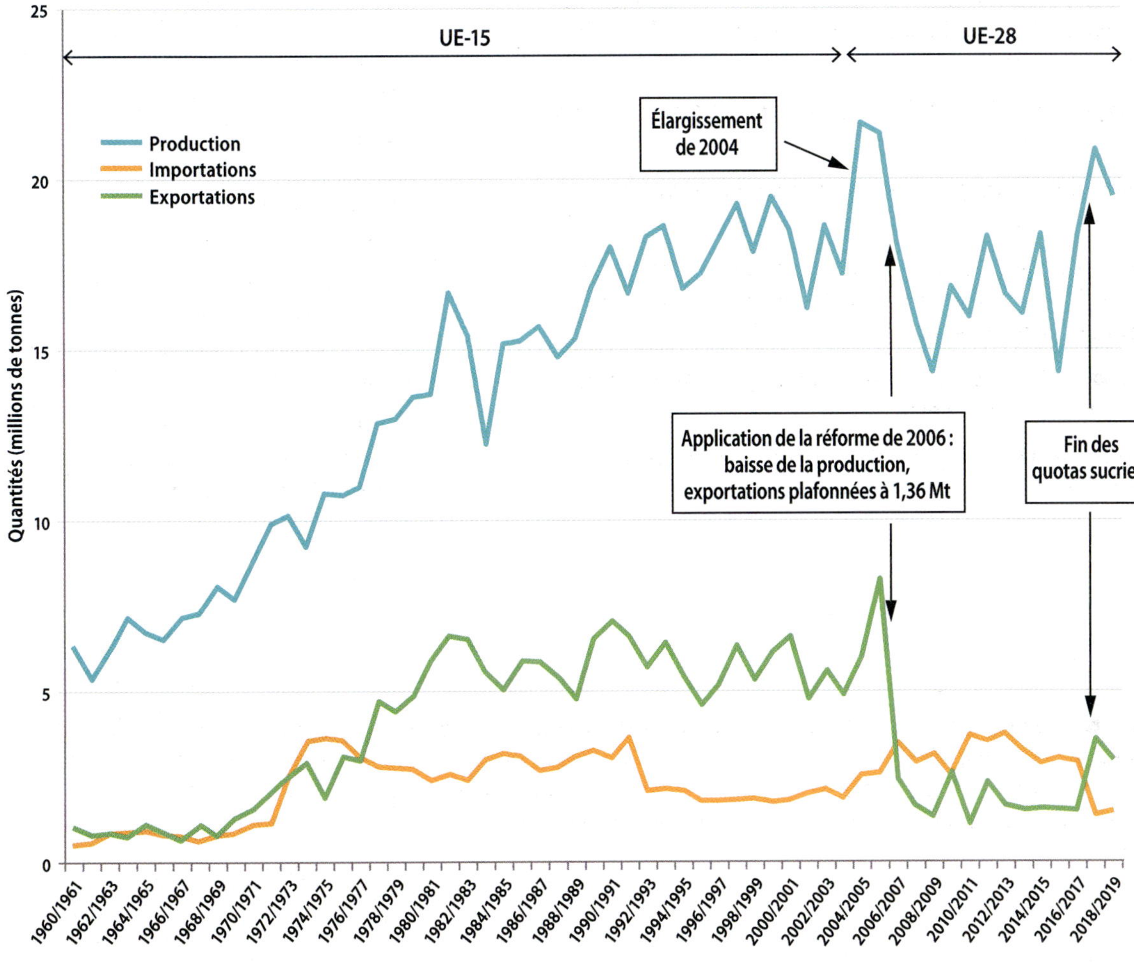

Source : USDA.

1. Rappelez à quoi correspondent les quotas de production.
2. Commentez l'évolution de la production de sucre en Europe depuis les années 1960.
3. À l'aide de vos connaissances et de l'analyse du graphique, expliquez quels impacts la fin des quotas sucriers a pu avoir sur les échanges européens de sucre.

Objectif Bac

Les effets de la politique protectionniste de Donald Trump

À partir de vos connaissances et de la documentation fournie dans les annexes 1 à 4 :

1. Commentez l'évolution du commerce de marchandises entre la Chine et les États-Unis.
2. Rappelez les différentes pratiques permettant la mise en place d'une politique de protection commerciale.
3. Expliquez les raisons qui ont poussé les États-Unis à entamer une guerre commerciale à l'encontre de la Chine.
4. Rédigez une argumentation qui vous permette de répondre à la question suivante : Les mesures protectionnistes entraînent-elles toujours des avantages pour les pays qui les mettent en place ?

Annexe 1 L'évolution des échanges entre les États-Unis et la Chine

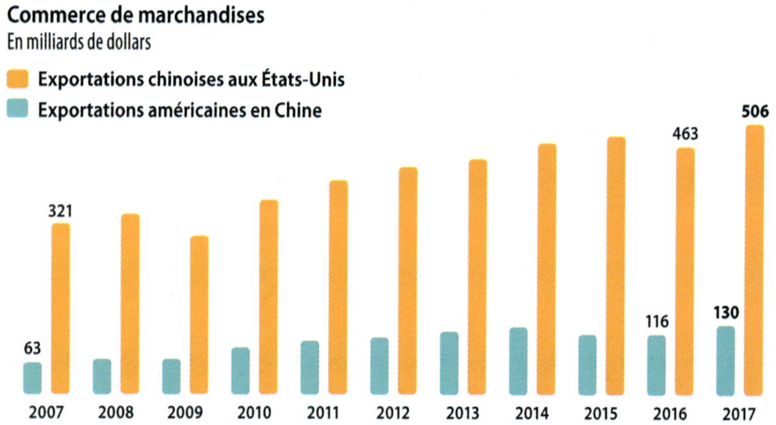

Principaux échanges en 2017

Achats chinois

- **Avion Boeing** et **matériel aéronautique** pour 16,3 milliards de $
- **Soja** (12,4 mds)
- **Voitures neuves et d'occasion** (10,5 mds)

Achats américains

- **Téléphones portables** (70,4 mds)
- **Jouets et jeux** (26,8 mds)
- **Habillement** (24,1 mds)

Source : US Census Bureau.

Annexe 2 Commerce : pourquoi Trump s'en prend à la Chine

Derrière l'annonce de taxes, les États-Unis poursuivent un autre objectif : limiter les vols de technologies

Comment cela finira-t-il ? Les marchés financiers sont perplexes face à la guerre commerciale qui s'engage entre les États-Unis et la Chine. [...]

Première question : que peut espérer Trump des droits de douane imposés à la Chine ? Le locataire de la Maison Blanche a été marqué par l'émergence du Japon, qui, à partir de la fin des années 1970, avait presque tué l'industrie automobile américaine avec ses exportations. Le compromis trouvé avait été la production de voitures de marque japonaise sur le sol des États-Unis. Le Président peut-il espérer un même résultat ? Sans doute pas, car le monde a changé, comme l'explique l'économiste en chef de Natixis, Patrick Artus, spécialiste de la Chine. La production industrielle est atomisée sur la planète – on parle de chaînes de valeur –, et les industriels américains ne pourront pas remplacer au pied levé les produits chinois.

Pousser Pékin à négocier

[...] Deuxième question : Trump peut-il espérer faire mal à la Chine ? Sans doute un peu. L'ex-empire du Milieu va peiner à écouler sa production et bénéficiera sans doute de moins d'investissements étrangers si ceux-ci ne peuvent plus réexporter aux États-Unis. Paradoxalement, il va se faire mal à lui-même en ripostant. La Chine menace de taxer le soja pour pénaliser les agriculteurs-électeurs de Trump dans le Midwest. Mais cette matière première sert à nourrir les porcs et sa taxation risque de provoquer une inflation impopulaire en Chine. [...]

Dernière question : l'accusation de vol de technologie. Les Européens reconnaissent que les Américains ont raison. Cette bataille n'est-elle pas déjà perdue ? Les Occidentaux ont transmis leur technologie depuis un quart de siècle pour pouvoir produire sur le sol chinois. Ils n'avaient guère le choix. Or, dès que l'on produit dans un pays, on perd sa maîtrise technologique, ne serait-ce que parce qu'il faut partager son savoir-faire avec les sous-traitants.

A. Leparmentier, *Le Monde*, 6 avril 2018.

Annexe 3 Les États-Unis s'inquiètent d'être rattrapés par la Chine

Pour Lionel Fontagné, professeur à l'université Paris-I-Panthéon-Sorbonne et expert des questions commerciales, les droits de douane ne sont qu'une petite partie de l'arsenal que les États-Unis s'apprêtent à déployer contre la Chine.

• *Quelle est la logique des produits ciblés par la Chine en réponse aux menaces américaines de droits de douane ?*

La Chine choisit des produits qui ont potentiellement un fort impact politique, en affectant les électeurs de Donald Trump. Cibler le soja n'est évidemment pas neutre. En effet, c'est un produit très important pour les exportateurs américains et Donald Trump n'a aucun intérêt à ce que les agriculteurs se retournent contre lui.

• *La stratégie américaine a-t-elle des chances de donner des résultats ?*

Les droits de douane agités par les États-Unis ne vont sans doute pas empêcher les Chinois de progresser. Cela risque plutôt de pénaliser les entreprises américaines, car ils visent tout un ensemble de composants importés de Chine pour des produits fabriqués aux États-Unis. Mais ces taxes ne sont qu'une petite partie de l'arsenal que l'administration américaine va probablement développer. On peut s'attendre à des mesures beaucoup plus dissuasives et importantes en matière de course technologique. L'une serait l'interdiction faite aux Chinois d'investir dans des secteurs technologiques aux États-Unis. Une autre consisterait – même si cela est difficile à mettre en place – à interdire aux entreprises américaines de transférer des technologies critiques aux entreprises chinoises lors d'investissements directs en Chine.

• *L'Organisation mondiale du commerce peut-elle contribuer à désamorcer ce conflit ?*

La Chine va assurément porter plainte à l'OMC, devant l'ORD. Ce ne sera pas facile, car le fonctionnement de l'ORD est bloqué par les États-Unis, qui empêchent des nominations de juges. [...]

• *Comment les industriels américains peuvent-ils réagir ?*

Ils se retrouvent dans une situation très délicate, puisqu'ils ont massivement investi en Chine, y ont transféré de la technologie, voire utilisent eux-mêmes de la technologie chinoise. Les chaînes de valeur sont globales.

Propos recueillis par M. de Vergès, *Le Monde*, 6 avril 2018.

Annexe 4 USA et Chine imposent de nouvelles taxes douanières, le conflit s'envenime

Les États-Unis ont frappé jeudi de nouvelles taxes douanières 16 milliards de dollars de produits chinois, déclenchant des représailles immédiates de Pékin [...]. La nouvelle tranche de droits de douane imposés par Washington à partir de 04H01 GMT porte à 50 milliards de dollars annuels la valeur totale des marchandises chinoises taxées à 25 % en entrant sur le territoire américain. [...]

La Chine, qui promettait de rendre coup pour coup, a aussitôt réagi en annonçant des « représailles nécessaires », par la voix du ministère chinois du Commerce. Sont ainsi entrées en vigueur simultanément des taxes douanières chinoises à 25 % ciblant 16 milliards de dollars de biens américains importés par le géant asiatique, dont des produits emblématiques comme les motos Harley-Davidson, le bourbon ou le jus d'orange.

Pour l'administration Trump, qui accuse la Chine de pratiques « déloyales » et de « vol de propriété intellectuelle », l'objectif reste d'intensifier la pression sur le géant asiatique pour l'amener à réduire son colossal excédent commercial avec les États-Unis.

J. Girault, C. Vogt, *La Voix du Nord*, 23 août 2018.

L'essentiel en schéma

L'ESSENTIEL À RETENIR lienmini.fr/e30705ess10

SKETCHNOTE lienmini.fr/e30705sk10

1 Les effets du libre-échange

Définition	Mesures	Avantages et limites	
Système économique dans lequel aucun obstacle ne vient freiner les échanges commerciaux entre États	• Réduction des droits de douane • Suppression des quotas à l'importation et à l'exportation • Simplification des normes. • ...	**Avantages :** • Permet la réalisation d'économies d'échelle qui peuvent entraîner une baisse des prix • Favorise l'innovation et la diversité des produits • Réduit les inégalités entre pays en favorisant le développement	**Limites :** • Entraîne des destructions d'emplois • Accroît les inégalités au sein des pays

2 Les effets du protectionnisme

Définition	Mesures	Avantages et limites	
Doctrine préconisant des mesures qui visent à pénaliser l'introduction dans un pays de produits ou de services étrangers	• Mesures tarifaires : droits de douane, taxes • Mesures non tarifaires : quotas, normes, restriction de l'accès aux marchés publics, subventions...	**Avantages** • Permet de protéger les industries « naissantes » le temps qu'elles rattrapent leur retard de développement • Favorise la sauvegarde de l'emploi	**Limites** • Peut entraîner des guerres commerciales entre les pays ayant un impact sur la production et l'emploi • Restreint le choix des consommateurs et provoque une hausse des prix du fait d'une baisse de la concurrence

MOTS CLÉS

VOIR LEXIQUE P. 187

- Libre-échange
- Économies d'échelle
- Protectionnisme
- Barrières tarifaires
- Barrières non tarifaires
- Droits de douane
- Quotas

CHAPITRE 11

Une organisation mondiale pour gérer les différends entre États dans les échanges internationaux

THÈME 8
Comment organiser le commerce international dans un contexte d'ouverture des échanges ?

Notions abordées

- Les missions de l'OMC
- Les cycles de négociations d'abaissement des tarifs douaniers et des barrières non tarifaires
- L'organe de règlement des différends

Pour être capable

- De définir les missions de l'OMC.
- De définir et d'interpréter les principales règles de fonctionnement de l'OMC.

Une représentation de la mondialisation de l'économie

Conférence tenue en novembre 2019 par un organe de l'OMC : le Mécanisme d'examen des politiques commerciales (MEPC)

1. En vous appuyant sur la première image, présentez les enjeux économiques du phénomène de mondialisation pour les différents pays.
2. Dans ce contexte, définissez quelles missions peuvent remplir les personnes présentes sur la seconde image.

LANCER LA SÉANCE

VIDÉO EN QUESTIONS

Du GATT à l'OMC

lienmini.fr/e30705avt11

0:20-3:10

1 Comment accompagner le développement des échanges internationaux ?

A Du GATT à l'OMC

DOCUMENT 1 La libéralisation des échanges internationaux

Pour comprendre la création d'une institution destinée à organiser la libéralisation du commerce international, il est indispensable de se situer dans une perspective de long terme. L'étude des politiques commerciales depuis le début du XIXe siècle révèle qu'il existe des cycles caractérisés par le protectionnisme ou la libéralisation des échanges, en liaison avec les fluctuations de l'activité économique. En règle générale, les périodes de récession favorisent le protectionnisme alors que celles d'expansion sont plus favorables au libre-échange. Mais la politique commerciale exerce un effet retour sur l'activité économique, la protection renforçant la récession et le libre-échange nourrissant la croissance, même si la relation n'est pas aussi simple ni universelle. [...]
Dès le début des années 1940, les États-Unis ont défendu l'idée du retour au commerce international fondé sur le libre-échange à la fin des hostilités. Les réflexions de l'administration américaine et les contacts avec les principales nations concernées vont prendre la forme, d'une part au sein de l'ONU, d'un projet pour mettre en place l'Organisation internationale du commerce, et d'autre part d'une proposition de conférence internationale ayant pour but une réduction multilatérale des obstacles aux échanges internationaux. [...] L'Organisation internationale du commerce ne verra jamais le jour, alors que l'accord de Genève va s'institutionnaliser devenant le GATT. [...] Il s'agit d'un traité signé initialement entre 23 pays et qui, en raison de l'échec de la création de l'Organisation internationale du commerce, a été pérennisé, de nouvelles nations y accédant au cours du temps.

M. Rainelli, *L'Organisation mondiale du commerce*, La Découverte, 2011.

1. Rappelez la définition d'une récession et celle du protectionnisme.
2. Indiquez la relation qui existe entre la libéralisation des échanges et l'activité économique.

DOCUMENT 2 Les missions de l'OMC

L'Organisation mondiale du commerce (OMC) a pour but de rendre le commerce aussi libre que possible. De la sorte, elle constitue le lieu où se mènent les négociations internationales visant à écarter les obstacles aux échanges entre pays et elle administre le système de règles qui constitue le cadre dans lequel ils s'effectuent. Sa principale fonction est ainsi de favoriser autant que possible la bonne marche, la prévisibilité et la liberté des échanges. L'OMC est l'héritière de l'Accord général sur les tarifs douaniers et le commerce (GATT), établi au lendemain de la Seconde guerre mondiale. Elle a été créée en 1995 et se trouve aujourd'hui au cœur d'un système commercial multilatéral institué dans le monde il y a maintenant plus d'un demi-siècle. Depuis cette époque, plusieurs grands cycles de négociations ont contribué à stabiliser les échanges en mettant en œuvre tout un système de règles ainsi qu'un organe de règlement des différends destiné à résoudre les litiges commerciaux. L'entrée de la Chine en 2001 a constitué une étape importante de son élargissement puisqu'elle marquait la volonté de cette puissance de s'inscrire pleinement dans l'économie mondiale.

M. Abélès (dir.), *Des anthropologues à l'OMC*, CNRS éditions, 2011.

1. Indiquez de qui l'OMC est héritière.
2. Citez les missions de l'OMC.
3. Expliquez en quoi les années 2000 ont marqué un tournant concernant les États membres de l'OMC.

B Les négociations commerciales multilatérales

DOCUMENT 3 Les cycles de négociations commerciales du GATT

Les principes juridiques fondamentaux du GATT sont, pour l'essentiel, restés inchangés depuis 1948, mais ils ont pu être complétés lors de négociations multilatérales : les « cycles de négociations commerciales ».

	1947	1949	1951	1956	1960-1961	1964-1967	1973-1979	1986-1994
Lieu (appellation)	**Genève**	**Annecy**	**Torquay**	**Genève**	**Genève (Dillon Round)**	**Genève (Kennedy Round)**	**Genève (Tokyo Round)**	**Genève (Uruguay Round)**
Domaines couverts	Droits de douane	Droits de douane	Droits de douane	Droits de douane	Droits de douane	Droits de douane et mesures antidumping	Droits de douane et mesures non tarifaires	Droits de douane, mesures non tarifaires, services…
Pays participants	23	13	38	26	26	26	102	123

Les premiers cycles furent consacrés à la réduction des droits de douane. Le Kennedy Round, lui, déboucha sur l'accord antidumping du GATT. Enfin, le Tokyo Round fut la première tentative pour remédier aux obstacles non tarifaires. Ces droits de douane réduits amenèrent certains gouvernements à mettre au point des formes de protection alternatives (subventions, accords bilatéraux…) remettant en cause l'efficacité du GATT.

Delagrave, 2020.

1. Rappelez ce qu'est un obstacle non tarifaire et donnez des exemples de ce type de mesure protectionniste.
2. Expliquez à quelles difficultés s'est peu à peu confronté le GATT lors de ses négociations.

DOCUMENT 4 Le cycle de Doha

Il s'agit de la 9e série de négociations depuis la Seconde Guerre mondiale et de la première depuis que l'OMC a hérité du système commercial multilatéral en 1995. Le but est de réaliser la première grande refonte du système du XXIe siècle. Tous les gouvernements membres de l'OMC […] participent au cycle. Les négociations sont complexes, abordent un large éventail de sujets et font intervenir des intérêts très divers, même à l'intérieur des pays […] : les décisions se prennent par consensus, ce qui signifie que tout le monde doit être convaincu avant qu'un accord puisse avoir lieu. Quelques thèmes abordés : agriculture, services, environnement, droits de la propriété intellectuelle… […]

L'accord sur les droits de la propriété intellectuelle permet aux États membres qui ont une industrie pharmaceutique de prévoir des licences pour l'exportation de produits pharmaceutiques brevetés afin que des pays en développement puissent se procurer ces produits à un prix abordable.

www.wto.org

Cycle de Doha : la négociation s'est enlisée

« Depuis la fin 2010, les négociations diplomatiques autour de l'accord de Doha ont repris. […] Où en est-on ? »

Pascal Lamy, commissaire européen chargé du commerce : « Il y a eu effectivement une nette accélération des négociations après la réunion du G20 de Séoul de novembre 2010. Le moment était favorable, compte tenu du cycle électoral aux États-Unis. […] L'idée était effectivement de boucler un accord d'ici à l'été, ce qui signifie qu'il fallait… accélérer l'accélération ! Après le sursaut du début 2011 qui a permis d'avancer sur beaucoup de sujets, la négociation s'est enlisée sur la question de la réduction des droits de douane industriels entre pays développés et pays émergents. Et comme on n'est d'accord sur rien tant qu'on n'est pas d'accord sur tout… »

T. Pech, C. Chavagneux, *Alternatives économiques*, n° 302, 1er mai 2011.

1. Identifiez les raisons expliquant l'échec du cycle de Doha.

Préparer sa synthèse

1. Après avoir présenté l'OMC, citez ses principales missions.
2. Présentez les résultats des différentes négociations commerciales du GATT et de l'OMC.

2 Comment l'OMC régule-t-elle les échanges mondiaux ?

A Les principes

DOCUMENT 5 L'organisation et les règles de fonctionnement de l'OMC

L'OMC est localisée à Genève. On définit l'OMC comme une organisation pilotée par ses membres. Les membres de l'OMC sont représentés par le Conseil général qui rassemble les ambassadeurs et chefs de délégation, mais aussi parfois des fonctionnaires envoyés par les capitales des pays membres.
Le Conseil se réunit plusieurs fois par an au siège de l'organisation à Genève, en tant qu'organe d'examen des politiques commerciales et en tant qu'organe de règlement des différends. Il est épaulé par le Conseil du commerce des marchandises, le Conseil du commerce des services et le Conseil des aspects de droits de propriété intellectuelle qui touchent au commerce, qui lui fournissent des rapports sur les questions de leur ressort.
Le mode de négociation et de prise de décision à l'OMC s'articule autour de deux principes essentiels : l'engagement unique et le consensus. L'engagement unique signifie qu'un cycle de négociations ne peut se conclure qu'à condition que l'accord se fasse sur l'ensemble des sujets mis sur la table. Il s'agit de lier ensemble les questions, ce qui bien évidemment implique que les avantages obtenus sont nécessairement contrebalancés par des concessions. « Rien n'est convenu tant que tout n'est pas convenu. » L'engagement unique est considéré comme le moyen de parvenir à un consensus en renforçant le système multilatéral. Le consensus donne la légitimité ultime aux accords qui résultent de la négociation. À l'OMC, chaque pays compte pour une voix. Une seule opposition suffit à entraver le processus.

M. Abélès (dir.), *Des anthropologues à l'OMC*, CNRS éditions, 2011.

1. Présentez les moyens dont dispose l'OMC pour remplir son rôle.
2. Indiquez qui siège au Conseil général de l'OMC.
3. Expliquer les deux principes suivants : l'engagement unique et le consensus.

VIDÉO
Comment fonctionne l'OMC ?
lienmini.fr/e30705omc
11:40

DOCUMENT 6 La promotion du libre-échange par l'OMC

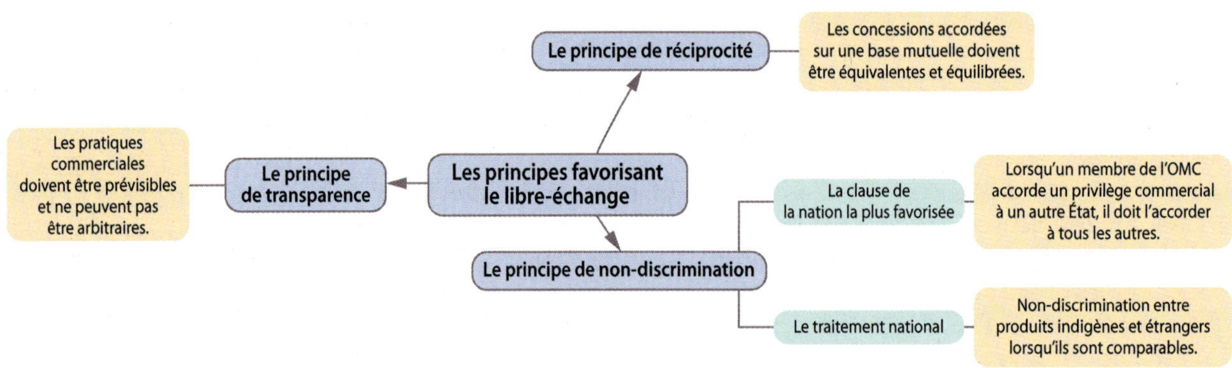

Le traitement spécial et différencié (TSD)

Le terme décrit l'ensemble des droits et obligations plus favorables accordés au pays en développement (PED) via les accords de l'OMC. Fondamentalement on y trouve deux grands blocs.
• Une exception [...] qui reconnaît au PED le droit d'être traité plus favorablement par les pays développés. C'est là la base juridique de l'ensemble des systèmes de préférences tarifaires (droits zéros) et non tarifaires unilatéralement accordées par les pays développés aux PED. À titre d'exemple, on peut citer le système de préférence généralisée (SPG), le SPG+, « Tous sauf les armes » pour l'Union Européenne [...].
• Une série de dispositions juridiques (155) visant à assouplir le droit de l'OMC au profit des PED. Il peut s'agir de dérogations (par exemple, en matière industrielle les membres ayant un niveau de PIB inférieur

à 1 000 USD par tête sont exemptés de l'interdiction des subventions exports) ; de délais plus longs pour mettre en œuvre une obligation (par exemple dans le cadre de l'accord sur les aspects des droits de propriété intellectuelle qui touchent au commerce, ou pour l'élimination des subventions agricoles à l'export) ; d'accès à de l'assistance technique.

tresor.economie.gouv.fr, J.-M. Paugam, 30 juillet 2019.

1 Expliquez en quoi consiste le principe de réciprocité.

2 Présentez les raisons de la mise en place du traitement spécial et différencié accordé aux pays en développement.

B L'OMC en crise

DOCUMENT 7 Le multilatéralisme contre le bilatéralisme

L'OMC a deux fonctions essentielles : assurer le respect des engagements pris par les nations qui ont accepté les accords régulant le commerce mondial ; organiser des négociations visant à libéraliser ce commerce. La première fonction est relativement bien remplie. En revanche, la seconde fonction rencontre des limites qui semblent très difficiles à surmonter. [...]

Les principaux pays, les États-Unis et l'UE, sont en train de négocier des accords bilatéraux de libre-échange, qui laissent penser que l'OMC n'est plus pour eux la meilleure instance de gouvernance du commerce mondial.

M. Rainelli, *L'Organisation mondiale du commerce*, La Découverte, 2011.

1 Rappelez les deux fonctions de l'OMC.

2 Expliquez pourquoi il est plus facile de conclure des accords bilatéraux de libre-échange entre États que des accords multilatéraux dans le cadre de l'OMC.

DOCUMENT 8 Un système commercial international fragilisé

La politique commerciale des États-Unis est en train de déstabiliser profondément le système commercial international, fragilisé par ailleurs.

Historiquement, ce système s'appuie sur des normes décidées multilatéralement, dont un des objectifs est de rendre stables et prévisibles les conditions dans lesquelles s'effectuent les échanges internationaux. Or les mesures américaines sont désormais prises soit sans passer par les instruments de l'OMC, soit au nom de la sécurité nationale, ce qui les place de fait hors de la juridiction de l'OMC, alors qu'elles ont manifestement des motivations économiques.

La crise du système international était préexistante à l'arrivée au pouvoir de Donald Trump. Plusieurs questions se posent. D'abord, les textes qui régissent les échanges commerciaux ont été négociés à un moment où le commerce concernait uniquement des biens. Désormais les échanges de services sont plus importants. C'est d'ailleurs dans ces secteurs que de nombreux pays ont leurs avantages comparatifs, alors même qu'ils ne sont couverts que de façon marginale et assez floue par les règles de l'OMC. Ensuite, certains des pays considérés comme en développement dans le cadre de l'OMC sont de grands émergents, c'est le cas de la Chine. Concrètement, le statut de pays en développement leur assure un traitement spécial et différencié, dont les raisons d'être sont remises en cause. Enfin, une autre question est celle de la mise à jour des règles d'utilisation des subventions, qui ne paraissent pas adaptées à la forme complexe qu'elles prennent en Chine.

C. Bellora, « L'Europe dans la guerre commerciale sino-américaine », *Question d'Europe* n°526, 9 septembre 2019, Fondation Robert Schuman.

1 Indiquez les raisons qui laissent à penser que l'OMC doit se réformer.

2 Expliquez pourquoi la politique commerciale américaine déstabilise le commerce international.

Préparer sa synthèse

1 Explicitez sur quels concepts se base le mode de négociation de l'OMC.

2 Citez les grands principes fondateurs de l'OMC et donnez un exemple d'exception à ces principes.

3 Montrez que l'OMC est actuellement une organisation qui traverse une crise profonde.

3 Comment sont réglés les différends commerciaux ?

A La procédure de règlement des différends

DOCUMENT 9 Les étapes de la procédure

Lorsqu'un membre de l'OMC considère qu'un autre membre a violé un accord, il saisit l'organe de règlement des différends (ORD).

Étape 1 Les parties doivent tout d'abord chercher une solution mutuellement convenue dans un délai de 60 jours.

Étape 2 En cas d'échec, le plaignant demande à l'ORD la constitution d'un groupe spécial composé de trois experts qui doit être constitué sous 45 jours et doit prendre sa décision en six mois. Les membres du groupe spécial sont étrangers à l'administration de l'OMC et ne doivent pas être originaires d'un pays concerné par le différend. Leur rapport est transmis aux parties, puis distribué trois semaines plus tard à tous les membres.

Étape 3 Si aucune partie n'en conteste les conclusions, ce rapport devient, dans les 60 jours, une décision de l'ORD, sauf consensus pour le rejeter.

Étape 4 Chaque membre peut faire appel devant l'Organe d'appel (OA) ; trois de ses sept membres permanents traitent le cas dans un délai de 60 jours. Le rapport peut être rejeté par l'ORD dans un délai de 30 jours.

Étape 5 Le membre dont la mesure de politique commerciale a été considérée comme contraire aux accords doit se mettre en conformité dans un délai raisonnable, en pratique au maximum 15 mois.
Dans le cas où la mise en conformité n'est pas réalisée, deux cas de figure peuvent se présenter : à l'issue de négociations avec le plaignant, il peut offrir une compensation mutuellement satisfaisante ou bien, si aucun arrangement n'est trouvé, le plaignant peut demander à l'ORD de suspendre l'application de concessions à l'encontre de l'autre pays.

La suspension de concession prend généralement la forme d'une augmentation des droits de douane sur des importations en provenance du pays qui ne s'est pas mis en conformité [...]. Cette mesure crée un dommage pour le pays fautif, mais elle se traduit aussi par une pénalisation des consommateurs du pays lésé, en raison de l'augmentation des prix sur le marché national, voire par une disparition des importations.

M. Rainelli, *L'Organisation mondiale du commerce*, La Découverte, 2011.

DÉFINITION

L'organe de règlement des différends (ORD) est chargé du règlement des différends entre les États membres auprès duquel les pays qui s'estiment lésés peuvent porter plainte.

1. Indiquez dans quel cas un État membre de l'OMC peut saisir l'ORD.
2. Précisez les missions de l'organe de règlement des différends.
3. Montrez qu'en matière de règlement des différends, l'ORD privilégie la médiation entre les pays.
4. Identifiez quelles issues peuvent connaître les conflits portés devant l'ORD.

B Un exemple de différend commercial : le conflit Airbus/Boeing

DOCUMENT 10 La bataille entre Airbus et Boeing

Les États-Unis vont taxer à 10% les avions et 25% une myriade de produits européens

L'OMC a donné aux États-Unis le droit d'imposer des droits de douanes de 7,5 milliards de dollars (6,9 milliards d'euros) sur les importations européennes. L'administration américaine va taxer en priorité les importations en provenance des quatre responsables de l'aide illégale à Airbus, à savoir la France, le Royaume-Uni, l'Allemagne et l'Espagne. L'administration américaine compte pour l'instant taxer à hauteur de 10 % les avions civils et pénaliser à hauteur de 25 % de nombreuses importations agricoles et industrielles européennes. [...] Sur la liste des produits taxés figurent les vins français et espagnols, l'huile d'olive espagnole, le whisky écossais, les draps et les couvertures britanniques, le café, les couteaux et machines allemandes et le fromage de toute l'Europe.

J. Bouissou, G. Dutheil, A. Parmentier, « Trump attaque l'Europe après le feu vert de l'OMC », *Le Monde*, 4 octobre 2019.

VIDÉO

Boeing/Airbus : 15 ans de bataille
lienmini.fr/e30705airbus
2:20

1. À l'aide de la vidéo, qualifiez la nature du différend commercial entre les États-Unis et la France, le Royaume-Uni, l'Allemagne et l'Espagne.
2. Identifiez à quel pays l'OMC a finalement donné raison et quelles sont les conséquences de cette décision.

C L'ORD en difficulté

DOCUMENT 11 L'OMC en crise

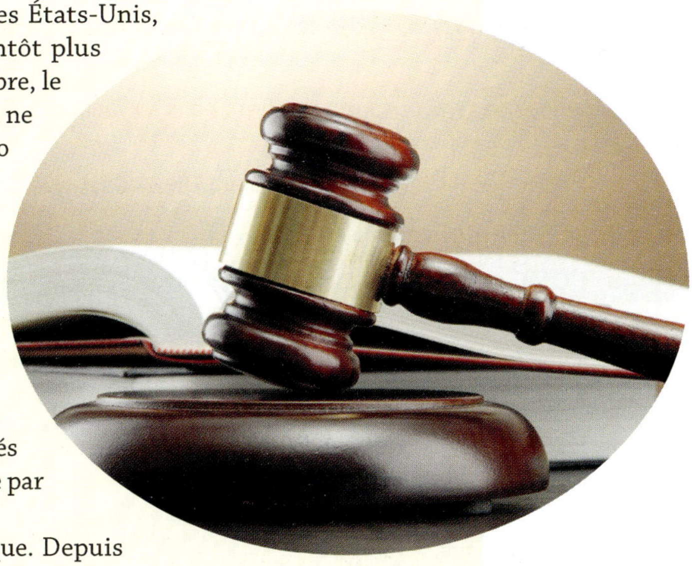

Faute de ne pouvoir remplacer ses juges, par la faute des États-Unis, l'Organisation mondiale du commerce ne pourra bientôt plus arbitrer les litiges commerciaux entre États. Le 10 décembre, le mandat de deux juges arrivera à terme. Cette cour d'appel ne comprendra plus qu'un seul membre, le Chinois Hong Zhao dont le mandat vient à échéance le 30 novembre 2020.
Dans le cadre d'un conflit commercial entre deux États, l'OMC arbitre si les deux impétrants ne parviennent pas à une solution à l'amiable. C'est le rôle dévolu à l'organe de règlement des différends (ORD) qui a la charge d'enquêter et de rendre une décision. Cette dernière peut faire l'objet d'un appel. Interviennent alors les juges de la cour d'appel.
En temps normal, elle est composée de sept membres. Selon les règles en vigueur à l'OMC, trois d'entre eux sont chargés d'examiner cet appel. Leur décision se doit d'être appliquée par les États fautifs sous peine de sanctions.
Avec un seul membre, la cour est en état de mort clinique. Depuis l'élection de Donald Trump, l'administration américaine s'oppose à la nomination de tout remplaçant. Le Président des États-Unis et son représentant au commerce, Robert Lighthizer, vont parvenir à leurs fins : bloquer le système commercial multilatéral. Avec le résultat que la loi de la jungle soit désormais la référence en matière de commerce international.

R. Hiaut, « L'OMC se rapproche d'une mort clinique », *Les Échos*, 11 octobre 2019.

1. Identifiez quelle menace pèse sur l'OMC et expliquez ses potentielles conséquences sur le bon fonctionnement de cette organisation.

DOCUMENT 12 La menace américaine sur le budget de l'OMC

Des médias américains et suisses avaient rapporté récemment que Washington envisageait de geler sa contribution financière, laissant planer le doute sur l'avenir de l'Organisation mondiale du commerce (OMC) qui emploie quelque 650 fonctionnaires. Le budget annuel de l'OMC, qui doit être adopté par consensus, est financé par les contributions de ses membres calculées selon une formule tenant compte de la part de chacun dans le commerce international, ce qui fait des États-Unis le premier contributeur (environ 12 %). [...] L'accord prévoit de réduire les fonds alloués à l'organe d'appel du système de règlement des différends (ORD) de l'OMC, dont les États-Unis dénoncent les dysfonctionnements. [...]
Les critiques américaines à l'égard de la cour d'appel de l'ORD ne sont pas nouvelles [...]. Washington dénonce notamment le non-respect généralisé du délai de 90 jours pour rendre les avis et juge contraire aux règles de l'OMC le fait qu'un juge dont le mandat a expiré finisse de traiter un dossier jusqu'à son terme. Les États-Unis accusent aussi la cour d'appel de se pencher sur les faits au lieu de limiter son travail aux questions juridiques. Ils ont également dénoncé récemment la rémunération des juges.

Le Figaro avec l'AFP, 28 novembre 2019.

1. Rappelez le mode de calcul du budget de l'OMC ainsi que le principal pays contributeur.
2. Relevez les différentes critiques émises par les États-Unis à l'encontre de l'ORD.

Préparer sa synthèse

1. Développez le rôle de l'organe de règlement des différends (ORD).
2. Décrivez les différentes étapes de la procédure de règlement des conflits.
3. Montrez que l'ORD est un système menacé.

Activités

1 Se tester

QCM INTERACTIF
Testez-vous !
lienmini.fr/e30705exo11

Répondez par vrai ou faux aux affirmations suivantes puis justifiez vos réponses.

1. **L'OMC est un accord garantissant le libre-échange.**
2. **L'OMC a été instituée en 1947.**
3. **L'OMC encourage la liberté des échanges.**
4. **Le budget de l'OMC est financé par ses membres selon une formule tenant compte de la part de chacun dans le commerce international.**
5. **Le Tokyo Round a eu comme principal objectif l'abaissement des barrières tarifaires.**
6. **La prise de décision lors des accords se base sur le principe du consensus.**
7. **La clause de la nation la plus favorisée a pour objectif de favoriser les mesures protectionnistes.**
8. **L'organe de règlement des différends (ORD) peut décider d'augmenter les droits de douane d'un pays en cas de conflit commercial.**
9. **Le conflit entre Airbus et Boeing porte sur l'attribution de subventions.**
10. **Les rapports rendus par les experts de l'ORD sont irrévocables.**

2 Construire sa carte mentale

→ Voir FICHE MÉTHODE 3

Construisez une carte mentale avec pour titre, au centre, « L'Organisation mondiale du commerce », puis liez les notions suivantes : GATT - libéralisation du commerce international - États membres - cycles de négociations commerciales - cycle de Doha - engagement unique - consensus - principe de transparence - principe de réciprocité - principe de non-discrimination - bilatéralisme - organe de règlement des différends - procédure de règlement des différends.
En fin de branche, associez ces notions à des exemples concrets ou des symboles ou des dessins de votre choix.

3 S'entraîner au Grand Oral

Par groupe de quatre, réalisez des recherches sur la modification des règles de l'OMC en matière de propriété intellectuelle afin de faciliter l'accès des pays pauvres à des médicaments abordables, puis :
- deux élèves du groupe se placeront du point de vue des laboratoires pharmaceutiques et développeront des arguments contre l'amendement à l'accord sur la propriété intellectuelle de 2017 ;
- les deux autres se placeront du point de vue des pays en développement et trouveront des arguments en faveur de cet amendement.
Vous exposerez vos arguments sous la forme d'un jeu de rôle.

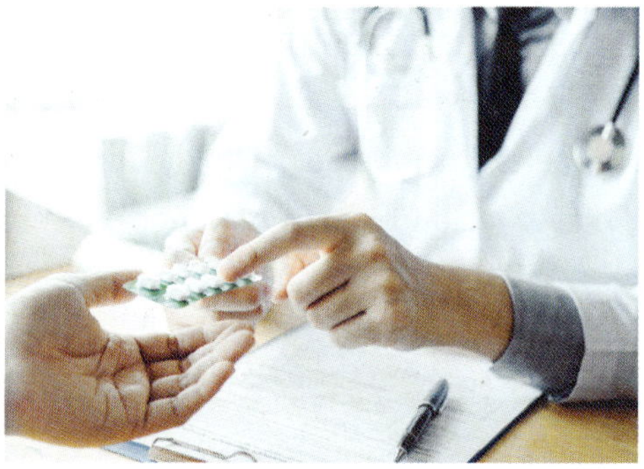

4 Travailler la méthode : analyser un texte

Huile de palme : l'Indonésie porte plainte contre l'UE devant l'OMC

L'Indonésie a porté plainte devant l'Organisation mondiale du commerce (OMC) contre l'Union européenne dénonçant une politique qu'elle estime « discriminatoire » contre l'huile de palme, a annoncé le ministère indonésien du Commerce. Cette plainte pourrait déboucher sur une bataille commerciale avec l'Indonésie, le premier producteur mondial d'huile de palme, et l'Union européenne inquiète de l'impact pour l'environnement de cette culture.

« L'Indonésie a officiellement envoyé une requête à l'Union européenne pour consultation le 9 décembre 2019 qui est la première étape d'une plainte », a expliqué Agus Suparmanto, le ministre du Commerce indonésien dans un communiqué dimanche.

Les Européens considèrent l'huile de palme comme un biocarburant non durable à cause de son effet sur la déforestation. En conséquence, dans le cadre de la directive « Red II », l'UE a décidé que le biocarburant à base d'huile de palme ne pourra pas être pris en compte pour atteindre les objectifs que s'est fixée l'Europe en terme d'utilisation des énergies renouvelables en 2030, ce qui devrait aboutir à restreindre son usage.

Le pays voisin, la Malaisie, deuxième producteur mondial d'huile de palme, a aussi brandi la menace d'une plainte devant l'OMC mais se donne encore un peu de temps. Teresa Kok, la ministre malaisienne en charge du secteur de l'huile de palme a indiqué à l'AFP lundi qu'elle se rendrait en Europe en mars et qu'une procédure ne serait pas enclenchée avant cette étape. « Je veux donner une chance à mon déplacement [de débloquer la situation] et voir si on peut éviter de porter plainte devant l'OMC », a-t-elle précisé.

L'huile de palme est l'huile végétale la plus utilisée au monde et un ingrédient clé d'un grand nombre de produits, de la nourriture aux cosmétiques. Mais l'huile de palme est montrée du doigt par les défenseurs de l'environnement pour la déforestation qu'elle entraîne en Asie du Sud-Est, et est vue comme l'une des plus grandes menaces pour la biodiversité tropicale.

Le Figaro avec l'AFP, 16 décembre 2019.

1. Indiquez quelle est l'origine du désaccord entre l'Indonésie et l'Union européenne.
2. Déterminez les raisons ayant motivé le choix de l'Union européenne concernant les biocarburants.
3. Montrez que la Malaisie souhaite privilégier une alternative au dépôt de plainte devant l'OMC.

Objectif Bac

Les conséquences d'une décision de l'OMC sur les marchés

À partir de vos connaissances et de la documentation fournie dans les annexes 1 à 4 :

1. Analysez l'évolution de la part des exportations françaises de vin à destination des États-Unis.
2. Rappelez le rôle de l'ORD ainsi que les étapes de la procédure de règlement des différends.
3. Expliquez quelles issues peut connaître le conflit entre les États-Unis et l'Union européenne.
4. Rédigez une argumentation qui vous permette de répondre à la question suivante : Quels sont les impacts économiques d'une sanction de l'ORD prise à l'encontre d'un pays ?

Annexe 1 Les exportations françaises de vin

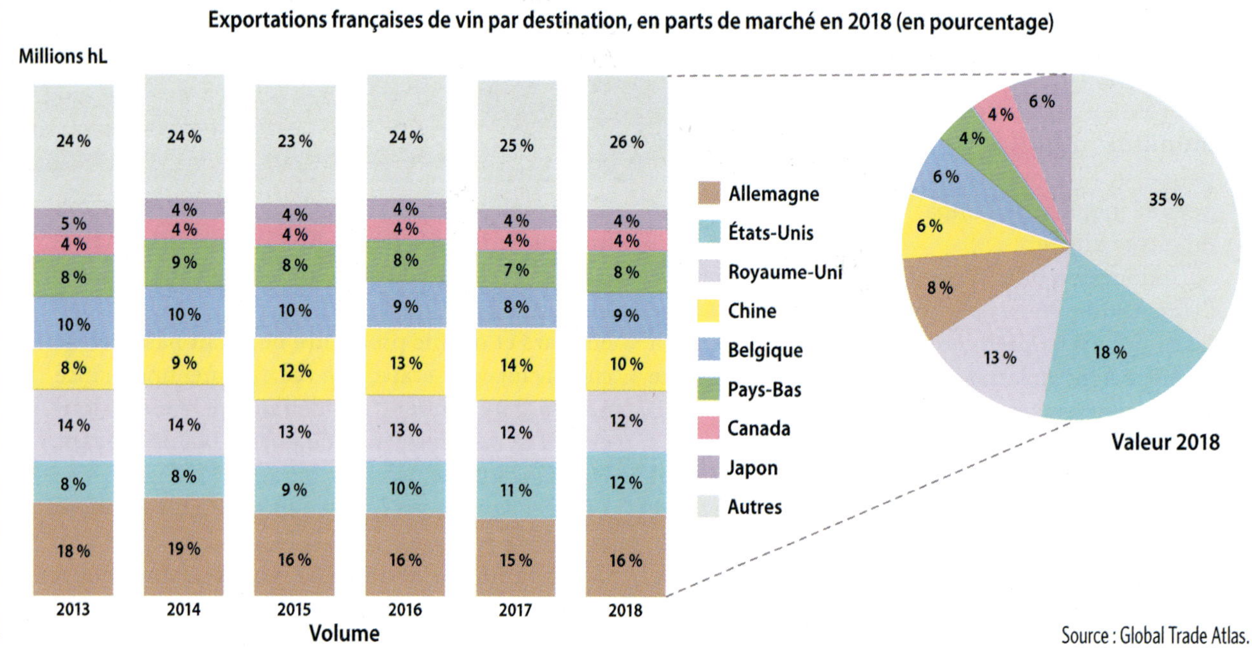

Source : Global Trade Atlas.

Annexe 2 La décision sans appel de l'OMC dans le conflit entre Airbus et Boeing

L'Organisation mondiale du commerce (OMC) a donné lundi son autorisation définitive à Washington pour imposer des sanctions douanières contre l'Union européenne (UE), en représailles aux subventions accordées à l'avionneur européen Airbus.

Début octobre, l'OMC avait autorisé l'imposition de taxes sur près de 7,5 milliards de dollars (6,8 milliards d'euros) de biens et services européens importés chaque année, mais cette décision devait être approuvée par l'Organe de règlement des différends (ORD) de l'organisation. Chose faite, lors d'une réunion spéciale de l'ORD lundi à Genève, selon un responsable du commerce. Les États-Unis ont annoncé que les nouvelles taxes, qui pourraient viser un large éventail de produits de consommation comme les vins français, pourraient entrer en vigueur dès vendredi.

L'Express avec l'AFP, « Airbus-Boeing : l'OMC donne son feu vert définitif aux sanctions américaines contre l'UE », 14 octobre 2019.

Annexe 3 Les réactions de l'UE suite aux sanctions douanières américaines

Comment va réagir l'Union européenne ?
Les Européens avaient dénoncé, en retour, 19,1 milliards de dollars de subventions octroyées à Boeing par le gouvernement américain, et une plainte avait été déposée. L'OMC avait alors reconnu coupable Washington, mais le montant des sanctions imposables par l'Europe sur les importations américaines ne sera connu que début 2020. [...] Dans la même journée et avant l'annonce des sanctions, Bruno Le Maire, le ministre français de l'Économie et des Finances, avait déclaré que l'UE s'attelait à « faire redescendre les tensions et éviter des sanctions tarifaires qui ne feront que nuire à nos deux économies, au moment où la Chine renforce son industrie aéronautique ». Il avait toutefois précisé que si les États-Unis choisissaient de vraiment imposer des sanctions à partir du 18 octobre, « ce serait une erreur économique et politique. » [...]

Quels sont les secteurs les plus menacés ?
Outre l'aéronautique, d'autres secteurs européens sont dans le viseur des États-Unis. Les taxes vont en priorité concerner les importations en provenance des pays responsables de l'aide jugée illégale à Airbus : la France, le Royaume-Uni, l'Allemagne et l'Espagne. Une liste des produits concernés avait été publiée par le ministère du Commerce américain en avril. Cette taxation punitive risque d'affecter la demande, et donc les exportations vers les États-Unis, qui représentent pour de nombreux secteurs le marché le plus porteur. Résultat : un ralentissement de l'économie globale et un risque de grandes difficultés pour les entreprises touchées. L'Hexagone serait particulièrement concerné : le vin et le fromage font partie des produits dont la taxation punitive s'élèverait à 25 %. [...] Seront également concernés des produits comme le whisky écossais, pour qui le marché américain est capital, l'huile d'olive espagnole et les olives italiennes.

Ces sanctions vont-elles profiter aux entreprises américaines ?
Pas forcément. Les autorités américaines pourraient même hésiter à mettre en œuvre ces sanctions. Car certaines compagnies aériennes locales ont passé des commandes auprès d'Airbus. Dès l'annonce des sanctions, American Airlines, United Airlines et Delta Airlines ont vu leurs actions en bourse chuter d'au moins 1 % dans la journée. [...] Les chaînes de production des deux constructeurs aériens sont aussi complètement mondialisées et sous-traitent dans tous les pays : « Airbus achète pour 40 milliards de dollars de composants américains et Boeing fait de même en Europe. Les détricoter aussi brutalement affectera durablement l'industrie mondiale », estime de son côté l'éditorialiste économique Philippe Escande dans *Le Monde*.

N. Leclercq, francetvinfo.fr, 4 octobre 2019.

Annexe 4 Les conséquences sur l'emploi des nouvelles taxes douanières

Les taxes de Donald Trump sur le vin vont directement pénaliser les petites entreprises en Amérique – et donc l'emploi –, ainsi que les consommateurs ! [...] Car ce sont au final des entreprises américaines qui risquent de faire les frais des tarifs douaniers successifs imposés par l'administration Trump sur les vins européens [...]. « Je n'avais jamais licencié personne pour motif économique jusqu'au 18 octobre », quand des sanctions douanières de 25 % ont été imposées sur des produits européens, notamment les vins français, allemands ou espagnols, explique Dan Kravitz. Depuis cette date, le fondateur de Hand Picked Selections, une entreprise qui importe des vins de Provence française et d'Espagne, a dû licencier quatre de ses 13 salariés à temps plein, ainsi que deux employés à temps partiel, dont son propre fils. [...] « Avec une hausse de 100 %, votre verre de vin à 14 dollars devient du jour au lendemain un verre à 28 dollars. Ça n'est viable pour personne », déplore Matt Cirne, responsable du Verjus, un bar de San Francisco. Le risque, alertent ces professionnels, est que les consommateurs, découragés par les prix devenus exorbitants, se tournent vers des alternatives moins onéreuses venues de Californie ou d'Australie. Cela mettrait en péril des centaines d'emplois américains liés à l'importation et à la vente de produits européens. [...]
Selon l'organisation professionnelle des entreprises américaines des spiritueux, le Distilled Spirits Council of the United States, « des emplois ont été supprimés et des recrutements suspendus » en raison des sanctions, et « jusqu'à 78 600 emplois pourraient être supprimés aux États-Unis si ces droits de douane sont maintenus ou augmentés ».

L'AFP, www.challenges.fr, le 16 janvier 2020.

L'essentiel en schéma

L'ESSENTIEL À RETENIR
lienmini.fr/e30705ess11

SKETCHNOTE
lienmini.fr/e30705sk11

1 Comment accompagner le développement des échanges internationaux ?

GATT
Traité signé en 1947 par 23 pays

→

OMC
Créée en 1995, 164 membres en 2019

GATT — Objectif → Soutenir le multilatéralisme dans les échanges commerciaux grâce à des cycles de négociations

OMC — Objectif → Faciliter les échanges internationaux de biens et de services en réduisant et en éliminant les obstacles au commerce

2 Comment l'OMC régule-t-elle les échanges mondiaux ?

Fonctionnement de l'OMC
Organisation pilotée par ses membres

Mode de négociation basé sur :
- L'engagement unique
- Le consensus

Principes :
- La réciprocité
- La transparence
- La non-discrimination

Limites :
- La montée du bilatéralisme
- Des problèmes de coordination (dus au nombre de membres)
- L'élargissement des thèmes

3 Comment sont réglés les différends commerciaux ?

L'organe de règlement des différends (ORD) de l'OMC

↓

Est chargé de régler les différends commerciaux entre les États membres

Étape 1 : négociation entre les pays
Étape 2 : en cas d'échec, constitution d'un groupe d'experts présentant un rapport
Étape 3 : l'ORD adopte le rapport
Étape 4 : application du rapport
Étape 5 : sanctions en cas de non-application

⇄ Appel de la décision et nouveau rapport de l'organe d'appel

MOTS CLÉS

VOIR LEXIQUE P. 187

- OMC
- Bilatéralisme
- Multilatéralisme
- Cycle de négociations
- Engagement unique
- Consensus
- Clause de la nation la plus favorisée
- ORD
- Subventions

CHAPITRE 12

Les sources d'une croissance économique soutenable

THÈME 9
Comment concilier la croissance économique et le développement durable ?

12 Les sources d'une croissance économique soutenable
13 La réduction de la pauvreté et le rôle de l'éducation et de la formation

Notions abordées

- La croissance
- Les ressources renouvelables et les ressources non renouvelables
- Le développement durable
- Le progrès technique
- L'innovation
- Les droits de propriété
- L'économie circulaire
- L'économie collaborative
- L'économie sociale et solidaire (ESS)

Pour être capable

- De définir croissance économique et développement durable.
- D'identifier et d'interpréter des indicateurs du développement durable.
- De désigner les ressources renouvelables et non renouvelables.
- D'expliquer l'importance de la transition écologique dans le développement durable.
- D'identifier les divers instruments de la transition écologique.
- De discuter l'impact des instruments de la transition écologique sur la production, la consommation et l'investissement.
- De décrire les caractéristiques de l'économie collaborative et de l'économie circulaire.
- D'identifier les différents acteurs de l'économie sociale et solidaire (ESS).
- De définir un bien public mondial.
- D'expliquer la nécessité de la coopération internationale pour préserver les biens publics mondiaux.

1. Décrivez le dessin.
2. Faites le lien entre ce dessin et le développement durable.
3. Présentez les principaux secteurs d'activité de l'économie sociale et solidaire (ESS).

LANCER LA SÉANCE

VIDÉO EN QUESTIONS

Croissance économique et développement durable
lienmini.fr/e30705avt12

1 Quelles sont les sources de la croissance et ses limites ?

A Les facteurs de la croissance

DOCUMENT 1 Qu'est-ce que la croissance ?

La croissance est la quête perpétuelle des politiques économiques. Elle est indispensable pour faire face à bon nombre de problèmes économiques et sociaux, celui du chômage en premier.
Elle permet l'élévation du niveau de vie général. La richesse des nations et de ses citoyens en dépend. Sans elle, la marge de manœuvre de l'État pour établir son budget se réduit, comme celle des entreprises pour embaucher ou augmenter leurs salariés... Sans elle, le pouvoir d'achat stagne, les marchés financiers dépriment... [...]
La croissance d'un pays se mesure à l'évolution de son Produit intérieur brut sur une période donnée : mois, trimestre, semestre ou année. On la calcule à « euro constant », c'est-à-dire en éliminant la hausse des prix.

www.economie.gouv.fr

1. Donnez une définition de la croissance économique.
2. Précisez l'indicateur utilisé pour mesurer la croissance.
3. Analysez les avantages de la croissance pour un pays.

FOCUS HISTORIQUE

La croissance est un phénomène qui a pris naissance avec l'apparition de la révolution agricole des XVIe et XVIIe siècles en Angleterre et aux Pays-Bas. Elle connaît une formidable accélération avec l'émergence de la révolution industrielle à la fin du XVIIIe siècle en Grande-Bretagne.

DOCUMENT 2 L'accumulation des facteurs de production

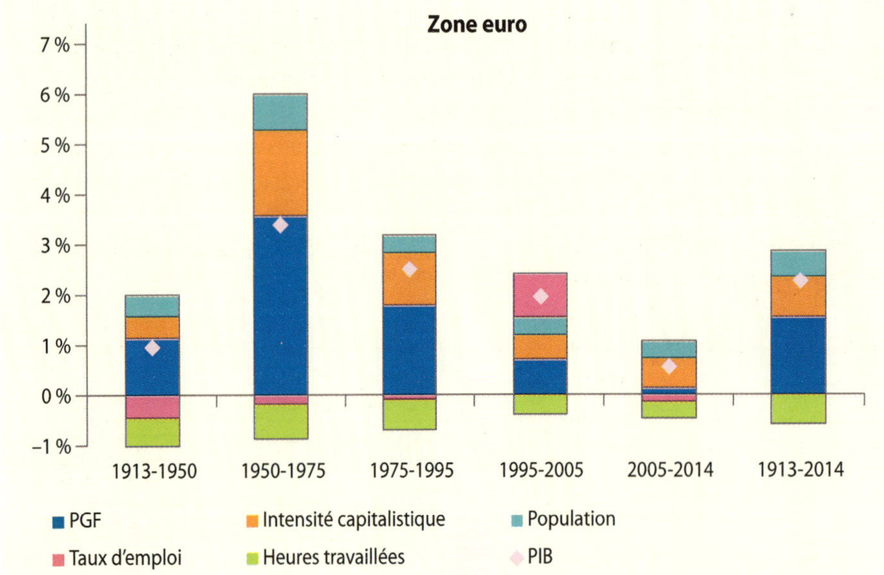

Source : Bergeaud, Cette, Lecat (2016).

DÉFINITIONS

La **croissance extensive** correspond à l'augmentation des quantités de facteurs de production (plus de travail, plus de machines et/ou plus de matières premières).
La **croissance intensive** correspond à l'amélioration de l'efficacité des facteurs de production. Elle se traduit par l'augmentation de la productivité globale des facteurs (PGF) : augmentation de la valeur ajoutée par salarié, amélioration des performances des machines, etc.

1. Rappelez la définition de la combinaison productive.
2. Identifiez les facteurs de la croissance économique.
3. Indiquez le facteur le plus déterminant de la croissance.
4. Déduisez-en le type de croissance favorisé en France sur la période.

DOCUMENT 3 L'accroissement de la productivité

La productivité globale des facteurs reflète la capacité d'un pays à créer de la richesse non pas seulement en accumulant des facteurs de production (capital, travail), mais en les combinant de la manière la plus efficace possible. La croissance de la productivité globale des facteurs est la partie de la croissance de la production qui n'est expliquée ni par la croissance de l'emploi, ni par le stock de capital productif. Elle est le reflet du progrès technique (l'effort d'innovation, l'amélioration de la qualité des produits et des processus de production) et l'amélioration du capital humain (l'effort d'éducation). À ces facteurs déterminants, il faudrait encore ajouter la structure sectorielle de l'économie, l'organisation de la production dans les usines et dans les bureaux, etc. Finalement, tout ce qui fait qu'avec le même nombre d'euros de capital et le même nombre de salariés, une entreprise va quand même produire davantage d'une année sur l'autre.

P. Artus, M.-P. Viard, *Croissance zéro, comment éviter le chaos ?*, © Librairie Arthème Fayard, 2015.

1. Définissez la productivité globale des facteurs.
2. Identifiez les déterminants de la productivité globale des facteurs.

DOCUMENT 4 Progrès technique et innovation : des leviers de la PGF

Les économistes mesurent le progrès technique à partir de la croissance de la PGF [productivité globale des facteurs]. Plus précisément, celui-ci est défini par l'ensemble des innovations entraînant des changements significatifs dans le processus de production, étant entendu qu'une innovation est la mise en œuvre dans la sphère productive d'une invention, elle-même envisagée comme une découverte scientifique ou technique. En conséquence, l'innovation procède de l'invention, mais l'invention ne se transforme pas systématiquement en innovation ou pas toujours immédiatement – pensez à la machine à écrire inventée en 1714 en Angleterre, mais seulement commercialisée à la fin du XIXe siècle ! Cette dernière distinction étant faite, le progrès technique peut alors être étudié à travers la typologie classique distinguant trois grands types d'innovations : les innovations de processus (dites aussi de process) impactant les méthodes de production (comme par exemple la robotisation) ou de distribution (comme l'e-commerce), les innovations organisationnelles affectant l'organisation du travail (comme le toyotisme), ou les innovations de produit consistant en l'apparition de nouveaux produits (comme votre portable) ou l'amélioration de la qualité des produits existants (la dernière version de votre iPhone).

Y. Besançon, www.blogs.mediapart.fr, 3 novembre 2015

Le progrès technique c'est l'efficacité plus grande avec laquelle les entreprises combinent travail et capital. Les économistes l'ont d'abord considéré comme une donnée « exogène », c'est-à-dire sur laquelle ils ne peuvent pas avoir d'influence car elle dépend des avancées de la science. Et puis, ils se sont dit que le progrès technique peut dépendre de l'économie elle-même : plus les gens sont éduqués, plus leurs interrelations sont fluides, etc., plus une économie peut susciter des innovations et être source de croissance endogène.

C. Chavagneux, *Alternatives économiques*, 3 avril 2018.

VIDÉO
Renault et « l'usine du futur »
lienmini.fr/e30705usine
2:22

1. Rappelez les définitions de progrès technique et d'innovation.
2. Citez les différents types d'innovations.
3. D'après la vidéo, identifiez les innovations mises en place par Renault au niveau de sa chaîne de production.
4. Analysez comment le progrès technique et l'innovation peuvent agir sur l'éducation, la formation et, par conséquent, sur la productivité globale des facteurs.

B La protection de l'innovation pour stimuler la croissance

DOCUMENT 5 Les droits de propriété

En droit, les produits de l'esprit sont habituellement la propriété intellectuelle de la personne qui les a créés. Or, comme avec d'autres types de propriété, les détenteurs de droits de propriété intellectuelle peuvent les louer, les donner ou les vendre à d'autres personnes.

Pourquoi la propriété intellectuelle est-elle importante ? Parce qu'elle permet à nos stylistes, musiciens, artistes, écrivains, cinéastes et inventeurs préférés de continuer à créer les œuvres que nous aimons. Sans propriété intellectuelle, ces créateurs ne pourraient pas vivre de leur activité. N'importe qui pourrait immédiatement copier le fruit de leur création.

La propriété intellectuelle a donc besoin d'être protégée. Cette protection prend différentes formes :
- le droit d'auteur protège les œuvres des artistes, des musiciens et des écrivains ;
- les brevets protègent les inventions ;
- les dessins et modèles enregistrés protègent l'apparence, la forme et l'aspect visuel des produits ;
- les marques protègent les logos, les noms et les marques.

La Propriété intellectuelle et toi, OMPI, 2017.

1. Donnez une définition de la propriété intellectuelle en mettant en avant son intérêt.
2. Repérez les domaines de présence de la propriété intellectuelle.
3. Indiquez à quoi sert un brevet et quels sont ses avantages.

VIDÉO
Pourquoi déposer un brevet ?
lienmini.fr/e30705brevet
2:15

C Les limites de la croissance

DOCUMENT 6 Le PIB, indicateur de richesse obsolète

Qu'il est chanceux, le pays où les accidents de la route sont nombreux, car ceux-ci génèrent de la croissance économique : réparations de voitures, frais de santé, services d'urgence, toutes activités qui dopent la richesse d'un pays mesurée par son produit intérieur brut, le central « PIB » scruté dans ses moindres microvariations. Cet exemple, symbole de l'absurdité de la « religion du PIB », est l'un des plus frappants [...], qui rappelle aussi que la destruction de la forêt amazonienne à des fins agricoles augmente le PIB mondial, car les atteintes à l'environnement ne sont pas prises en compte dans cet indicateur. Pas plus que le bénévolat, pourtant porteur de richesses certes non marchandes, mais sociales ou de bien-être.

F. Latrive, *Libération*, 28 mars 2005.

1. Rappelez le mode de calcul du PIB.
2. Expliquez l'expression soulignée.
3. Identifiez les limites du PIB.

VIDÉO
Le PIB, cette fausse boussole
lienmini.fr/e30705pib
4:35

DOCUMENT 7 La consommation massive et l'épuisement des ressources

Les ressources fossiles bientôt épuisées

Dans l'histoire de l'humanité, l'énergie a toujours occupé une place très importante. Cependant aujourd'hui, plusieurs problèmes se posent :

– nous consommons de plus en plus : en 50 ans, notre consommation d'énergie a été multipliée par 5 ! Au rythme de la consommation mondiale, les stocks de matières fossiles commencent à s'épuiser ;

– si nous trouvons de nouveaux gisements une fois nos réserves épuisées, ils seront plus profonds. Nous aurons donc besoin de plus d'énergie pour les exploiter et cela participera au changement climatique.

De moins en moins de métaux

Ils sont extrêmement coûteux et difficiles à extraire. Pourtant, on les retrouve dans quasiment tous nos appareils électroniques. [...] Par exemple, notre téléphone portable est riche en métaux précieux comme l'or, l'argent et le palladium, mais aussi en métaux rares comme le lithium, le tantale, le cobalt. [...] De sa fabrication à sa destruction, un téléphone portable épuise autant de matières premières que l'extraction de 7,4 kg de cuivre, consomme autant d'énergie que 57 km en avion, émet autant de gaz à effet de serre que 85 km dans une voiture moyenne.

La récupération et le recyclage de ces matériaux sont donc aujourd'hui plus que nécessaires.

Ademe/Mta Terre

1. Indiquez à quel type de ressources appartiennent les métaux rares.
2. Estimez la consommation d'énergie et l'émission de gaz à effet de serre des téléphones portables de la classe.

DOCUMENT 8 La nécessité de préserver les biens publics mondiaux

Le mouvement de contestation de la mondialisation qui se retrouve dans le forum social a largement contribué à la dénonciation des échecs de la régulation mondiale. Ces échecs sont multiples : de l'instabilité financière à la dégradation de l'environnement, de l'accroissement des risques majeurs à l'incapacité à assurer aux citoyens de la planète l'accès minimum à la santé, à l'eau ou à l'éducation. Cet énoncé des défaillances ne fait plus l'objet de contestations, et rares sont ceux aujourd'hui qui défendent l'idée que la croissance économique et la généralisation des mécanismes de marché vont résoudre spontanément les problèmes. Le mouvement de contestation a donc gagné. Cette victoire s'est aussi traduite par l'évolution des concepts : l'émergence de la notion de biens publics mondiaux a répondu à ce questionnement. Définie au sens strict de la théorie économique, ou prise dans un sens plus large, la notion de bien public mondial fonde la légitimité de l'intervention publique internationale. [...] Protéger les ressources marines, lutter contre le changement climatique ou les épidémies impliquent la régulation des marchés et l'encadrement des activités économiques. Cette régulation publique répond à la nature globale, interdépendante, des problèmes induits par la mondialisation.

Les Échos, 12 novembre 2003, mis à jour le 6 août 2019.

DÉFINITIONS

Ressource renouvelable : ressource naturelle censée être inépuisable, habituellement parce qu'elle se reproduit en continu comme l'air ou l'eau. Cependant, la surexploitation de certaines ressources constitue un frein à ce renouvellement.

Ressource non renouvelable : ressource naturelle qui peut être complètement épuisée à la surface de la Terre suite à l'exploitation par l'homme, ce qui oblige soit à se tourner vers d'autres modes technologiques (innovations), soit à trouver des matières premières de substitution. Ex : le charbon, le pétrole, les minerais métalliques, etc.

Bien public mondial : bien, service ou ressource qui bénéficie à tous et qui se caractérise par la non-rivalité (la consommation du bien par un individu n'empêche pas sa consommation par un autre) et la non-exclusion (personne ne peut être exclu de la consommation de ce bien).

1. Expliquez l'origine de la notion de bien public mondial.
2. Discutez de la nécessité de l'intervention publique internationale pour la gestion des biens publics mondiaux.

Préparer sa synthèse

1. Rappelez les facteurs de la croissance économique.
2. Identifiez les limites de la croissance.

2 Comment mettre en place une croissance soutenable?

A Le développement durable pour répondre aux limites de la croissance

DOCUMENT 9 Qu'est-ce que le développement durable ?

Le développement durable est l'idée que les sociétés humaines doivent vivre et répondre à leurs besoins sans compromettre la capacité des générations futures à répondre à leurs propres besoins.
Concrètement, le développement durable est une façon d'organiser la société de manière à lui permettre d'exister sur le long terme. Cela implique de prendre en compte à la fois les impératifs présents mais aussi ceux du futur, comme la préservation de l'environnement et des ressources naturelles ou l'équité sociale et économique. [...] Les trois piliers du développement durable qui sont traditionnellement utilisés pour le définir sont donc : l'économie, le social et l'environnement. La particularité du développement durable est de se situer au carrefour de ces trois piliers.

Youmatter, 17 juillet 2016.

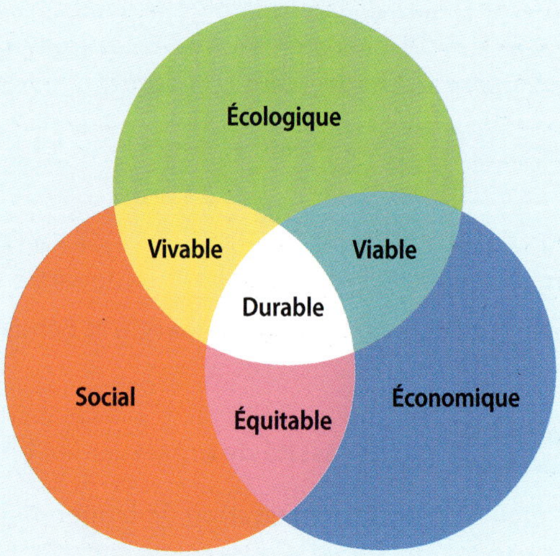

1. Définissez le développement durable et son principal objectif.
2. Identifiez les deux domaines que le développement durable prend en compte contrairement au PIB.

DOCUMENT 10 Les indicateurs du développement durable

	Explications
L'indice de développement humain (IDH)	Il permet d'évaluer le taux de développement humain d'un pays en prenant en compte l'espérance de vie à la naissance, l'accès à l'éducation et le niveau de vie.
Le PIB vert	Il évalue le flux de production d'un pays mais aussi l'impact de cette production sur l'environnement.
L'empreinte écologique	Elle mesure la quantité de surface terrestre qui serait nécessaire pour produire et absorber les déchets des biens et services que chaque individu consomme.

1. Énumérer les indicateurs du développement durable.
2. Expliquez ce que sous-entend la mesure de l'empreinte écologique.
3. Rendez-vous sur le site www.wwf.ch/fr (rubrique « Calculateur d'empreinte écologique ») et calculez votre empreinte écologique.

DOCUMENT 11 Transition écologique : de quoi parle-t-on ?

La transition écologique désigne une transformation profonde, mais progressive de nos économies et de nos sociétés conduite par différents acteurs (pouvoirs publics, citoyens, associations, entreprises...) pour réduire l'empreinte des activités humaines sur l'environnement et parvenir à un développement durable. Les activités humaines, en particulier depuis la révolution industrielle, perturbent les équilibres naturels : changement climatique, perte de biodiversité, imperméabilisation des sols, diminution des stocks de ressources naturelles non renouvelables, pollution de l'air, de l'eau et du sol... La Terre est entrée dans l'anthropocène, une nouvelle ère géologique marquée par l'impact irréversible des activités humaines sur l'ensemble de l'écosystème terrestre. Dans ce contexte, la transition écologique vise à préserver une Terre viable et habitable. Elle manifeste un principe d'équité entre les générations et au sein d'une même génération, selon lequel tous les êtres humains devraient pouvoir bénéficier d'un environnement et de conditions de vie satisfaisants. La transition écologique se traduit par des actions dans différents domaines : lutte contre le changement climatique et adaptation, réduction des pollutions, préservation de la biodiversité, gestion durable des ressources, réduction de la production de déchets et des déplacements motorisés, mise en œuvre de modes de production et de consommation responsables...

www.cget.gouv.fr

1. Identifiez les enjeux de la transition écologique.
2. Expliquez la notion d'anthropocène.
3. Analysez le lien existant entre transition écologique et développement durable.

B L'économie circulaire pour répondre aux enjeux de la transition écologique

DOCUMENT 12 Le principe de l'économie circulaire

Source : Ademe.

VIDÉO
L'économie circulaire
lienmini.fr/e30705circ
3:25

1. Indiquez les 7 piliers de l'économie circulaire.
2. Analysez le lien entre économie circulaire et croissance économique.

DOCUMENT 13 Le recyclage du papier, un pilier de l'économie circulaire

Le recyclage du papier-carton est l'activité historique de Paprec Group, qui en a recyclé 3 millions de tonnes en 2019. Le recyclage d'une tonne de carton permet d'épargner 2,5 tonnes de bois et d'éviter le rejet de 2,5 tonnes de CO_2. Aspiration, convoyage, dépoussiérage, compactage en intégrant des systèmes de collecte et de tri parmi les plus performants, Paprec Group est devenu l'un des plus importants producteurs de fibre cellulosique de recyclage (FCR) d'Europe. Avec un objectif : garantir une qualité irréprochable aux papetiers, à l'échelle internationale.

www.paprec.com

VIDÉO
Paprec Group
lienmini.fr/e30705papier
1:43

1. Décrivez le cycle de vie du papier collecté par Paprec Group.
2. Rappelez les bonnes pratiques à adopter en tant que consommateur.

C L'économie collaborative pour mutualiser les ressources

DOCUMENT 14 Qu'est-ce que l'économie collaborative ?

L'économie collaborative est une économie de pair à pair. Elle repose sur le partage ou l'échange entre particuliers de biens (voiture, logement, parking, perceuse, etc.), de services (covoiturage, bricolage, etc.), ou de connaissances (cours d'informatique, communautés d'apprentissage, etc.), avec échange monétaire (vente, location, prestation de service) ou sans échange monétaire (dons, troc, volontariat), par l'intermédiaire d'une plateforme numérique de mise en relation.

L'économie collaborative se développe dans tous les secteurs d'activité :
– logement : location entre particuliers, colocation, échange d'appartement, habitat participatif ;
– transport : location de véhicules entre particuliers, échange ou revente de billets de transport, covoiturage, livraison collaborative, voiture de tourisme avec chauffeur (VTC) ;
– alimentation : groupements de consommateurs, associations pour le maintien d'une agriculture paysanne (AMAP), co-restauration ;
– équipement divers : vente ou achat de matériel d'occasion, don, prêt, échange ou location de matériel ou appareil ;
– habillement : location, don, troc, revente/achat de vêtements ;
– services d'aide entre particuliers : courses, bricolage, gardiennage, soins aux animaux ;
– culture, enseignement : cours en ligne, soutien scolaire, etc.

www.vie-publique.fr

VIDÉO
L'économie collaborative
lienmini.fr/e30705collab
1:22

1. Définissez l'économie collaborative.
2. Expliquez ce qu'apporte l'économie collaborative à la préservation de l'environnement.

DOCUMENT 15 Shopopop, le BlaBlaCar de la livraison

Tout juste diplômés de l'Idrac Nantes (Johan) et de l'EM Lyon (Antoine), ces deux compères ont lancé Shopopop, une sorte de BlaBlaCar de la livraison. Le concept : chacun d'entre nous peut profiter d'un déplacement pour embarquer avec lui un colis à livrer sur sa route. Il fait une offre (6 euros minimum) et, sur la plate-forme, la personne livrée choisit le moins cher ou le plus rapide.

Testée depuis septembre 2016 à Nantes (500 livraisons par jour), Rennes et Angers, ce service est désormais présent à Lyon. La start-up a séduit plus de 5 000 coursiers occasionnels. Les colis sont disponibles *via* les drives des grandes enseignes, Leclerc, Carrefour, Leroy Merlin, ou chez les petits commerçants (pressings, fleuristes). À la clé, une économie substantielle pour les uns, un complément de revenu pour les autres.

Capital, © Prisma Média, 2017.

1. Présentez l'activité de Shopopop et identifiez ses avantages pour les participants.
2. Citez quelques exemples d'entreprises évoluant dans l'économie collaborative.

VIDÉO
Le concept de Shopopop
lienmini.fr/e30705shop
4:01

D L'économie sociale et solidaire

DOCUMENT 16 L'ESS et la croissance

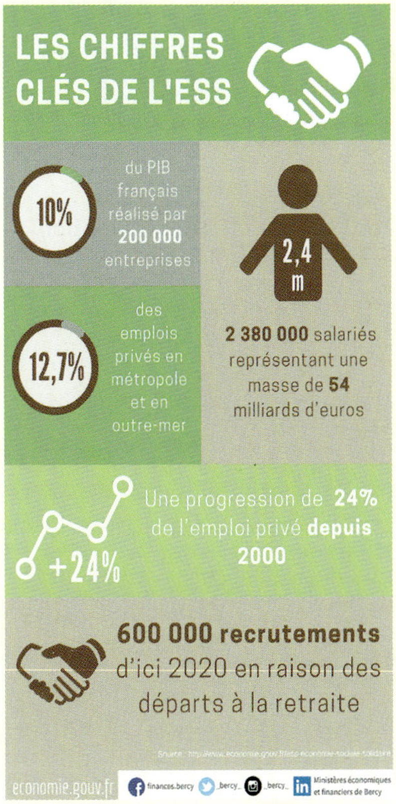

L'économie sociale et solidaire (ESS) désigne un ensemble d'entreprises organisées sous différentes formes statutaires : les coopératives, les mutuelles, les associations, les fondations et les sociétés commerciales de l'ESS.
Ces entreprises cherchent à concilier activité économique et utilité sociale, avec pour ambition de créer des emplois et de développer une plus grande cohésion sociale. Engagées dans leur manière de produire et de consommer, elles offrent de nouvelles possibilités d'entreprendre. Ces entreprises adoptent des modes de gestion démocratiques et participatifs. Leur modèle économique est d'abord consacré à l'humain, il poursuit des objectifs sociétaux, tout en favorisant le développement local à travers la création de richesse (activité, emploi, lien social). Ces entreprises allient performance économique durable, impact environnemental, développement de l'emploi, lien social et rayonnement territorial. En plaçant l'humain au cœur de son activité, l'ESS est porteuse d'un véritable projet de société, positif pour l'emploi et le développement des territoires.

www.esspace.fr

1. Expliquez ce qu'est l'économie sociale et solidaire.
2. Précisez les objectifs poursuivis par les organisations évoluant dans l'ESS.
3. Identifiez les apports de l'ESS dans l'économie française.

VIDÉO
Qu'est-ce que l'ESS ?
lienmini.fr/e30705ess
2:48

DOCUMENT 17 L'association Moino 91, un exemple d'initiative de l'ESS

Jeter une baguette de pain équivaut à rouler 1 km en voiture, laisser éclairer une lampe pendant 24 h ou gaspiller l'eau d'un bain. Or, le pain est un produit que nous gaspillons énormément du fait de sa courte période de consommation. Face à ce constat, l'association Moino 91 a été créée pour récupérer les invendus de pain afin de les transformer et de les vendre aux éleveurs de la région.
Mais ce n'est pas tout... Cette entreprise d'insertion tente de lutter contre un autre problème de société : l'exclusion professionnelle. En effet, Moino 91 embauche des personnes en difficulté (bénéficiaires du RSA, chômeurs de longue durée, jeunes sans qualification, travailleurs en situation de handicap, femmes isolées...) et leur permet ainsi de retrouver une activité professionnelle valorisante.

Youmatter, 6 juillet 2016.

VIDÉO
L'association Moino 91
lienmini.fr/e30705asso
3:09

1. Présentez l'activité de l'association Moino 91.
2. Expliquez comment cette association participe à l'insertion sociale.

Préparer sa synthèse

1. Rappelez la définition du développement durable et ses indicateurs.
2. Présentez les notions suivantes : économie collaborative, économie circulaire, économie sociale et solidaire.

Activités

1 Se tester

QCM INTERACTIF

Testez-vous !
lienmini.fr/e30705exo12

Choisissez la ou les bonnes réponses.

1. La productivité globale des facteurs :
- mesure le nombre de flux d'informations dans l'entreprise ;
- mesure la quantité des facteurs de production ;
- mesure l'efficacité des facteurs de production ;
- mesure la richesse créée.

2. Le progrès technique est encouragé par :
- les droits de propriété ;
- les droits de douane.

3. Un bien public mondial est un bien collectif :
- rival et non exclusif ;
- exclusif et non rival ;
- non exclusif et non rival ;
- rival et exclusif.

4. La croissance économique est :
- l'augmentation soutenue de la production de biens et de services d'un pays sur une période longue ;
- la diminution de la production de biens et de services d'un pays sur une période longue ;
- l'augmentation soutenue de la production de biens et de services d'un pays sur une courte période ;
- l'augmentation de la population active d'un pays.

5. L'indicateur utilisé pour mesurer l'évolution de la croissance économique d'un pays est :
- l'IDH ;
- l'indice de Gini ;
- le PNB ;
- le PIB.

2 Construire sa carte mentale

→ Voir FICHE MÉTHODE 3

Construisez une carte mentale avec pour titre, au centre, « Les moteurs traditionnelles de la croissance », puis liez les notions suivantes : innovation - croissance extensive - progrès technique - travail - PGF - coûts de production - croissance intensive - capital - propriété intellectuelle - brevet.
En fin de branche, associez ces notions à des exemples concrets ou des symboles ou des dessins de votre choix.

3 S'entraîner au Grand Oral

Choisissez un des modèles économiques alternatifs suivant : économie circulaire, économie collaborative ou économie sociale et solidaire.
Préparez un exposé sur ce modèle en abordant sa genèse, son développement et son actualité puis répondez à la question suivante : Les nouveaux modèles économiques : atout ou risque pour l'économie ?

4 Travailler la méthode : analyser une infographie

→ Voir FICHE MÉTHODE 1

Perspectives de l'économie mondiale entre 2018 et 2020

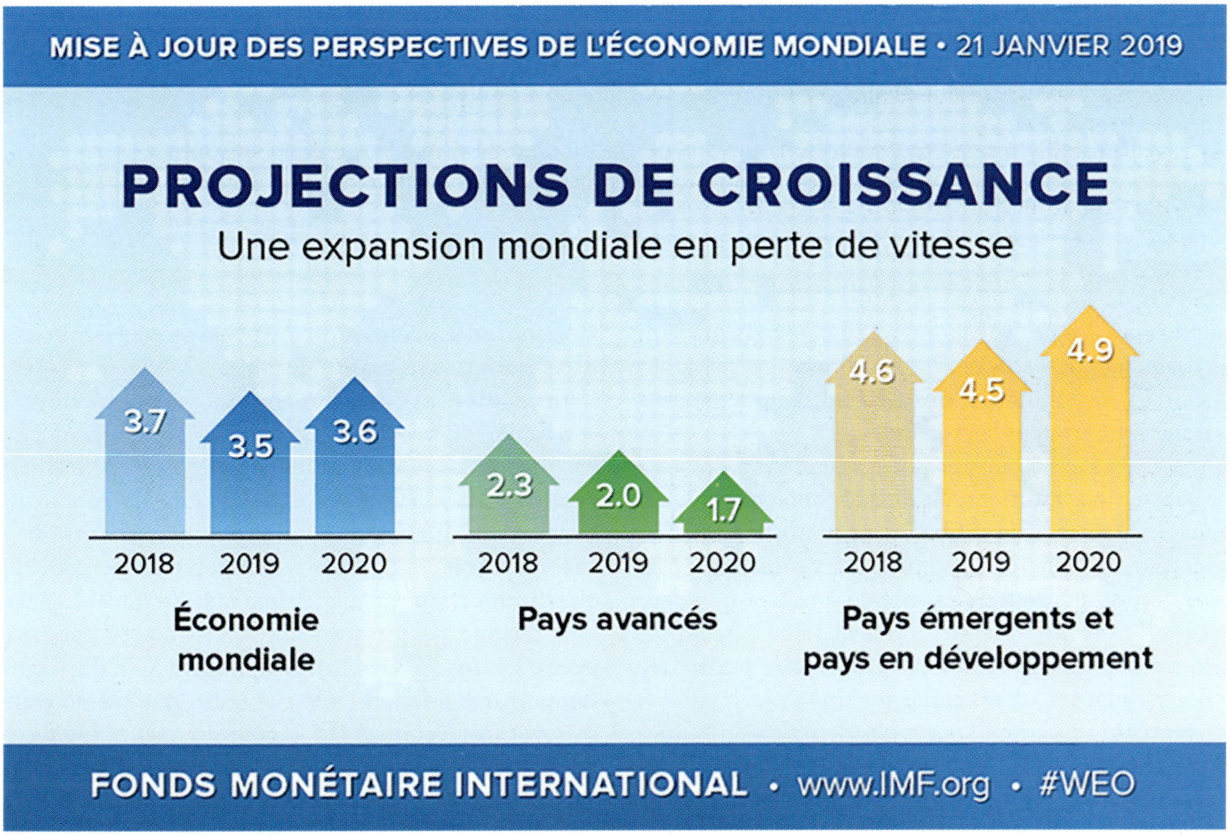

1. Identifiez le contexte temporel et spatial du document.
2. Comparez les projections de croissance des pays avancés avec celles des pays émergents.
3. Analysez les perspectives d'évolution de la croissance mondiale.

Objectif Bac

Croissance et innovation

À partir de vos connaissances et de la documentation fournie dans les annexes 1 à 4 :

1. Rappelez la définition de l'innovation.
2. Repérez les domaines technologiques dans lesquels l'innovation verte est très présente en France.
3. Analyser les effets de l'innovation dans la lutte contre le réchauffement climatique.
4. Expliquez pourquoi l'innovation verte est peu développée en France.
5. Rédigez une argumentation qui vous permette de répondre à la question suivante : L'innovation ouverte peut-elle être un atout pour une croissance durable ?

Annexe 1 Le rôle de l'innovation dans la croissance

Confrontés à des problèmes environnementaux qui sont des problèmes de « stocks » (stocks limités de certaines ressources, accumulation des GES), d'aucuns pensent qu'il faudrait stopper la croissance.

Un peu moins extrême, une autre vision est associée à une conception traditionnelle de la technologie, suivant laquelle l'arrivée et la diffusion de nouvelles technologies sont appréhendées comme des processus mécaniques et automatiques. Considérée comme un facteur exogène, l'innovation serait alors seulement susceptible d'atténuer le changement climatique et de permettre de nous « adapter » à ses conséquences.

Ces approches ignorent trente ans de réflexion économique sur le rôle de l'innovation dans la croissance, qui montrent que l'innovation permet en théorie de surmonter les contraintes de ressources limitées et d'assurer une croissance durable.

L'innovation est ainsi le seul moyen pour nous de continuer de prospérer malgré les contraintes environnementales. Mais pour devenir une économie de l'innovation verte, nous devons remettre à plat nos institutions et nos pratiques économiques. En effet, la théorie correspondante, « schumpétérienne », postule : que l'innovation est le principal moteur de croissance à long terme ; que l'innovation résulte d'activités entrepreneuriales (R&D...) récompensées par des rentes temporaires de monopole ; et enfin que les nouvelles innovations rendent les anciennes technologies, les anciennes activités ou les anciens produits obsolètes.

www.ecologique-solidaire.gouv.fr

Annexe 2 Les freins à l'innovation verte

Historiquement, l'innovation verte est faible, comme le montrent les observations statistiques réalisées au milieu des années 2004, aussi bien sur les motifs de l'innovation développée en interne par les entreprises, que sur les brevets et sur le capital-risque, Cette incapacité du secteur privé, laissé à lui-même, à générer suffisamment d'innovation verte renvoie à quatre types de problèmes :

– une première raison tient à ce que les économistes qualifient d'externalité environnementale, autrement dit au fait que les producteurs, qui cherchent à maximiser leur profit, ne sont pas tenus de prendre en compte dans leurs choix de production et d'investissement les dommages qu'ils font subir au climat. Ils n'ont, dans ce cadre, aucun intérêt de court terme à réduire leur pollution et à innover seuls ;

– une deuxième raison a trait à ce qu'on qualifie d'externalité de connaissance : dans une situation de laisser-faire, les entreprises ont tendance à orienter leurs efforts d'innovation en direction des secteurs dans lesquels elles disposent déjà d'un avantage technologique. Elles innovent, autrement dit, dans les domaines dans lesquels elles sont déjà bonnes. La plupart du temps, il s'agit malheureusement de secteurs émetteurs de CO_2 ;

– troisièmement, l'innovation est souvent freinée à cause d'un problème d'appropriabililé : les entreprises rechignent à innover si elles ne peuvent pas bénéficier pleinement des retombées financières de leurs découvertes.

Cet effet est susceptible de jouer un grand rôle pour les technologies vertes, car celles-ci sont particulièrement complexes et impliquent des processus cumulatifs au cours desquels les retombées sont importantes. Les nouvelles technologies environnementales courent le risque d'être insuffisamment protégées par le droit traditionnel des brevets, si celui-ci n'est pas renforcé par des mécanismes d'appropriation complémentaires ;
– enfin, un dernier obstacle à l'innovation n'est autre que la difficulté d'accéder à des financements adéquats, en raison de l'imperfection des marchés financiers. Cette contrainte est d'autant plus forte pour les innovations environnementales que celles-ci sont, d'un point de vue technique, particulièrement risquées – notamment les plus radicales d'entre elles.

www.ecologique-solidaire.gouv.fr

Annexe 3 L'innovation verte en France et dans le monde

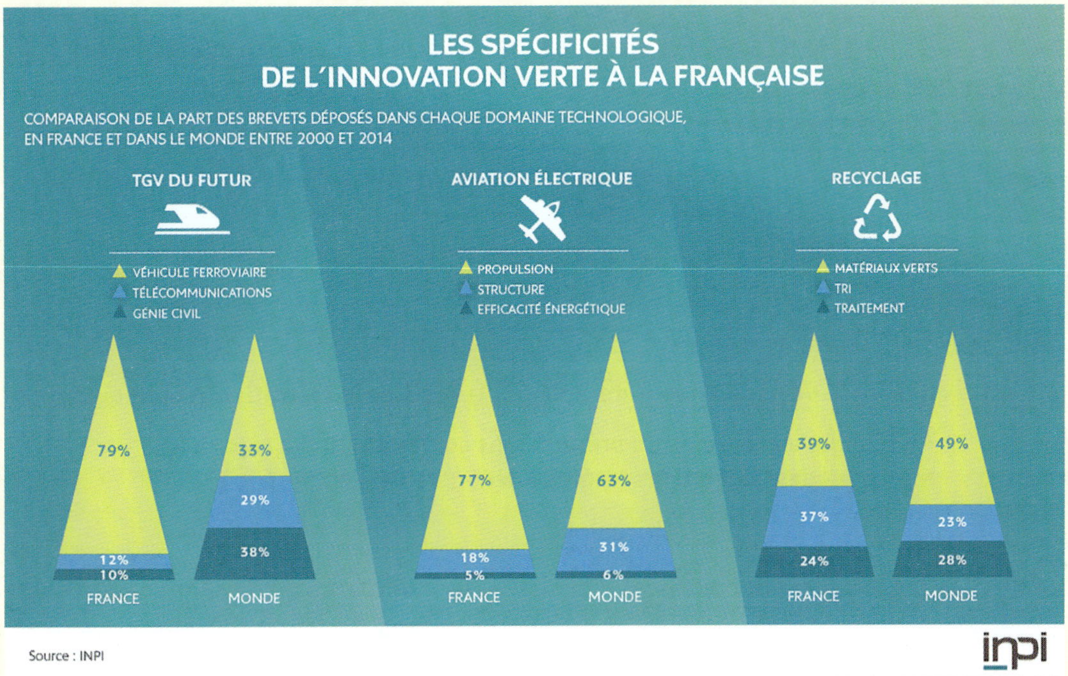

Annexe 4 L'innovation « ouverte » peut réduire les coûts de R&D

Il peut être fort avantageux d'explorer de nouvelles avenues en recherche et développement...
L'innovation dite ouverte est un modèle commercial qui encourage les entreprises à se connecter à des sources extérieures (fournisseurs, clients, universités, startups, plateformes...) afin de tirer profit de nouvelles opportunités de produits, de collaborer avec d'autres pour développer une innovation inédite.
Une étude récente menée par l'Institut de recherche sur la politique économique de l'université de Stanford a mis en évidence les coûts croissants de l'innovation. La technologie et la compétition y étant reliée étant de plus en plus complexes, les entreprises sont obligées d'investir 20 fois plus dans leurs départements de R&D que leurs homologues en 1930 pour obtenir les mêmes résultats.
L'innovation ouverte qui incite la collaboration avec des entreprises externes dans le but d'atteindre des objectifs d'innovation communs offre un potentiel énorme tout en contribuant à limiter les coûts associés. Plutôt que de gaspiller du temps et de l'argent à réinventer ce qui les autres ont déjà inventés par le passé, il suffit tout simplement de s'associer et de collaborer ensemble. En outre, en plus de fournir un large éventail d'idées à exploiter, l'innovation ouverte offre aussi des avantages commerciaux évidents.

www.genie-inc.com

L'essentiel en schéma

L'ESSENTIEL À RETENIR
lienmini.fr/e30705ess12

SKETCHNOTE
lienmini.fr/e30705sk12

1 Quelles sont les sources de la croissance et ses limites ?

La croissance

= Augmentation durable de l'activité économique d'un pays mesurée par le produit intérieur brut (PIB)

Sources

- Le travail
- Le capital
- La productivité globale des facteurs grâce au progrès technique et à l'innovation

Limites

- Indicateur de mesure obsolète : le PIB
- Pression sur l'environnement qui mène à l'épuisement des ressources

2 Comment mettre en place une croissance soutenable ?

Mettre en place le développement durable par le biais de la transition écologique

= Répondre aux besoins du présent sans compromettre la capacité des générations futures à répondre aux leurs

Les pratiques économiques durables

- L'économie circulaire
- L'économie collaborative
- L'économie sociale et solidaire (ESS)

Les indicateurs du développement durable

- L'indice de développement humain (IDH)
- Le PIB vert
- L'empreinte écologique

MOTS CLÉS

VOIR LEXIQUE P. 187

- Croissance économique
- Travail
- Capital
- Productivité globale des facteurs
- Progrès technique
- Innovation
- Développement durable
- Ressources renouvelables
- Ressources non renouvelables
- Bien public mondial
- Brevet
- Propriété intellectuelle

CHAPITRE 13

La réduction de la pauvreté et le rôle de l'éducation et de la formation

THÈME 9
Comment concilier la croissance économique et le développement durable ?

Notions abordées
- La pauvreté absolue
- La pauvreté relative

Pour être capable
- De distinguer la pauvreté absolue de la pauvreté relative.

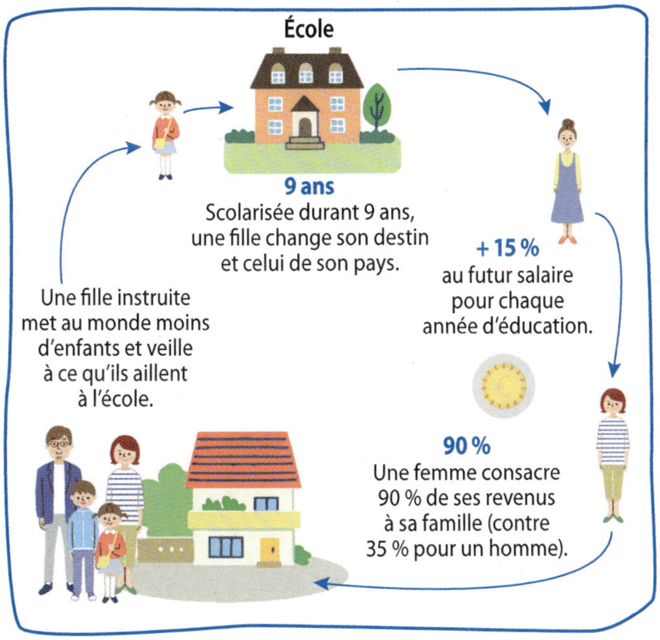

Source : Plan international France.

1. Commentez chacune de ces images.
2. Quel lien faites-vous entre elles ?
3. Expliquez comment l'éducation permet de réduire la pauvreté.

LANCER LA SÉANCE

VIDÉO EN QUESTIONS

La pauvreté dans le monde
lienmini.fr/e30705avt13

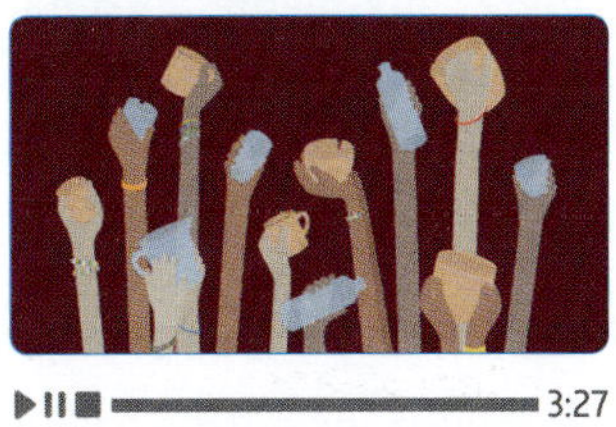

3:27

1 Qu'est-ce que la pauvreté ?

A La notion de pauvreté

DOCUMENT 1 La pauvreté relative et la pauvreté absolue

La pauvreté est une notion complexe, en général appréhendée par le biais d'un « seuil » dont la définition ne fait pas consensus. Dans la plupart des pays non européens, c'est la notion de pauvreté « absolue » qui prévaut, la pauvreté étant pensée en fonction de la capacité à satisfaire un certain nombre de besoins considérés comme des minimums vitaux. La Banque mondiale retient par exemple un seuil d'extrême pauvreté de 1,90 dollar (1,63 euro) par jour, tandis que les États-Unis font passer la ligne de pauvreté à 25 100 dollars par an pour une famille de quatre personnes. En Europe, la définition de la pauvreté est aussi essentiellement fondée sur le revenu, mais c'est plutôt la notion de « pauvreté relative » qui prédomine, basée sur l'idée selon laquelle sa délimitation varie en fonction de la société dans laquelle on vit. En France, est considéré comme pauvre tout individu vivant dans un ménage dont le niveau de vie est inférieur à 60 % du niveau de vie médian (1 015 euros par mois pour une personne isolée en 2015, soit 14,2 % de la population).

N. Duvoux, www.lemonde.fr, 8 septembre 2018.

VIDÉO
Le seuil de pauvreté
lienmini.fr/e30705seuil
2:22

1. Rappelez ce qu'est le niveau de vie médian.
2. Distinguez la pauvreté absolue et la pauvreté relative.
3. Présentez les différents seuils de pauvreté et identifiez celui qui est retenu en France.

DOCUMENT 2 Les causes de la pauvreté

Les causes de la pauvreté sont très variées, mais on peut dire que les principaux facteurs de risque se trouvent dans les conditions sociales, politiques et économiques. Par exemple, le chômage partiel, les contrats de travail temporaires, l'absence de places de prise en charge extra familiale des enfants ou leur prix excessif engendrent souvent de la pauvreté. Les personnes à bas revenu, les familles de plus de deux enfants et les personnes élevant seules leurs enfants courent un risque important de tomber dans la pauvreté. Toutes ces personnes ont en commun de ne pas gagner un revenu suffisant pour assurer leur subsistance. On compte aussi parmi ces personnes celles qui sont issues de la migration et que leur origine expose à différentes formes de discrimination. Et la pauvreté se transmet ! Il est prouvé que les enfants de familles pauvres sont souvent pauvres eux-mêmes lorsqu'ils sont adultes. Trop souvent, ils ont mal commencé leur vie, aussi bien au sein de la famille que dans la société.

www.caritas.ch

1. Identifiez la cause principale de la pauvreté.
2. Rappelez les autres causes de la pauvreté.

DOCUMENT 3 Les visages de la pauvreté en France

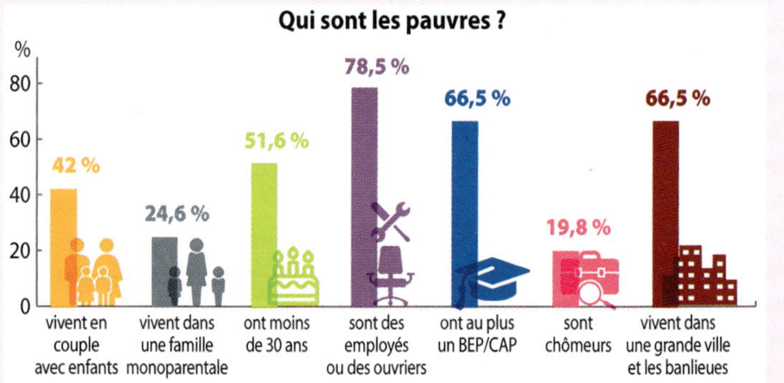

SDF, personnes âgées, femmes inactives, travailleurs immigrés en foyer, détenus, étudiants... La France invisible des statistiques de la pauvreté a des visages très différents. L'Insee ne publie aucune donnée sur le sujet, mais le nombre de pauvres est très probablement supérieur d'au moins un million par rapport aux données officielles de la pauvreté si l'on additionne l'ensemble des catégories.

www.inegalites.fr

1. Identifiez les groupes de personnes les plus touchés par la pauvreté en France.
2. Donnez la définition de travailleur pauvre.

VIDÉO
Qui sont les pauvres ?
lienmini.fr/e30705pauvres
2:57

B L'évolution de la pauvreté absolue dans le monde

DOCUMENT 4 La pauvreté dans le monde

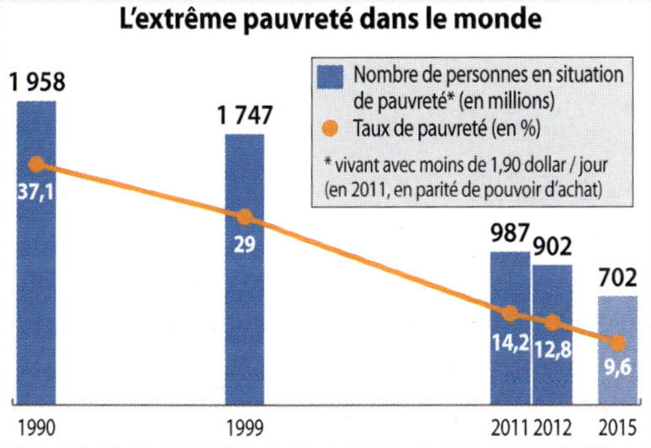

Source : Banque mondiale.

Toutes les régions du monde ont vu l'extrême pauvreté reculer au cours des trente dernières années, alors même qu'elles sont confrontées à une pression démographique souvent considérable. En Asie de l'Est et Pacifique, la réduction est spectaculaire. En 2013, 74 millions de personnes vivaient avec moins de 1,90 dollar par jour dans cette région du monde (soit 3,7 % de la population), alors qu'elles étaient plus d'un milliard en 1981 (80,5 % de la population). La Chine et le Vietnam ont largement contribué à ce phénomène.
Même l'Afrique subsaharienne – que l'on disait condamnée au sous-développement – suit le mouvement. La part de la population concernée par l'extrême pauvreté a reculé de huit points en trente ans (41 % en 2013 contre 49,3 % en 1981) en dépit du boom démographique. Pour autant, le nombre de personnes extrêmement pauvres continue d'y augmenter, passant de 278 millions en 1990 à 390 millions en 2013 du fait de la forte croissance démographique.

Observatoire des inégalités, www.inegalites.fr, 20 octobre 2017.

1. Indiquez les régions du monde où se concentre la pauvreté.
2. Précisez comment évolue la pauvreté dans le monde.
3. Analysez le paradoxe de la situation actuelle de la pauvreté dans le monde.

C L'augmentation des inégalités de revenus

DOCUMENT 5 Des riches toujours plus riches

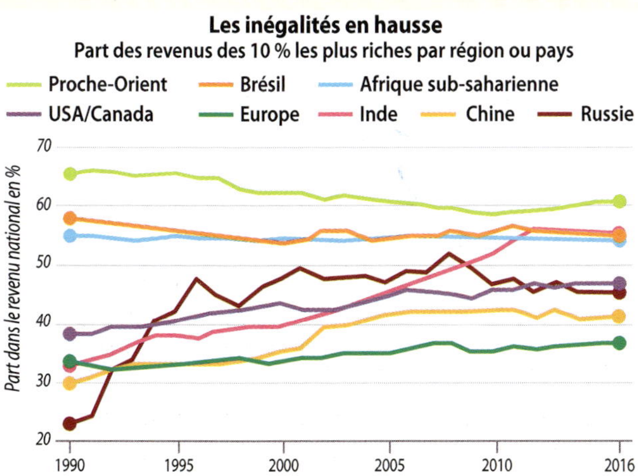

Source : World Inequality Lab.

Le dernier rapport 2018 du Laboratoire sur les inégalités mondiales dresse un constat peu reluisant : depuis 1980, les 1 % d'individus recevant les plus hauts revenus dans le monde ont profité deux fois plus de la croissance que les 50 % d'individus les plus pauvres. « La redistribution des richesses a favorisé les plus riches mais aussi les plus pauvres, ce qui explique le recul de l'extrême pauvreté dans le monde. Ce sont les classes moyennes qui ont en revanche beaucoup perdu à l'échelle globale », explique à *Libération* Pedro Conceição, directeur du bureau chargé du rapport sur le développement humain au Pnud. [...] En revanche, les inégalités à l'intérieur des pays se sont accrues partout dans le monde. « Nous sommes passés d'un monde où les écarts de revenus s'expliquent par la nationalité à un autre où ils s'expliquent par la classe sociale », résume Lucas Chancel, codirecteur du Laboratoire sur les inégalités mondiales. Ces disparités n'évoluent néanmoins pas au même rythme selon les régions.

L. Masseguin, *Libération*, 23 août 2019.

1. Justifiez le recul de la pauvreté dans le monde.
2. Identifiez le facteur principal d'explication des écarts de revenus au sein des pays.
3. Commentez l'évolution des inégalités dans le monde.

Préparer sa synthèse

1. Rappelez les différentes formes de pauvreté.
2. Analysez la situation de la pauvreté dans le monde.

2 Comment réduire la pauvreté dans le monde ?

A Réduire les inégalités

DOCUMENT 6 Les aides sociales pour réduire la pauvreté

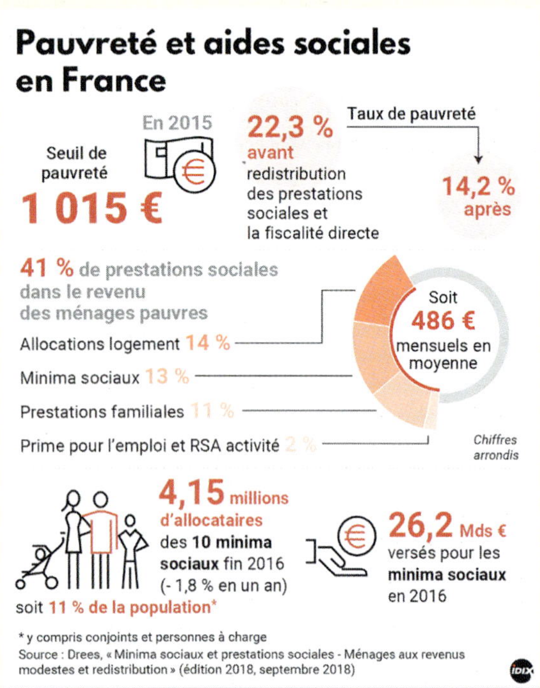

Si notre système de prestations sociales et d'impôts n'existait pas, le taux de pauvreté en France serait de 22 % et non de 14,1 % en 2014 (au seuil de pauvreté fixé à 60 % du niveau de vie médian, dernière année disponible) selon le ministère des Solidarités. Le nombre de pauvres est réduit de 13,7 à 8,7 millions de personnes. Concrètement, notre modèle social évite la pauvreté à cinq millions de personnes. Une grande partie des personnes concernées préfèreraient vivre de leurs propres ressources et en particulier avoir un emploi. Il n'en demeure pas moins que les aides jouent un rôle indispensable, notamment pour les plus éloignés de l'emploi (personnes âgées, handicapées, etc.).

Observatoire des inégalités, www.inegalites.fr, 14 décembre 2018

1. Citez les différentes prestations sociales dans le revenu des ménages pauvres.
2. Comparez les taux de seuil de pauvreté avant et après redistribution.
3. Déduisez-en le rôle de la redistribution dans la lutte contre la pauvreté.

B Améliorer l'éducation

DOCUMENT 7 L'éducation, une arme contre la pauvreté

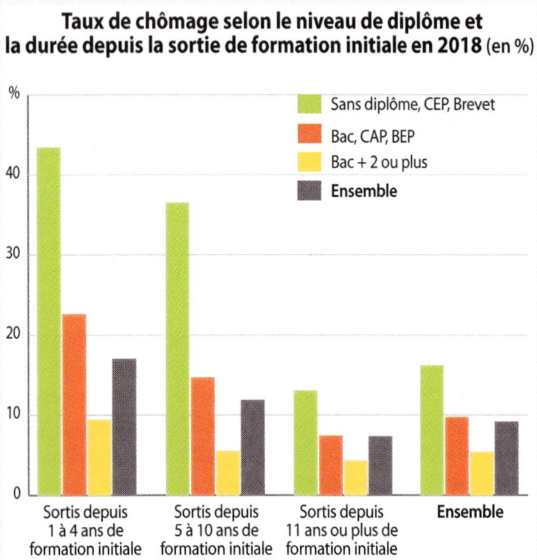

Lecture : en 2018, 9,4 % des personnes actives âgées de 15 ans ou plus, ayant un diplôme de niveau bac +2 ou plus et ayant achevé leur formation initiale depuis 1 à 4 ans sont au chômage.
Champ : France hors Mayotte, population des ménages, personnes actives.

Source : Insee, enquête Emploi.

Le taux de pauvreté mondial pourrait être divisé par deux et plus si tous les adultes achevaient leurs études secondaires, déclare l'Unesco dans une nouvelle analyse publiée le 21 juin. [...] Elle montre que près de 60 millions de personnes pourraient échapper à la pauvreté si tous les adultes allaient seulement deux ans de plus à l'école. Si tous les adultes achevaient leurs études secondaires, 420 millions de personnes pourraient sortir de la pauvreté, ce qui permettrait de réduire le nombre total de pauvres de plus de la moitié à l'échelle mondiale et de près des deux tiers en Afrique subsaharienne et en Asie du Sud.

F. Jarraud, *Le café pédagogique*, 22 juin 2017.

1. Commentez le graphique.
2. Analysez l'impact de l'éducation dans la lutte contre la pauvreté.
3. Discutez le lien entre connaissance et éducation.

DOCUMENT 8 Le parcours de formation garanti par le gouvernement français

Objectif : Investir massivement dans la formation de la jeunesse (lutte contre le décrochage scolaire, réforme de l'apprentissage de la voie professionnelle et plan d'investissement dans les compétences).
Budget : 439 millions d'euros
Mesure phare : Une obligation de formation jusqu'à 18 ans sera instaurée pour assurer à tous les jeunes des compétences et mieux maîtriser leur destin.

Autres mesures clés :
- Plus de 100 millions d'euros consacrés à des solutions d'accompagnement vers l'emploi de tous les jeunes en complément d'une extension de la Garantie jeune.
- Repérer, renouer le dialogue et (re)mobiliser les jeunes en risque d'exclusion pour les amener vers un parcours d'accompagnement et de formation.

www.gouvernement.fr

1. Citez les mesures prises par le gouvernement français pour améliorer l'éducation des jeunes.
2. Imaginez comment les objectifs visés par ce plan peuvent lutter contre la pauvreté.

C Favoriser la formation

DOCUMENT 9 Le capital humain et la formation des actifs

L'intérêt porté par les gouvernements à la formation tout au long de la vie reflète l'attention accordée à l'investissement dans le capital humain comme source de croissance économique. En effet, il apparaît que la formation continue influencerait tout aussi positivement que l'éducation, les possibilités d'emploi et l'intégration sociale des personnes. Elle s'avère indispensable pour les entreprises et les travailleurs car elle leur permet de préserver leur capacité productive face au développement technologique et au changement industriel. Il s'agit de façon générale d'améliorer et mieux adapter les actifs aux besoins du marché du travail, et d'aider les personnes à développer leurs compétences tout au long de leur cycle de vie professionnel. Enfin, si l'éducation tout au long de la vie peut viser à améliorer les possibilités dans l'emploi actuel, elle permet aussi d'offrir une « seconde chance » pour une nouvelle carrière. L'accès à la formation est un aspect important de la qualité d'un emploi et de la lutte contre le chômage.

ses.ens-lyon.fr

DÉFINITION

Capital humain : ensemble des capacités à produire d'un individu, liées notamment à l'état de santé et de savoir.

1. Repérez l'impact de la formation des actifs sur la lutte contre le chômage.
2. Précisez en quoi l'enrichissement du capital humain peut protéger les individus de la pauvreté.

DOCUMENT 10 La réforme du compte personnel de formation

Depuis le 1er janvier 2019, le compte personnel de formation (CPF) fait peau neuve. L'objectif : simplifier l'accès aux formations et redonner ainsi la main aux salariés et demandeurs d'emploi sur leur avenir professionnel. [...] Il permet à chaque actif de cumuler des droits à la formation tout au long de sa carrière, quel que soit son statut (salarié, demandeur d'emploi, travailleur indépendant...). [...]
Désormais, le CPF est crédité en euros, à raison de 500 euros par année travaillée à temps plein dans la limite d'un plafond de 5 000 euros (800 euros pour les salariés non qualifiés avec un plafond de 8 000 euros).

M. Perroud, *Challenges*, 13 août 2019.

1. Expliquez ce qu'est le CPF.
2. Justifiez l'écart de crédit constaté entre les salariés qualifiés et non qualifiés.
3. Montrez comment la formation peut être un rempart à la pauvreté.

Préparer sa synthèse

1. Rappelez la définition de capital humain.
2. Citez les différents moyens de lutte contre la pauvreté.

Activités

1 Se tester

QCM INTERACTIF
Testez-vous !
lienmini.fr/e30705exo13

Choisissez la ou les bonnes réponses.

1. Les critères pour décrire la pauvreté d'une population sont :
- le logement ;
- les revenus ;
- la santé ;
- les conditions de vie faciles ;
- l'éducation.

2. Les populations pauvres sont le plus souvent :
- bien soignées ;
- mal soignées ;
- correctement alphabétisées ;
- analphabètes ;
- correctement nourries mais mal habillées.

3. Les populations pauvres rencontrent des difficultés à :
- se nourrir correctement ;
- trouver un travail peu qualifié ;
- accéder à des emplois qualifiés et bien payés ;
- rester en bonne santé ;
- se loger décemment.

4. Le seuil de pauvreté mondial :
- diminue ;
- stagne ;
- augmente.

5. Est considéré comme pauvre celui ou celle dont le revenu est inférieur à :
- 1,90 dollar par jour ;
- 20 dollars par jour ;
- 200 dollars par jour ;
- 2 000 dollars par jour ;
- 20 000 dollars par jour.

2 Construire sa carte mentale

→ Voir FICHE MÉTHODE 3

Construisez une carte mentale avec pour titre, au centre, « les différents moyens de lutte contre la pauvreté », puis liez les notions suivantes : éducation - redistribution - capital humain - formation professionnelle - réductions des inégalités - amélioration des conditions de vie.
En fin de branche, associez ces notions à des exemples concrets ou des symboles ou des dessins de votre choix.

3 S'entraîner au Grand Oral

1. Par groupe de deux ou trois, choisissez un des sujets d'exposé ci-dessous :
   - L'impact de la croissance sur la pauvreté
   - Les inégalités : cause ou conséquence de la pauvreté ?
   - Le lien entre immigration et pauvreté
   - L'éducation et la formation : un rempart à la pauvreté
2. Lisez l'enoncé plusieurs fois en soulignant les mots clés
3. Afin d'éviter le hors-sujet, interrogez les limites du sujet en répondant aux questions suivantes :
   Qui ? Quoi ? Comment ? Où ? Qu'est-ce que c'est ? Comment cela fonctionne ?
   Quelles sont les causes ? Quelles sont les conséquences ?
4. Construisez le plan puis rédigez votre exposé qui doit comprendre une introduction, un développement en plusieurs parties et une conclusion.

4 Travailler la méthode : Construire un graphique et l'analyser

→ Voir FICHE MÉTHODE 1

La pauvreté en condition de vie de quelques pays européens en 2017

Pays	Taux de pauvreté en condition de vie
Bulgarie	46,8
Roumanie	37,2
Grèce	36
Portugal	18
France	11, 1
Espagne	12, 8
Royaume-Uni	12,5
Moyenne UE 28	14,7
Allemagne	9,1

Source : Eurostat.

DÉFINITION

La **pauvreté en condition de vie**, ou privation matérielle, au sens d'Eurostat, désigne une situation de difficulté économique durable définie comme l'incapacité à couvrir certaines dépenses comme par exemple : avoir des retards de paiement du loyer, d'un emprunt ou des factures ; avoir des difficultés à chauffer son logement ; ne pas pouvoir consommer de la viande au moins tous les deux jours ; etc.

Construire le graphique

Construisez le graphique du taux de pauvreté en condition de vie en Europe en suivant les étapes ci-dessous.

1. Dans votre feuille de calcul Excel, saisissez les données du tableau.
2. Sélectionnez les données et cliquez sur « Insertion » > « Graphiques », puis sélectionnez le graphique souhaité.
3. Cliquez sur le graphique, puis sur les icônes situées à côté de celui-ci pour soigner la mise en forme des éléments tels que le titre, les titres des axes ou les étiquettes de données. Pour modifier la couleur ou le style du graphique, utilisez les « Styles du graphique ».

Analyser le graphique

Analysez le graphique réalisé en suivant les étapes ci-dessous.

1. Identifiez le contexte géographique et temporel : le titre, la source, les unités représentées et la période couverte.
2. Comparez les données entre elles et repérer la tendance générale.
3. Rédigez un commentaire organisé et structuré en reprenant les réponses aux étapes 1 et 2.

MÉTHODE

Un graphique bien construit permet de mettre en valeur des données chiffrées de façon percutante.

Quelques exemples de graphiques et leurs utilisations :

- l'histogramme : il est utile pour comparer des catégories de données entre elles et permet également de montrer une évolution dans le temps. Il peut se présenter sous forme de barres, de cylindres, de cônes ou même d'images ;
- la courbe : elle est parfaitement adaptée au suivi des données dans le temps et permet également d'effectuer des comparaisons ;
- le diagramme en bâtons (ou à bandes) : il permet de comparer facilement les effectifs ou les fréquences ;
- le diagramme en secteurs (aussi appelé « camembert ») : il s'agit d'un diagramme circulaire qui permet de représenter un petit nombre de valeurs par des angles proportionnels à ces valeurs.

Objectif Bac

L'éducation et la réduction de la pauvreté

À partir de vos connaissances et de la documentation fournie dans les annexes 1 à 5 :

1. Donnez une définition de la pauvreté.
2. Distinguez la pauvreté relative de la pauvreté absolue.
3. Analysez le lien entre pauvreté et privation.
4. Montrez comment l'accueil en crèche peut réduire les inégalités en France.
5. Rédigez une argumentation qui vous permette de répondre à la question suivante : Quel est le rôle de l'éducation dans la réduction de la pauvreté ?

Annexe 1 Comment définir la pauvreté ?

Qu'est-ce que la pauvreté ? Si celle-ci paraît être un phénomène visible, concret, aisément reconnaissable, surtout dans le contexte des pays en voie de développement, elle n'en reste pas moins un concept difficilement définissable et mesurable. Pauvre, mais privé de quoi ? Manque de ressources, manque d'éducation, absence de sécurité ? L'objet même de la pauvreté demeure aujourd'hui difficile à déterminer. La privation est une notion communément admise lorsque l'on en vient à définir la pauvreté, mais l'objet de ce qui constitue la privation – ou les privations – reste controversé. De même, être pauvre, est-ce un ensemble figé de caractéristiques ? N'existe-il pas, à l'inverse, différents degrés de pauvreté ? Quelle est la part d'universel dans sa définition ? Comment la mesurer et la comprendre ?
De nombreux penseurs – économistes, sociologues, philosophes… – se sont essayés à l'exercice, sans pour autant qu'un consensus soit trouvé. La pauvreté monétaire, mesurée par la consommation ou le revenu d'un individu, est largement utilisée mais fait l'objet de lourdes critiques. L'approche par les « capabilités « d'Amartya Sen a permis un nouvel éclairage en montrant que les possibilités d'accès aux ressources par les individus devaient être prises en compte. Une approche qui avait déjà été amorcée par Rawls en 1971 dans sa *Théorie de la justice*, à l'aide de la notion de biens premiers (droits de base, liberté de choix, etc.) : est pauvre celui qui ne peut en disposer.

R. Bisiaux, *Alternatives économiques*, L'Économie politique n° 49, 1er janvier 2011.

Annexe 2 Être pauvre, c'est se priver au quotidien

Rencontrez-vous des difficultés financières pour faire chacune des choses suivantes ?

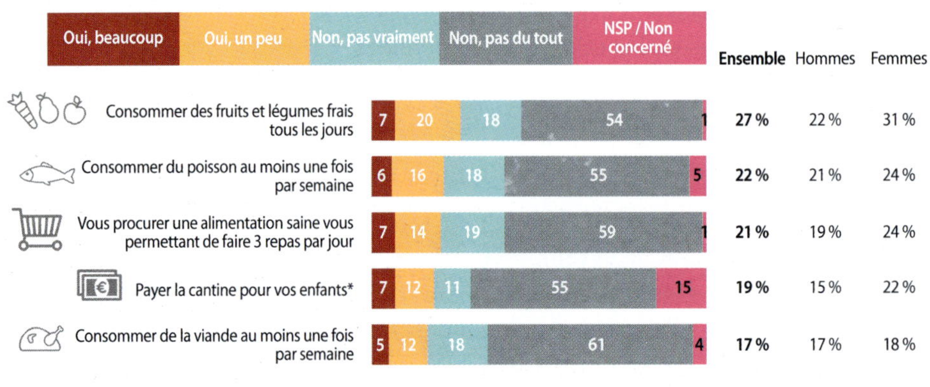

* À ceux qui ont au moins un enfant de moins de 18 ans.

Source : Ipsos, Baromètre de la pauvreté, pour le Secours populaire français, juin 2018.

Annexe 3 Le seuil international de pauvreté et l'extrême pauvreté dans le monde

Le seuil international de pauvreté est fixé à 1,90 dollar par personne et par jour, sur la base des taux de conversion 2011 en parité de pouvoir d'achat (PPA). En 2015, et selon les dernières données disponibles, la part de la population mondiale vivant dans la pauvreté a baissé pour s'établir à 10 %, ce qui représente environ 736 millions de personnes. En un quart de siècle, plus de 1,1 milliard de personnes (en termes nets) ont vu leur niveau de vie s'améliorer suffisamment pour échapper à l'extrême pauvreté.

www.banquemondiale.org

Annexe 4 La stratégie de lutte contre la pauvreté du gouvernement français

C'est contre les inégalités de destin et pour une égalité des chances réelle que le gouvernement est déterminé à agir pour que la pauvreté ne se transmette plus en héritage.
L'augmentation des dépenses sociales n'a pas suffi à faire reculer la pauvreté qui est fortement marquée en France par un phénomène de reproduction. Parce qu'il favorise le développement complet de l'enfant et l'apprentissage du langage, l'accueil dans les crèches ou par les assistantes maternelles est un levier efficace de réduction des inégalités liées à l'origine sociale. Or, aujourd'hui, les enfants en situation de pauvreté ont un accès beaucoup trop limité à ces modes d'accueil, individuels et collectifs.
On estime qu'à 4 ans, l'écart de pratique familiale du langage est d'environ de 1 000 heures selon les origines sociales et qu'à l'entrée au CP, à 6 ans, il existe une différence de 1 000 mots maîtrisés à l'avantage des enfants issus de milieux favorisés. Une différence qu'on constate aussi avant la scolarisation : 5 % des enfants défavorisés sont accueillis en crèche contre 22 % des enfants favorisés (Crédoc, 2016).

www.gouvernement.fr

Annexe 5 Les enjeux de l'éducation

En 2015, 193 États ont adopté 17 objectifs de développement durable à atteindre d'ici à 2030, parmi lesquels l'éradication de la pauvreté sous toutes ses formes. [...] En effet, dans un monde en constante évolution, où les technologies et innovations ne cessent de se multiplier, doter les hommes et les femmes des compétences de base, d'une forte capacité à s'adapter et à se former en continu est l'une des priorités majeures pour permettre à tout un chacun de s'insérer socialement et économiquement.

1. L'éducation réduit la pauvreté

171 millions de personnes pourraient sortir de l'extrême pauvreté si tous les enfants sortaient de l'école en ayant les compétences de base. Cela représente une chute de 12 % de la pauvreté mondiale. Des améliorations en enseignement pourraient réduire la pauvreté extrême de 30 %.

2. L'éducation augmente les salaires individuels

Pour chaque année d'étude ajoutée, les salaires augmentent en moyenne de 10 %. Pour chaque dollar investi dans une année d'étude supplémentaire, les salaires augmentent de 5 dollars dans les pays à faible revenu et de 2,5 dollars dans les pays à revenu intermédiaire.

3. L'éducation réduit les inégalités économiques

Si les travailleurs des pays riches et des pays pauvres recevaient la même éducation, les disparités entre les deux baisseraient de 39 %.

4. L'éducation soutient la croissance économique

Les niveaux d'éducation expliquent la moitié des différences entre les taux de croissance des pays asiatiques et des pays d'Afrique subsaharienne entre 1965 et 2010. Si tous les enfants des pays à faibles revenus apprenaient à lire, leur PIB par habitant serait 70 % plus haut en 2050.

5. L'éducation aide à sauver le monde

La création d'industries vertes s'appuie sur des travailleurs éduqués et formés. L'agriculture contribue à un tiers des émissions de gaz à effet de serre. L'éducation primaire et secondaire peut aider les futurs agriculteurs à développer des solutions innovantes pour faire face au défi du développement durable.

Aide et Action France, 10 avril 2017.

L'essentiel en schéma

L'ESSENTIEL À RETENIR
lienmini.fr/e30705ess13

SKETCHNOTE
lienmini.fr/e30705sk13

1 Qu'est-ce que la pauvreté ?

La pauvreté est une notion complexe appréhendée par le biais d'un seuil.

↓

Deux formes principales de pauvreté

La pauvreté relative	La pauvreté absolue
La pauvreté relative s'établit par comparaison avec le niveau de vie moyen du pays dans lequel on se trouve. Elle ne cesse d'augmenter dans le monde.	La pauvreté absolue est déterminée par un niveau de revenu en dessous duquel les besoins fondamentaux de l'individu ne sont pas satisfaits.

Qui sont les pauvres ?

En France	Dans le monde
• Les chômeurs • Les familles monoparentales • Les familles nombreuses • Les jeunes • Les immigrés, etc.	Même si l'extrême pauvreté baisse, elle persiste dans certaines zones : • Afrique subsaharienne • Asie du Sud-Est • Les zones de conflit

2 Comment réduire la pauvreté dans le monde ?

Réduction des inégalités sur le plan national et international → **Améliorer l'éducation** → **Renforcer la formation continue pour enrichir le capital humain**

MOTS CLÉS

VOIR LEXIQUE P. 187

- Pauvreté absolue
- Pauvreté relative
- Seuil de pauvreté
- Inégalités
- Éducation
- Formation
- Capital humain

FICHE MÉTHODE 1

Lire et analyser un graphique

1re ÉTAPE Repérer le type de graphique

Un graphique est un mode de représentation visuel de données chiffrées. On recense trois grands types de graphiques :

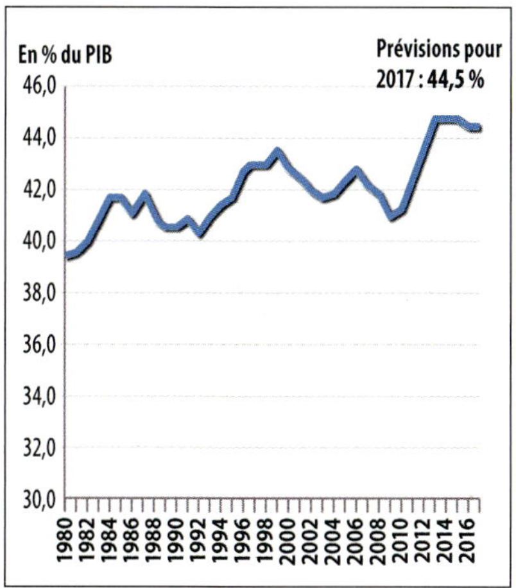

Les **courbes**, qui montrent une variation dans le temps.

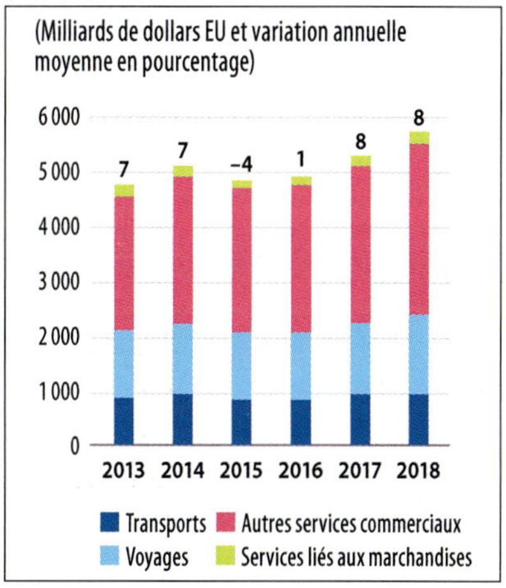

Les **histogrammes**, qui montrent une variation dans le temps ou comparent des phénomènes.

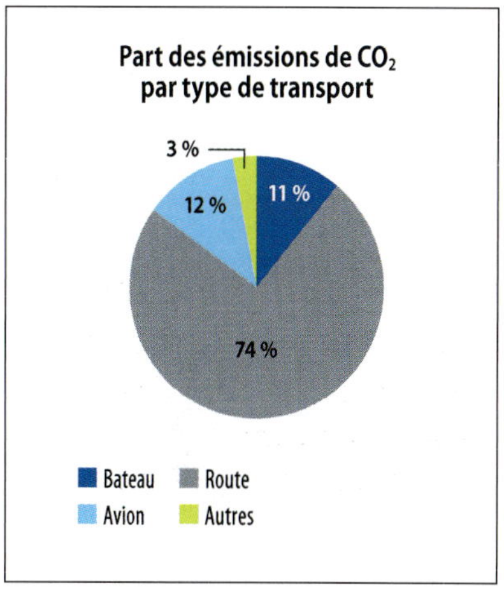

Les **diagrammes circulaires**, qui montrent une répartition.

2e ÉTAPE Lire le graphique

Exemple **La croissance du volume du commerce des marchandises et du PIB au niveau mondial, 2011-2020**

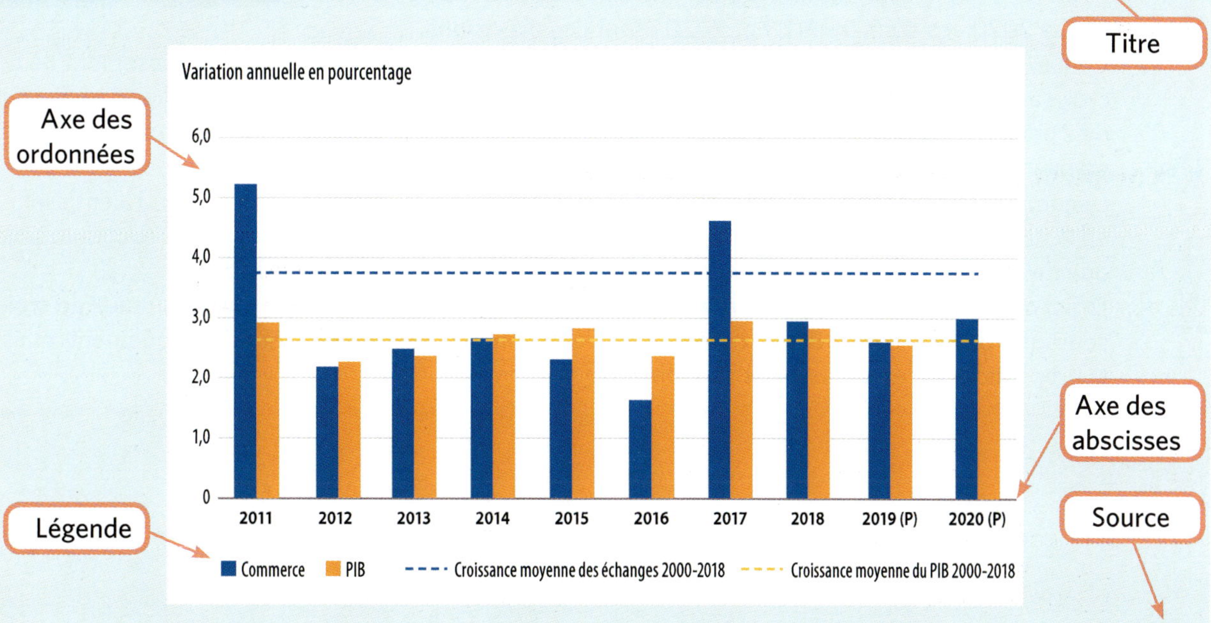

wto.org

Il faut commencer par repérer :

- le **titre** : il présente le sujet du graphique. Ici, on étudie l'évolution mondiale du commerce de marchandises et du PIB entre 2011 et 2020. Cet histogramme va permettre de montrer l'évolution de ces grandeurs et de mettre en évidence d'éventuelles corrélations entre ces deux phénomènes ;
- la **grandeur variable** sur l'axe des ordonnées (l'axe vertical). Sur cet histogramme, l'axe des ordonnées est dédié aux taux de variation en pourcentage ;
- la **grandeur mesurée** sur l'axe des abscisses (l'axe horizontal). Ici, l'axe des abscisses suit une unité de temps : le nombre d'années ;
- la **source** et la **date** du graphique. Cet histogramme provient du site Internet de l'OMC (World Trade Organization). Il n'est pas daté mais les données chiffrées de 2019 et 2020 étant des prévisions, on peut supposer qu'il date de 2018.

CONSEIL

Il faut bien repérer l'unité utilisée : pourcentages, base 100 de référence, parts, valeurs absolues...

3e ÉTAPE Analyser le graphique

Afin d'analyser efficacement un graphique, il est conseillé d'analyser les informations en allant du général au particulier :

- **repérer la tendance générale** : regarder l'allure générale de la courbe (à la baisse ou à la hausse) et qualifier son évolution (régulière ou non, rapide ou lente...) ;
- **sélectionner quelques informations significatives** : il faut étudier le début et la fin de la courbe mais aussi les phénomènes atypiques et appuyer l'analyse sur des données chiffrées.

4e ÉTAPE Rédiger une synthèse

Votre synthèse doit comporter :
- une phrase d'introduction exposant l'objet du graphique ;
- un premier paragraphe qui décrit la tendance générale de la courbe ;
- un second paragraphe qui met en exergue les points particuliers.

Exemple **Synthèse du graphique**

Cet histogramme étudie l'évolution du PIB et du volume des échanges au niveau mondial de 2011 à 2020, les données 2019 et 2020 étant des prévisions.

Concernant l'évolution du commerce mondial, la tendance générale est à un ralentissement de la croissance des échanges. En effet, de 2011 à 2020, la variation des échanges mondiaux a baissé de plus de 2 points de pourcentage. Quant à l'évolution du PIB mondial, on peut observer que celui-ci reste très stable durant la dernière décennie puisqu'il oscille entre 2,5 % et 3 %.

Le commerce mondial a connu un essor très important en 2011 et en 2017, et un fort ralentissement en 2016 (la variation annuelle est alors passée sous la barre des 2 %), ce qui peut s'expliquer par le fait que de nombreux pays ont connu une phase de récession durant cette période.

Enfin, on peut conclure à une corrélation entre les deux phénomènes : une baisse du taux de croissance se traduit par une baisse du taux d'évolution du commerce international et réciproquement, mais la proportion de cette baisse est variable.

FICHE MÉTHODE 2

Lire et analyser un tableau

1re ÉTAPE **Repérer le type de tableau**

Un tableau statistique permet de visualiser des données chiffrées structurées en lignes et en colonnes.

- Il existe deux grands types de tableaux selon leur forme :

- les **tableaux à simple entrée**, dans lesquels les informations sont classées selon un seul critère ;

Exemple **Le prix des matières premières importées par la France en 2018 (ensemble, hors énergie), indice base 100 en 2010**

	Janvier	Février	Mars	Avril	Mai	Juin	Juillet	Août	Sept.	Oct.	Nov.	Déc.
Prix en €	100,3	100,7	99,9	100,2	105,5	106,4	101,5	99,5	97,1	101,9	101,9	99,5

Source : Insee.

- les **tableaux à double entrée**, dans lesquels les informations sont classées selon deux critères ou plus, ce qui nécessite de croiser les lignes et les colonnes pour les lire.

Exemple **Le prix des denrées alimentaires importées par la France (hors énergie) en euros, indice base 100 en 2010**

	Indices	Variations (en %)		
	du dernier mois	du dernier mois	des 3 derniers mois	des 12 derniers mois
Alimentaires	120,3	3,3	3,4	1,9
Denrées tropicales	100,1	8,2	14,2	4,8
Oléagineux	104,1	0,2	3,1	1,3
Céréales	102,2	- 1,5	- 0,1	4,8
Sucre	68,7	2,1	10,8	2,2
Viande	143,4	5,8	1,5	- 0,1
Produits de la mer	126,7	0,7	- 3,2	0,6

Source : Insee.

- On recense également deux grands types de tableaux selon les unités utilisées :

- les **tableaux en valeur absolue** (litre, m^3, euro, dollar, etc.) exprimée en milliers, en millions ou en milliards ;
- les **tableaux en valeur relative** en pourcentage.

2e ÉTAPE Lire le tableau

Exemple **L'évolution des indicateurs de pauvreté en France de 2013 à 2017** ← Titre

	2013	2014	2015	2016	2017
Seuil à 60 % de la médiane					
Nombre de personnes pauvres (en milliers)	8 563	8 732	8 875	8 783	8 889
Taux de pauvreté (en %)	13,8	14,0	14,2	14,0	14,1
Seuil de pauvreté (en euros 2017/mois)	1 021	1 023	1 027	1 036	1 041
Niveau de vie médian des personnes pauvres (en euros 2017/mois)	817	817	825	832	837

Unités → (en milliers), (en %), (en euros 2017/mois)

Source et dates des données →

Source : Insee, enquêtes revenus fiscaux et sociaux de 2013 à 2017.

Il faut commencer par repérer :

- le **titre du tableau** car il donne une clé de compréhension globale des données ;
- les **dates des données** ;
- les **unités** (milliers, milliards, pourcentages, indices…) ;
- la **source** car elle permet de situer l'information.

Prenez garde à faire une **lecture exacte des données**. Par exemple :
- pour la **lecture d'une proportion**, il faut identifier le sous-ensemble et l'ensemble total ;
- pour la **lecture d'un taux d'évolution** : quand le taux d'évolution est positif, il y a une hausse de la variable observée; quand il diminue, il y a une baisse. Attention, une diminution d'un taux d'évolution positif ne signifie pas qu'il y a une baisse de la variable observée mais le ralentissement de sa progression.

3e ÉTAPE Analyser le tableau

1 Analyser les données

Tout d'abord, il faut dégager une tendance générale, puis étudier les données ligne par ligne ou colonne par colonne pour voir si elles confirment ou infirment la tendance. Si possible, on peut réaliser des calculs (calculer la part, le coefficient multiplicateur, l'écart…) afin de traiter les données.

2 Interpréter les données

Il s'agit d'expliquer certaines données comme les écarts, les tendances, les accidents conjoncturels… Ce travail suppose de s'appuyer sur les documents annexes et sur ses connaissances. Il permet éventuellement de découvrir le lien de causalité entre les données.

3 Sélectionner les données

Il ne faut retenir que les données utiles au sujet posé.

Exemple **Analyse du tableau**

Ce tableau présente les indicateurs de pauvreté de 2013 à 2017 d'après les données de l'Insee. Le taux de pauvreté, qui indique le pourcentage de la population en dessous du seuil de pauvreté, a légèrement augmenté : de 13,8 % en 2013 à 14,1 % en 2017. Comme la population a également augmenté, le nombre de personnes pauvres a augmenté plus que le taux de pauvreté et s'élève à 8 889 000 en 2017. La moitié de cette population pauvre vit avec un revenu inférieur à 837 euros par mois, tandis que l'autre moitié vit avec un revenu compris entre 837 et 1 041 euros par mois en 2017.
La pauvreté ne diminue pas.

FICHE MÉTHODE 3

Mémoriser son cours

- Après un cours, une fois le chapitre terminé, il s'agit de mémoriser le contenu du cours et de le retravailler. Pour cela, nous vous conseillons de :
- relire les notes prises durant le temps de la classe à l'aide du manuel. En effet, à la fin de chaque partie figurent quelques questions qui permettent de préparer la synthèse du cours (rubrique « Préparer sa synthèse »), et à la fin de chaque chapitre un schéma de synthèse (« L'essentiel en schéma ») et une liste de mots clés qui peuvent aider à repérer ce qu'il faut mémoriser ;
- regarder de nouveau les vidéos.
- Le temps de la mémorisation est un temps long. Plusieurs outils, qui correspondent à des types de mémorisation visuelle et auditive, facilitent ce travail de mémoire : la fiche de révision, la carte mentale, le fichier audio (le podcast) et les flash-cards.

1re ÉTAPE Rédiger sa fiche de révision

1 Choisir un format

- Choisissez de préférence des fiches cartonnées (plus résistantes) et un format qui convienne à votre façon de travailler et de prendre de notes (A6, A5 ou A4 par exemple).
- Si vous faites des fiches dans plusieurs disciplines, n'hésitez pas à utiliser des fiches de couleur (une discipline = une couleur de fiche) ou à faire apparaître le nom de la matière de manière claire.

2 Rédiger sa fiche

- Tout d'abord, notez le numéro et le nom du thème, ainsi que le titre du chapitre : cela permettra de classer vos fiches et de faire des liens entre les chapitres et les notions.
- Une fiche de révision doit être **synthétique**. L'objectif n'est pas de recopier l'intégralité du cours mais de parvenir à **repérer les points essentiels à retenir**.
- De même, il est contre-productif de surligner l'intégralité de la fiche. L'objectif est de mettre en avant les informations importantes (définitions, chiffres clés, formules de calcul...).
- Structurez votre fiche : suivez le **plan** de votre chapitre et notez une définition, une liste, une typologie ou une classification, des exemples, des remarques, des schémas...
- Vous pouvez également faire des fiches de définitions, de méthodes, de formules...

RESSOURCE

Exemple de fiche de révision
lienmini.fr/e30705fiche

CONSEIL

Prenez l'habitude de relire vos fiches régulièrement et d'y noter les informations de façon claire.

2e ÉTAPE Réaliser sa carte mentale

Une carte mentale (ou carte heuristique) est une méthode pour représenter graphiquement une grande quantité d'informations de manière schématique. Cette technique permet de mémoriser et d'organiser des idées au moyen d'une mise en forme attractive (en utilisant des couleurs, en dessinant les exemples...). Concevoir une carte mentale permet également de faire le lien entre des notions et de donner du sens au cours.

- Notez le nom du chapitre au centre de votre feuille dans un cartouche. N'oubliez pas de noter aussi le thème du programme associé.
- Suivez la structure du plan de votre cours sous forme de « branches ».
- Utilisez un **code couleur**, par exemple toutes vos définitions apparaîtront dans des cartouches rouges ou tous vos exemples dans des cartouches verts.
- Utilisez des **mots clés** et ne rédigez pas de phrases longues dans vos cartouches : le but est d'être le plus synthétique possible.
- Votre carte pourra être réalisée à la main (voir l'exemple ci-dessous) ou au moyen d'un outil numérique. Plusieurs sites Internet peuvent vous aider : bubbl.us ; framindmap.org ; mindmup.com…

ASTUCE

Travaillez sur des feuilles de format A3 ou A4 en paysage (la feuille à l'horizontale) : la carte doit tenir sur le recto de votre feuille afin de voir l'ensemble des notions en un coup d'œil.

Exemple **Carte mentale des différents agents économiques**

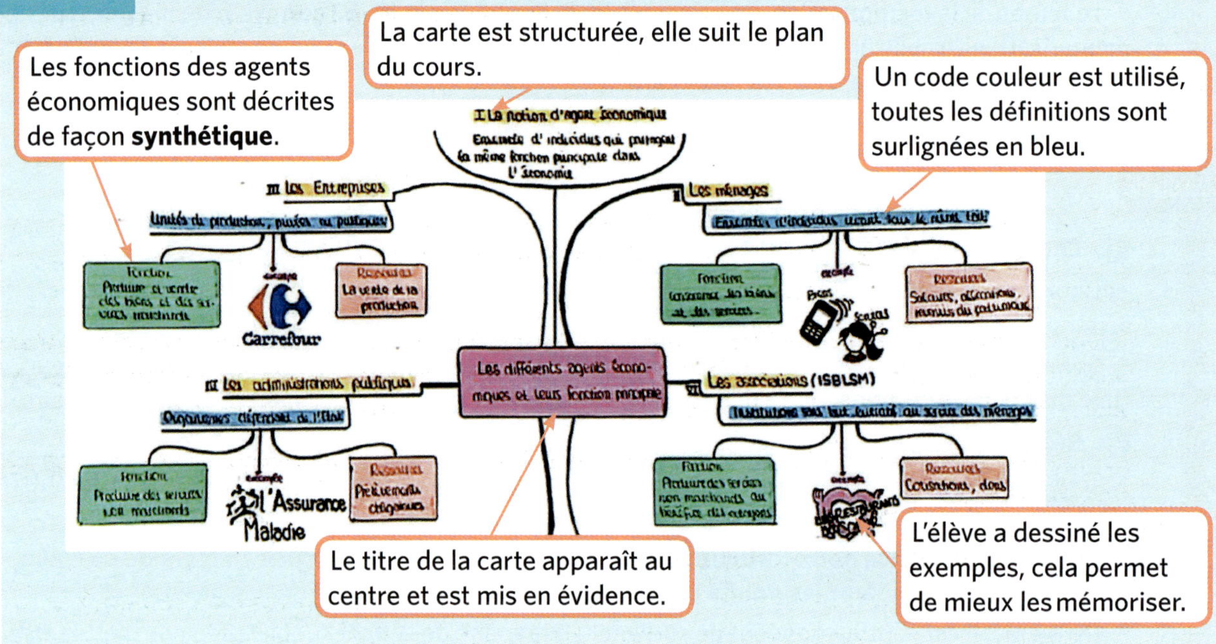

3e ÉTAPE Écouter un podcast

Les podcasts sont des fichiers audio d'émissions déjà diffusées que la plupart des radios mettent à disposition sur leur site Internet. Si vous avez une mémoire auditive, écouter des podcasts est une solution pertinente pour vous aider à mémoriser des notions. Vous pouvez également enregistrer, seul ou à plusieurs, votre propre fichier audio (voir la vidéo ci-contre).

Exemples de podcasts économiques : *On n'arrête pas l'éco* (France Inter) ; *Splash* (Nouvelles Écoutes) ; *Le grand bain de l'éco* (LCI)…

VIDÉO

Créer un podcast en 10 étapes

lienmini.fr/e30705podcast

4:35

4e ÉTAPE Réviser avec des flash-cards

Les flash-cards permettent aussi de mémoriser efficacement des notions. Sur le recto d'une carte, notez la notion à définir et, au verso, la définition à retenir. Entraînez-vous le plus souvent possible à réciter les notions, seul ou à plusieurs.

Recto

Croissance économique

Verso

Augmentation durable et soutenue du volume de la production et des richesses d'un pays.

FICHE MÉTHODE 4

Construire et présenter une argumentation

La **note argumentée en économie** consiste à exposer les différents arguments permettant de défendre une opinion sur un sujet donné, en suivant un déroulement logique, dans le but de convaincre un interlocuteur. Elle repose sur un enchaînement d'idées générales illustrées par des exemples concrets qui doit finalement déboucher sur une prise de décision précise.

Exemple **La mondialisation constitue-t-elle une menace pour l'emploi en France ?**

1re ÉTAPE Lire la question posée et bien la comprendre

Quand vous prenez connaissance du sujet, il faut bien réfléchir aux termes du sujet et commencer par définir les concepts clés et les mots essentiels pour éviter tout contresens. (La définition du mot clé vous servira de phrase d'introduction.)

Il faut noter en vrac sur le brouillon, pour ne pas les oublier, tout ce qui vous vient à l'esprit concernant le sujet : les idées pertinentes, la question posée et son intérêt en utilisant vos **connaissances**, les **réponses aux questions formulées précédemment** et la **documentation en support**.

La question posée peut porter sur l'un ou plusieurs des **neuf thèmes abordés en classe de première et de terminale**.

Exemple **Analyser la question posée**

- Le sujet porte à la fois sur le thème 7 et le thème 8 du programme de Terminale.
- Deux mots clés peuvent être définis : mondialisation et emploi.
- Il va falloir s'interroger sur la corrélation entre les deux concepts économiques.

2e ÉTAPE Rechercher des arguments au brouillon

Une fois définis les contours du sujet, il convient de dresser au brouillon la liste des arguments permettant de répondre à la question posée.

1 Définition de l'argument

Au sens commun, l'argument est un indice, une preuve qui sert à affirmer ou à nier un fait. Au sens de la rhétorique, c'est un élément de discours qui sert à étayer un propos ou une thèse.

Un ensemble d'arguments ne devient une argumentation que par l'effet d'une structuration. En effet, un **catalogue d'arguments sans lien entre eux ne peut constituer une argumentation**.

2 Les principaux types d'arguments en économie

- **Les rapports de cause à effet** : telle cause entraîne tel effet.
- **Les avantages ou les inconvénients** : mis en avant des avantages ou des inconvénients d'une mesure économique.

- **L'utilisation de preuves chiffrées** : les preuves chiffrées issues des documents ressources apportent un soutien très convaincant à l'idée avancée.
- **L'alternative** : il s'agit de proposer un choix « forcé » au lecteur en présentant la réalité de manière simplifiée.
- **L'analogie** : utilisation d'exemples tirés de domaines voisins pour soutenir la validité d'une idée.

Exemple **Rechercher des arguments en lien avec le sujet**

- La mondialisation comporte des aspects négatifs en ce qui concerne ses impacts sur la qualité et la quantité des emplois, principalement dans des secteurs comme l'industrie ou l'agriculture.
- Les travailleurs doivent faire face à la mondialisation et acquérir de nouvelles compétences, c'est-à-dire devenir plus polyvalents. Les moins qualifiés, dans ce contexte de mondialisation, ne trouvent pas d'emploi. Une inadéquation entre l'offre et la demande de travail peut créer un chômage structurel.
- Les entreprises souhaitent améliorer leur compétitivité, elles sont donc attirées par des pays disposant d'un coût de la main-d'œuvre attractif. Ces entreprises délocalisent, ce qui a pour conséquence des destructions d'emplois.
- Les accords de libre-échange, ayant pour objectifs de réduire les mesures protectionnistes, favorisent les exportations et les importations entre les pays et, de ce fait, stimulent la croissance économique, ce qui est favorable à la création d'emplois.
- La mondialisation permet à la France d'exporter des produits à haute valeur ajoutée (secteur du luxe), créateurs de richesse et d'emplois.

3e ÉTAPE Organiser ses arguments afin de dégager un plan et construire une argumentation

Il n'y a pas un nombre de partie idéal. Vous pouvez vous positionner sur un seul axe, la commission de correction n'exige pas le développement d'un autre axe. Vous pouvez donc développer un seul ou deux axes. Dans le cas où vous développeriez deux axes, un nombre égal d'arguments n'est pas attendu dans chacun des deux axes.

La force de toute argumentation, c'est aussi son point de départ : **il faut impérativement répondre à la question**. De même, sans opinion ou sans avis, l'argumentation ne sera pas convaincante pour l'interlocuteur ou le lecteur.

Une bonne argumentation est une argumentation fondée sur des savoirs disciplinaires, logiquement agencés et correctement exprimés. C'est pourquoi, il faut prévoir dans chaque partie des **liens logiques** entre les idées.

Exemple **Construire son plan**

Axe I → La mondialisation menace certains emplois dans les pays développés.
Axe II → La mondialisation est aussi une opportunité pour créer des emplois.

4e ÉTAPE Rédiger l'introduction

Dans les attendus de l'épreuve, il n'est pas exigé une phrase introductive et conclusive. Nous vous conseillons néanmoins d'écrire une courte introduction. Rédigez-la entièrement et avec soin au brouillon.

L'introduction doit au moins :
- contenir une ou deux phrases pour amener le sujet ;
- définir les concepts clés ;
- annoncer le plan.

5e ÉTAPE Rédiger l'argumentation

Votre argumentation doit être rédigée directement sur la copie, en soignant la présentation et l'orthographe, et en respectant les consignes suivantes :

- faire apparaître clairement les parties du devoir sur la copie (l'introduction, les différents axes s'il y en a plusieurs...) en sautant des lignes pour faciliter la lecture du correcteur ;
- mettre en évidence les titres des axes en les soulignant ;
- justifier et développer les arguments et, dans la mesure du possible, les illustrer avec des exemples ou des données chiffrées issues des documents ressources ;
- utiliser des liens logiques (*mais, en effet, ainsi, parce que, c'est pourquoi...*) qui soutiennent le raisonnement ;
- rédiger des phrases courtes dans un style simple et concis ;
- ne pas oublier la ponctuation qui a une fonction explicative.

CONSEIL
Il est préférable de privilégier la qualité à la longueur.

6e ÉTAPE Se relire

Il est indispensable de relire votre argumentation afin de corriger les éventuelles fautes d'orthographe et d'inattention (mots oubliés, etc.).

FICHE MÉTHODE 5

L'épreuve écrite d'économie au baccalauréat

« Droit et économie » est un enseignement de spécialité évalué à l'écrit dans le courant du mois de mars de l'année de Terminale, qui compte pour 60 % de la note finale au baccalauréat.

Cette épreuve dure 4 heures avec un coefficient de 16 et se compose de deux parties indépendantes : une partie juridique et une partie économique.

1re PARTIE Présentation de l'épreuve écrite

1 La durée

Le candidat dispose de 2 heures pour traiter la partie « économie » (lecture et réponses aux questions) mais il est libre de gérer son temps.

2 Le programme de révision

Il porte sur les thèmes 1 à 8 inclus, c'est-à-dire les thèmes 1 à 5 étudiés en classe de Première et les thèmes 6 à 8 travaillés en Terminale.

3 La structure du sujet

Le sujet comporte :
- une page qui présente les questions (environ cinq questions). Celles-ci portent sur un ou plusieurs thèmes du programme ;
- plusieurs pages d'annexes de formes variées : tableaux, graphiques, textes.

4 Le questionnement

Les consignes sont formulées avec des verbes d'action à la forme impérative : *présentez, distinguez, identifiez, calculez*... Il est donc nécessaire de bien connaître la signification de ces verbes.

Les capacités du programme présentées au début de chaque thème (que vous retrouvez au début de chaque chapitre du manuel) sont autant de consignes possibles.

Le questionnement est progressif :
- les premières questions portent sur l'analyse des annexes et la mobilisation des connaissances ;
- au cours de ces questions, les compétences du candidat en matière de calculs sont évaluées : *calculez le taux de chômage, calculez la valeur ajoutée*... Le calcul est en lien avec les notions abordées dans le sujet ;
- la dernière question nécessite une réponse formulée sous forme d'argumentation.

5 Les attendus de l'épreuve

L'épreuve d'économie vise à évaluer les capacités du candidat à analyser un problème économique d'actualité et à construire une argumentation pertinente au regard du problème posé. C'est-à-dire :

- expliquer les notions et les mécanismes économiques mis en jeu dans un problème considéré à partir des connaissances et des informations fournies dans la documentation ;
- interpréter des données économiques de différentes natures et à partir de différents supports ;
- réaliser des calculs économiques en lien avec les notions traitées dans le programme ;
- répondre à une question relative à des débats actuels sur l'économie de façon argumentée.

6 Le barème

La partie « économie » est notée sur 10 points (comme la partie « droit »). En général, la dernière question d'argumentation porte sur 5 points. Les 5 autres points sont attribués aux questions précédentes.

Le barème de la question d'argumentation se décompose ainsi :

		Les questions à se poser lors de la relecture
Construction de l'argumentation	**2 points**	
Cohérence des arguments avec la question posée	0,5	*Est-ce que j'ai bien répondu au sujet ?* *Est-ce que certains arguments sont « hors sujet » ?*
Logique globale de l'argumentation	0,5	*Est-ce que j'ai correctement organisé mes arguments et utilisé des connecteurs logiques ?*
Présentation d'un point de vue argumenté	1	*Est-ce que j'ai pris position par rapport au sujet ?*
Arguments et concepts	**3 points**	
Construction des arguments : affirmation, justification par les mécanismes économiques et, éventuellement, illustration par un exemple *Au moins trois arguments sont attendus.*	2	*Mes arguments sont-ils suffisamment développés ?*
Utilisation pertinente des concepts économiques	1	*Est-ce que j'ai utilisé un vocabulaire économique approprié ?*

Vous n'êtes pas obligé de structurer votre argumentation selon deux axes : vous pouvez vous positionner sur un seul axe. Vous devez cependant développer au moins trois arguments. Il n'est pas exigé une phrase introductive et conclusive.

7 L'analyse des annexes

De nombreux éléments de réponse sont présents dans les annexes : il est donc très important de les repérer et de les analyser. Pour cela, une bonne connaissance des notions est indispensable.

Exemple **Sujet commenté**

L'analyse porte sur le sujet donné en France métropolitaine lors de la session de juin 2018 et adapté à la réforme du bac STMG.

À partir de vos connaissances et de la documentation fournie en annexe :

1. **Comparez** l'évolution du chômage en France selon la catégorie socioprofessionnelle.

Cette question vise à évaluer si le candidat est capable :
– de décrire et d'interpréter des données économiques (l'évolution du taux de chômage) présentées dans l'annexe 1 ;
– de comparer, c'est-à-dire d'identifier des différences et des points communs entre les différents taux de chômage présentés.

2. **Calculez** le taux de chômage en France en 2018.

Cette question vise à évaluer si le candidat est capable de repérer les informations pertinentes pour les mobiliser dans la formule de calcul appropriée.

3. **Relevez** les raisons du déclin des emplois peu qualifiés en France depuis une dizaine d'années.

Cette question vise à évaluer si le candidat est capable de repérer des informations pertinentes dans différents documents écrits et de les mobiliser pour répondre à la question posée.

4. **Montrez** l'intérêt de la distinction entre secteurs « exposés » et secteurs « abrités » dans l'explication du chômage.

Cette question vise à évaluer si le candidat est capable :
– d'identifier des informations pertinentes dans des documents de formes variées : tableau et texte ;
– d'interpréter les informations repérées pour répondre à la question posée.

5. **Rédigez** une argumentation qui vous permette de répondre à la question suivante :

La mondialisation constitue-t-elle une menace pour l'emploi en France ?

Axe 1 → La mondialisation menace certains emplois dans les pays développés. Les réponses 1 et 3 enrichissent cet axe de réflexion.
Axe 2 → La mondialisation : une opportunité de création d'emplois. La réponse 4 montre que tous les emplois ne sont pas forcément menacés.

Les annexes fournissent des pistes intéressantes pour développer l'argumentation dans chaque axe. C'est le cas de l'annexe 4 pour l'argumentation de l'axe 2.

L'analyse des questions permet de repérer des mots clés qui doivent vous orienter vers une ou des annexes en particulier.

Les questions 1 et 2 reprennent les capacités énoncées dans le thème 7.

La question 2 est la « nouveauté » de l'épreuve d'économie. Elle évalue les capacités du candidat à réaliser un calcul économique en lien avec les notions abordées.

La question 4 est plus complexe par rapport aux trois premières questions. La difficulté des questions est souvent progressive.

Les réponses des quatre premières questions permettent d'alimenter la réflexion pour construire l'argumentation de la dernière question.

Annexe 1 : Le taux de chômage selon la catégorie socioprofessionnelle

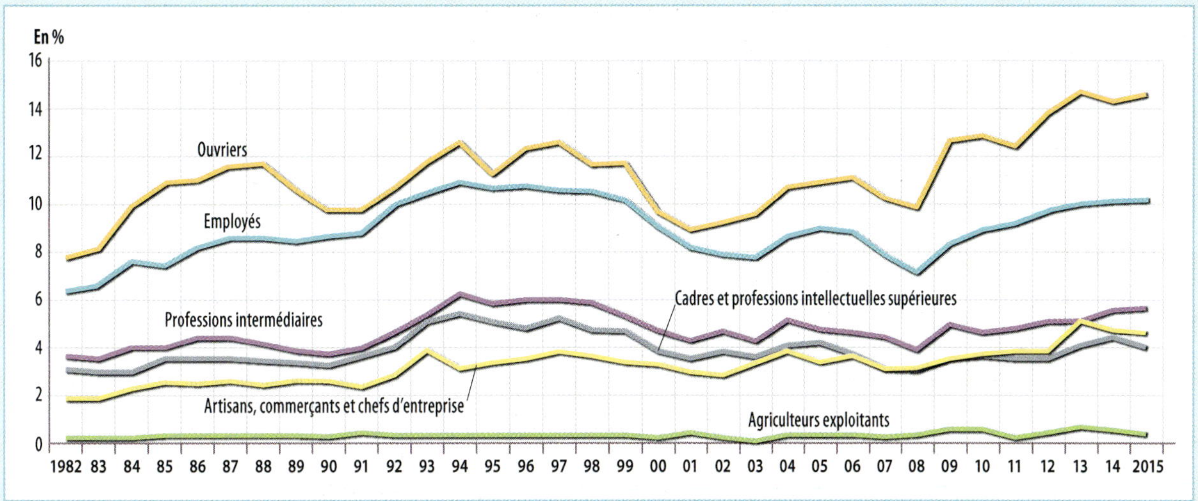

Champ : France métropolitaine, personnes actives de 15 ans ou plus ayant déjà travaillé vivant en ménage ordinaire.

Source : Insee, enquêtes Emploi 1982-2015.

Annexe 2 : Les chiffres de l'enquête Emploi (en milliers de personnes)

Population totale	Actifs occupés	Chômeurs au sens du BIT	Inactifs
53 452,9	27 122,2	2 701,7	23 629

Source : Insee, France, 2018.

Annexe 3 : Le déclin des emplois peu qualifiés en France

À partir du milieu des années 1990, les effectifs et la part des peu qualifiés progressent dans l'emploi, quel que soit le secteur d'activité, même si la tendance est plus prononcée dans les services. Cette progression s'interrompt néanmoins depuis le milieu des années 2000. [...]

Au déclin des industries intensives en main-d'œuvre concurrencées par les pays à bas salaires s'ajoute la substitution du travail par le capital du fait de la mécanisation des tâches au profit des ouvriers qualifiés.

D'autre part, la crise de 2008 a détruit des emplois non qualifiés dans les services de nettoyage et de sécurité très sensibles au retournement conjoncturel, tandis que la contrainte budgétaire a affecté les services marchands et non marchands de l'aide et de soin qui ont moins progressé que par le passé.

Enfin, le progrès technologique a affecté certains métiers de service peu qualifiés qui subissent progressivement les effets de l'automatisation (caissiers).

France stratégie, *La polarisation des emplois*, août 2015.

Annexe 4 : Face à la mondialisation : repenser la stratégie industrielle de la France

Entre l'ouvrier non qualifié du Nord, dont l'usine a fermé, victime de la concurrence des pays à bas coût et l'ingénieur de Toulouse, qui profite à plein de la mondialisation en vendant des Airbus à la Chine, [...] l'ouverture commerciale peut faire des dégâts, principalement chez les travailleurs peu qualifiés, même si elle n'en est pas la cause unique et principale. [...]

Il est urgent de repenser l'insertion de la France dans la mondialisation, pour qu'elle devienne enfin inclusive et parle à tous les Français.

Le premier chantier doit être d'offrir un bagage minimal à ceux qui n'ont rien, de donner plus à ceux qui ont peu. Il n'y a aucune fatalité à ce qu'un travailleur soit non qualifié du moment qu'il peut acquérir un savoir-faire : chaque jour l'industrie du luxe nous démontre le contraire. [...].
Le luxe, c'est en quelque sorte la mondialisation à l'envers : nous exportons vers la Chine des produits fabriqués en France par des ouvriers très qualifiés, avec des emplois pérennes à la clé.
Au-delà du luxe, nous devons mettre de la qualification dans tous les métiers, pour pouvoir monter en gamme toutes nos productions et exportations [...]. À l 'exception de quelques secteurs, nous souffrons aujourd'hui d'un positionnement qualité/prix peu favorable : nous sommes trop chers par rapport aux produits asiatiques ; nous ne sommes pas assez haut de gamme par rapport aux produits allemands. [...]. La mondialisation [...] passe par la montée en gamme de toutes nos productions et par la qualification de tous les travailleurs. Ambition certes exigeante, mais ambition à la mesure de l'exception française dans le monde.

E. Combe, *Les Échos*, 16 mai 2017.

Annexe 5 : L'évolution de l'emploi exposé et abrité, en milliers

Secteur	1999	2013	1999-2013
Exposés, dont :	**7 505**	**7 301**	**- 204**
Industrie	3 481	2 726	- 755
Services	3 020	3 800	780
Agriculture	975	757	- 219
Extraction	28	19	- 9
Abrités, dont :	**17 528**	**19 896**	**2 368**
Marchand	10 189	11 902	1 713
Non-marchand	7 339	7 994	655

204 000 emplois « exposés » ont disparu en France entre 1999 et 2013.

Sur la même période, 2 368 000 emplois « abrités » ont été créés.

Source : *Les Synthèses de La Fabrique*, septembre 2016.

Annexe 6 : La mondialisation, ennemie de l'emploi ?

On s'accordera sur le fait que la pression concurrentielle exercée par l'étranger n'est pas la même pour les boulangers ou les fonctionnaires de l'Éducation nationale, que pour les ouvriers de l'automobile ou les employés de centres d'appel. Il est donc nécessaire de distinguer les emplois directement exposés à la concurrence internationale de ceux qui ne le sont pas. On estime à trois quarts la part des travailleurs français qui ne sont pas directement en compétition avec des emplois localisés dans d'autres pays. Le nombre de ces travailleurs « abrités » s'est accru de 2,4 millions entre 1999 et 2013. Reste donc seulement un quart de travailleurs « exposés » [...].

L'emploi dans les secteurs exposés (agriculture, industrie manufacturière, télécommunications, recherche-développement, hôtellerie, etc.) se contracte dans tous les pays développés. En France, par exemple, environ 200 000 emplois exposés ont disparu au cours des quinze dernières années. Bien souvent, et alors que les gains de l'ouverture à l'international correspondent essentiellement à des baisses de prix dont les effets sont diffus, les pertes sont extrêmement concentrées dans quelques métiers et quelques territoires. La concurrence internationale est parfois si rude que sont détruits localement non seulement des emplois exposés mais aussi - par ricochet - un grand nombre d'emplois abrités, entraînant le laminage de bassins d'emplois entiers. Généralement, les peu qualifiés sont les premiers balayés. S'ajoutent à cela des mutations technologiques majeures, qui transforment le travail de manière radicale, et auxquelles la mondialisation est souvent assimilée. Les technologies de l'information et de la communication prennent une place toujours plus importante dans les entreprises, bouleversant les modes de production et les besoins en main-d'œuvre. À ce jour, les peu qualifiés - du moins en tant que producteurs - ne profitent guère de ces développements voire en font les frais. Enfin, en raison de ces nouvelles technologies, des activités jusqu'alors protégées de la concurrence internationale se retrouvent exposées, dans la santé par exemple - analyse de radios -, les services informatiques ou financiers.

P. Frocrain, *La Tribune*, 21 mars 2017.

Vers l'épreuve

Thème 6 : Comment l'État peut-il intervenir dans l'économie ?

À partir de vos connaissances et de la documentation fournie dans les annexes 1 à 4 :

1. Rappelez la notion d'inégalités socio-économiques.
2. Montrez que le mécanisme de redistribution diminue les inégalités de revenus.
3. Expliquez si les dépenses publiques engagées dans le cadre de la garde des enfants sont une redistribution efficace pour réduire les inégalités entre les ménages.
4. Rédigez une argumentation qui vous permette de répondre à la question suivante : Les mesures de politique budgétaire à court terme permettent-elles de réduire les inégalités socio-économiques ?

Annexe 1 L'État-providence

Les impôts, les taxes ou les cotisations sociales sont nécessaires car ils financent les services publics – qui sont gratuits ou quasiment – et aussi la protection sociale. C'est notre État-providence. Grâce aux prélèvements obligatoires, les inégalités de revenus ou d'accès à l'éducation ou à la santé sont réduites. Les plus démunis ne sont pas exclus de la société. Ainsi, la cohésion sociale est préservée. Et puis la collectivité en profite : la santé et l'école gratuites, par exemple, assurent à l'économie une main-d'œuvre bien formée et en bonne santé ; ce sont des dépenses à effets externes positifs. Cela représente un véritable atout pour la productivité et la compétitivité et donc pour la croissance, le bien-être et le développement économique.

Pour l'Éco, novembre 2018.

Annexe 2 Les effets de la redistribution

Effets des mécanismes de redistribution sur les niveaux de vie mensuels pour les plus riches et les plus pauvres

	Montant moyen pour les 10 % les plus pauvres en euros	Montant moyen pour les 10 % les plus riches en euros
Niveau de vie avant redistribution	**281**	**5 939**
Cotisations patronales famille + CSG-CRDS	- 13	- 443
Impôts sur le revenu	+ 5	- 785
Taxe d'habitation	- 4	- 65
Allocations familiales	+ 64	+ 12
Autres prestations familiales	+ 100	+ 3
Aides au logement	+ 172	+ 1
RSA et autres minima sociaux	+ 217	+ 4
Niveau de vie après redistribution	**821**	**4 666**

France métropolitaine. Montants mensuels pour une personne seule.

Source : Insee, Données 2015 - Observatoire des inégalités, le 16 janvier 2018.

Annexe 3 Les dépenses publiques en matière de garde d'enfants

[Malgré des dépenses publiques conséquentes de la Sécurité sociale, branche famille,] en matière de garde d'enfants de moins de 3 ans, près de deux enfants de cet âge sur trois sont gardés la majeure partie du temps dans leur famille : 61 % par un de leurs parents et 3 % par un grand-parent ou un autre membre de la famille.

Pour les 36 % d'enfants gardés hors de la famille :

- 19 % le sont par une assistante maternelle ;
- 14 % dans un établissement d'accueil du jeune enfant-EAJE (dont 10 % en crèche municipale ou départementale, 2 % en crèche parentale ou familiale, 1 % en crèche de personnel ou d'entreprise et 1 % en micro-crèche ou halte-garderie) ;
- 3 % en école pré-élémentaire.

Il existe une corrélation forte entre la catégorie socio-professionnelle à laquelle appartiennent les parents, le statut en emploi, les revenus du ménage et le mode de garde.

Ainsi, on constate que 80 % des enfants de moins de 3 ans appartenant aux 20 % des ménages les plus modestes sont gardés uniquement par leurs parents, contre 29 % des enfants appartenant aux ménages les plus riches.

Les ménages les plus aisés ont un recours plus important aux assistant-e-s maternel-le-s et, dans une moindre mesure, aux gardes à domicile. Ces dernières, onéreuses, sont surtout utilisées par les cadres et professions intellectuelles supérieures, et sont principalement concentrées en région parisienne. Quant aux ménages les plus modestes, ils confient avant tout leurs enfants à un EAJE.

www.vie-publique.fr

Annexe 4 Le poids des prélèvements obligatoires en France et dans la zone euro

À peu près stable entre 2017 et 2018, le poids des prélèvements obligatoires en France reste très supérieur à celui de ses principaux voisins. [...]

• Le poids des prélèvements sur le capital des ménages en France n'a pas baissé malgré la réforme de 2018.

La réforme de la fiscalité du capital des ménages de 2018 a rapproché la règle fiscale de la France des standards européens, ce qui constitue un progrès dans l'harmonisation, mais elle n'a pas réduit l'écart élevé du poids de la fiscalité entre la France et les pays voisins.

• Le poids des impôts sur la production, qui grèvent les prix de revient des entreprises, n'a pas baissé en France.

En 2017, le total des impôts de production représentait 9,1 % de la valeur ajoutée des sociétés non financières en France contre 3,2 % en Allemagne. L'écart constitue une surcharge de plus de 60 milliards d'euros sur les entreprises industrielles et commerciales françaises.

www.rexecode.fr, le 22 octobre 2019.

Les taux de prélèvements obligatoires

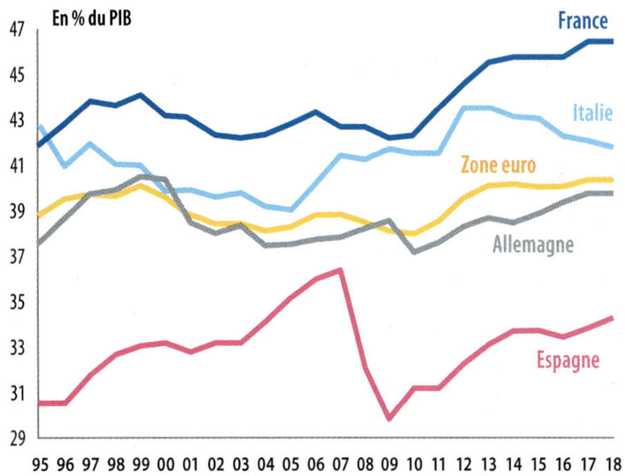

Source : Eurostat, Ameco.

THÈME 7 : Quelle est l'influence de l'État sur l'évolution de l'emploi et du chômage ?

À partir de vos connaissances et de la documentation fournie dans les annexes 1 à 5 :

1. Retrouvez par le calcul le taux de chômage français en 2018 pour l'ensemble de la population.
2. Décrivez conjointement l'évolution du taux de chômage et de la population active en France.
3. Expliquez pourquoi un recul du taux d'activité et du taux d'emploi fait diminuer mécaniquement le taux de chômage.
4. Montrez comment les politiques de relance peuvent avoir un impact sur l'emploi.
5. Rédigez une argumentation qui vous permette de répondre à la question suivante : Les politiques de relance sont-elles efficaces pour lutter contre le chômage en France ?

Annexe 1 L'évolution du taux de chômage et le nombre de chômeurs en 2018

	Taux de chômage (en %)							Effectifs (en milliers)
	2012	2013	2014	2015	2016	2017	2018	2018
Ensemble	**9,8**	**10,3**	**10,3**	**10,4**	**10,1**	**9,4**	**9,1**	**2 702**
Sexe								
Femmes	9,7	10,2	10,0	9,9	9,9	9,3	9,1	1 310
Hommes	9,8	10,4	10,5	10,8	10,2	9,5	9,0	1 392

Source : Insee Références, édition 2019 - fiches « Chômage ».

Annexe 2 L'évolution de la population active en France

	2008	2010	2012	2014	2015	2016	2017	2018
Population active totale (en milliers)	**28 588**	**28 961**	**29 229**	**29 396**	**29 476**	**29 556**	**29 668**	**29 824**
Femmes	13 548	13 770	13 931	14 129	14 165	14 224	14 263	14 401
Hommes	15 040	15 191	15 298	15 267	15 311	15 332	15 404	15 422

Source : Insee Références, édition 2019 - fiches « Marché du travail ».

Annexe 3 Des raisons à la baisse du taux de chômage

Comment expliquer la baisse du taux de chômage en France, qui s'établit au premier trimestre 2019 à 8,7 % ? « C'est une baisse qui ne date pas d'hier, puisque le taux de chômage diminue depuis 2015. En quatre ans, il est passé de 10,5 % à 8,7 %. C'est d'abord grâce à la croissance économique, qui vient d'être révisée à la hausse, 1,7 % l'an dernier. Depuis 2015, elle a été en moyenne de 1,5 % par an, et le chômage baisse dès que

la croissance dépasse 1,2 % », explique le journaliste Jean-Paul Chapel sur le plateau du 20 heures. « Mais il y a eu aussi des soutiens publics à l'emploi. Ceux de François Hollande étaient les emplois aidés et le CICE (crédit d'impôt pour la compétitivité et l'emploi), qui a fait baisser le coût du travail ; ceux d'Emmanuel Macron, une réforme du Code du travail, qui a plutôt levé les réticences à embaucher », ajoute-t-il.
Toutefois, avec un taux de chômage à 8,7 %, on est encore loin de l'objectif fixé par Emmanuel Macron de 7 % à la fin du quinquennat. « C'est un objectif très difficile à atteindre. La croissance prévue d'ici la fin du quinquennat, 1,4 % par an, ne suffira pas à elle seule, et il n'y a plus d'aide nouvelle pour créer plus d'emplois. Le gouvernement peut quand même espérer des résultats avec son programme de formation, un vaste plan qui pourrait concerner jusqu'à 2 millions de chômeurs », conclut Jean-Paul Chapel.

www.francetvinfo.fr, 16 mai 2019.

Annexe 4 La France peut-elle relancer une politique d'investissement pour dynamiser la croissance et l'emploi ?

Que faut-il faire pour booster la croissance en France ? La France affiche l'une des plus mauvaises performances européennes en matière de croissance et la France a fait le choix de réduire très fortement l'investissement public ces dernières années pour contenir le déficit.
Aujourd'hui, la France manque cruellement d'investissements, c'est un fait. Serait donc venu le temps d'investir, de réouvrir les vannes et même de pratiquer la relance budgétaire, chère à Keynes. D'autant, ajoutent les partisans de cette politique, qu'il faut en profiter avant qu'il ne soit trop tard, les taux d'intérêts sont encore très bas, les emprunts sont donc encore très bon marché, et il faut faire vite car les taux ont déjà commencé leur remontée, en Europe comme aux États-Unis.
La France ne peut pas faire n'importe quoi, sa liberté en matière d'investissement public est limitée [...]. D'autant que cette dépense fabrique de la dette, qui continue à augmenter et à tangenter les 100 % du PIB. Et l'État, en France, continue à financer par la dette des dépenses publiques de fonctionnement. Il a préféré réduire les dépenses d'investissement qu'assainir vraiment sa dépense publique.
Le deuxième problème, c'est qu'une relance budgétaire classique aurait en France une conséquence désastreuse, c'est d'accroître mécaniquement notre déficit extérieur : 10 des 25 produits préférés des Français sont fabriqués à l'étranger.

V. Giret, www.francetvinfo.fr, 8 février 2017.

Annexe 5 Des chiffres du chômage à relativiser

Le niveau du chômage résulte en effet de l'écart entre le nombre des personnes qui sont dites actives sur le marché du travail (qui ont un emploi ou en cherchent un) et le nombre de celles qui ont un emploi.
Or, ce que nous disent les chiffres publiés par l'Insee, c'est que la baisse du chômage intervenue depuis six mois n'est pas le fruit d'une amélioration de la situation de l'emploi. Au contraire, le taux d'emploi des 15-64 ans a diminué au second trimestre 2019. La baisse du chômage est due au recul du taux d'activité : la part de ceux qui ont un emploi ou qui en cherchent un a diminué en effet de 0,2 point depuis fin 2018 parmi les 15-64 ans. Dit autrement, la part de ceux en âge de travailler qui sont totalement sortis du marché du travail a augmenté cette année, ce qui interrompt une tendance à la baisse quasi continue depuis dix ans malgré la crise.

G. Duval, *Alternatives économiques*, 14 août 2019.

Le chômage baisse... parce que le taux d'activité diminue

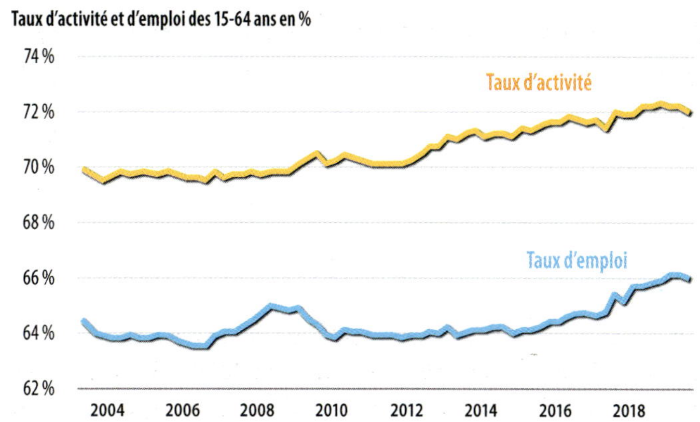

THÈME 8 : Comment organiser le commerce international dans un contexte d'ouverture des échanges ?

À partir de vos connaissances et de la documentation fournie dans les annexes 1 à 4 :

1. Décrivez en quoi consiste l'accord de libre-échange (ALE) entre l'Union européenne et le Vietnam.
2. Rappelez ce qu'est un IDE et étudiez l'évolution des IDE vers le Vietnam.
3. Identifiez les avantages et les limites de la mise en place de cet accord commercial pour l'UE.
4. Rédigez une argumentation qui vous permette de répondre à la question suivante : Le libre-échange peut-il favoriser la croissance économique des pays en développement ?

Annexe 1 Vietnam : les investissements

Les IDE en chiffres

Les entrées d'IDE au Vietnam en 2018 se sont élevées à 15,50 milliards de USD, une augmentation par rapport à l'année précédente (14,10 milliards USD en 2017), tandis que le stock total d'IDE atteignait 145 milliards de USD en 2018, selon le Rapport sur l'investissement mondial 2019 de la CNUCED. Traditionnellement orientées vers l'industrie légère, les entrées d'IDE se tournent rapidement vers l'industrie lourde, l'immobilier et le tourisme. Les entrées de capitaux devraient se poursuivre, confirmant la position du pays comme l'un des plus attractifs en termes d'IDE en Asie.

Comparaison internationale de la protection des investisseurs

Investissement Direct Étranger	2016	2017	2018
Flux d'IDE entrants (millions USD)	12 600	14 100	15 500
Stocks d'IDE (millions USD)	115 391	129 491	144 991
Nombre d'investissements greenfield*	277	247	290
IDE entrants (en % de la FBCF**)	27,5	n/a	n/a
Stocks d'IDE (en % du PIB)	57,3	n/a	n/a

*Les investissements greenfield correspondent à la création de filiales ex-nihilo par la maison mère.

** La formation brute de capital fixe (FBCF) est un indicateur mesurant la somme des investissements, essentiellement matériels, réalisés pendant une année.

Source : CNUCED, dernières données disponibles.

Pourquoi choisir d'investir au Vietnam

Les points forts

Les principaux points forts de l'économie du pays sont les suivants :

- une croissance soutenue et stable de 6,3 % en 2017 (Business France, 2018) avec des perspectives économiques d'évolution positives ;

- une main-d'œuvre jeune, bon marché, qualifiée et en croissance rapide ;
- une certaine stabilité socio-politique ;
- un hub régional de production industriel compétitif et attractif ;
- un gouvernement qui cherche à libéraliser l'économie et à introduire des réformes basées sur le libre marché ;
- des secteurs agricoles et de production énergétique qui peuvent se reposer sur d'abondantes ressources mais qui sont encore largement sous-exploitées.

Les points faibles

Les principaux freins au développement du pays sont les suivants :

- la faiblesse des infrastructures sanitaires et de transport ;
- la faiblesse des structures financières et notamment du secteur bancaire : en effet, la réglementation du secteur financier présente de nombreuses lacunes ;
- un environnement des affaires compliqué à appréhender : les investissements financiers sont soumis à toute une série de réglementations opaques qui ne peuvent pas être garanties légalement et les droits de propriété intellectuelle ne sont pas systématiquement respectés ;
- un cadre juridico-légal non transparent : le système judiciaire est en effet soumis à des influences politiques et les litiges commerciaux prennent souvent des années avant d'être résolus ;
- un niveau élevé de corruption ;
- de grandes disparités de développement et de pauvreté selon les régions du pays ;
- des tensions récurrentes avec la Chine sur le sujet de la souveraineté en mer de Chine méridionale.

www.tradesolutions.bnpparibas.com

Annexe 2 L'UE et le Vietnam signent un accord commercial longtemps attendu

L'Union européenne et le Vietnam communiste ont signé dimanche à Hanoï un accord commercial, qui doit permettre à terme de supprimer 99 % des droits de douane sur les biens entre les deux parties, tranchant avec un contexte mondial de hausse du protectionnisme. La signature de cet accord survient à un moment où le commerce mondial est plombé par le ralentissement de l'économie chinoise et de la zone euro, ainsi que la guerre commerciale entre Washington et Pékin.

L'accord inclut des règles sur les conditions de travail, le respect de l'environnement et de la propriété intellectuelle, dans ce pays d'Asie du Sud-Est en pleine croissance, qui sert d'atelier de production pour de nombreuses marques occidentales, notamment dans l'électronique et la confection.

L'Union européenne vise à consolider sa place au Vietnam, marché de plus de 95 millions de consommateurs, dont elle est l'un des principaux partenaires commerciaux. Les deux parties échangent chaque année pour environ 50 milliards d'euros de biens et 4 milliards dans les services, largement au désavantage des Européens. Le Vietnam exporte surtout des textiles, chaussures et produits électroniques comme les smartphones et des pièces détachées d'ordinateurs. « J'espère que le volume et la valeur de mes exportations vers l'Europe vont doubler ces prochaines années », a confié à l'AFP Dang Trong Trung, patron d'une entreprise d'emballage basée près de Hanoï. Une des économies les plus dynamiques d'Asie, le Vietnam a connu une croissance de plus de 7 % en 2018, la plus forte depuis plus de dix ans.

Capital, 30 juin 2019.

Annexe 3 L'accord de libre-échange Vietnam-UE booste la coopération bilatérale

L'accord de libre-échange entre le Vietnam et l'Union européenne (EVFTA) est un accord de nouvelle génération entre le Vietnam et l'Union européenne (UE). Il contient les engagements les plus larges et les plus élevés du Vietnam. Cela ouvrirait de nouvelles opportunités en termes d'exportation et d'investissement aux entreprises européennes et vietnamiennes, en accordant une attention particulière aux droits des travailleurs et à la protection de l'environnement.

S'agissant du commerce et des services, les engagements des deux parties vont au-delà de ceux pris dans le cadre de l'OMC. Les entreprises de l'UE bénéficieront davantage d'incitations lorsqu'elles investiront et feront des affaires au Vietnam, en particulier dans les domaines avantageux tels que les services financiers et bancaires, la distribution et les transports.

L'EVFTA assurera également la création d'un environnement commercial et d'investissements équitables entre les entreprises des deux parties, ce qui donnera un nouvel élan au développement durable sur la base de normes rigoureuses en matière de travail, de sécurité, de protection de l'environnement et d'intérêt des consommateurs.

L'UE est un partenaire commercial et d'investissement de premier plan du Vietnam. Le volume des échanges représentait près de 51 milliards de dollars en 2017, soit 12 fois plus qu'en 2000, et pourrait s'élever à plus de 53 milliards cette année. L'UE se classe ainsi au 5e rang parmi les investisseurs étrangers au Vietnam.

Selon le rapport intitulé « L'EVFTA : regards croisés du Vietnam » de la Chambre européenne de commerce au Vietnam (EuroCham), près de 80 % des entreprises européennes interrogées se sont déclarées convaincues que cet accord permettrait au Vietnam d'augmenter sa compétitivité et 72 % d'entre elles ont estimé que le pays deviendrait un avant-poste commercial pour les entreprises européennes en Asie du Sud-Est. Toujours d'après elle, le traité de libre-échange devrait faciliter le règlement des questions sociales et environnementales au Vietnam. Concrètement, un tiers des entreprises a jugé que l'accord serait très bénéfique au développement durable au Vietnam.

Le Courrier du Vietnam, 19 décembre 2018.

Annexe 4 Le Vietnam se distingue par la croissance de son commerce

Le Vietnam doit sa vigueur accrue en matière de préparation au commerce aux améliorations apportées à l'infrastructure et à la facilité de faire des affaires, tandis que son dynamisme économique repose sur une croissance saine, en particulier en termes de volume d'exportations. Il est classé sixième parmi les 20 économies ayant le plus fort potentiel de croissance du commerce dans l'indice Trade20.

Selon l'étude, les réformes économiques et politiques menées au cours des dernières décennies ont stimulé la croissance économique du Vietnam, alimentée par la vigueur de la demande intérieure et le succès à l'exportation des produits manufacturés.

Le marché a des bases solides pour la croissance : il est politiquement stable, bien situé pour les chaînes d'approvisionnement mondiales et sa population est relativement jeune. Le gouvernement a tiré avantage de ces fondements, se focalisant sur les réformes économiques et la déréglementation, investissant dans le capital humain et les infrastructures et favorisant la libéralisation du commerce.

L'étude suggère également que la croissance du Vietnam continuerait d'être tirée par l'accroissement du secteur manufacturier et des exportations.

Le gouvernement vietnamien a conclu nombre d'accords de libre-échange, le dernier étant l'Accord de libre-échange entre l'Union européenne et le Vietnam, qui devrait à terme éliminer 99 % des droits de douane et ouvrir les marchés publics et des services.

Avec les tensions commerciales actuelles entre les États-Unis et la Chine, les investissements directs étrangers devraient continuer à affluer au Vietnam, alors que les entreprises étrangères chercheront d'autres destinations de fabrication à faible coût. Selon Standard Chartered, les entrées d'IDE au Vietnam resteront robustes en 2019 et 2020, atteignant près de 15 milliards de dollars.

« L'ouverture économique et l'intégration du Vietnam portent leurs fruits », a déclaré Nirukt Sapru, PDG pour le Vietnam, l'ASEAN et des marchés clusters de l'Asie du Sud de Standard Chartered. « Le pays est maintenant devenu l'économie à la croissance la plus rapide de la région ; un indicateur clair des avantages qu'elle tire d'une économie ouverte. »

Le Courrier du Vietnam, 11 octobre 2019.

Lexique

A

Asymétrie d'information
Situation de marché caractérisée par le fait qu'un des acteurs (l'offreur en général) possède plus d'informations sur le produit que les autres (les demandeurs en général).

B

Balance commerciale
Compte qui retrace la valeur des biens exportés et la valeur des biens importés.

Balance des biens et des services
Compte qui retrace la valeur des biens et des services exportés et la valeur des biens et des services importés. Les données sur les biens sont fournies par les Douanes et celles sur les services par la Banque de France.

Barrières non tarifaires
Mesures protectionnistes autres que les droits de douane, modifiant les quantités échangées ou les prix ou bien les deux (quotas, subventions...).

Barrières tarifaires
Barrières qui concernent les échanges de marchandises. Il s'agit essentiellement des droits de douane qui sont imposés à l'entrée des marchandises.

Bien commun
Bien ou service dont la consommation obéit au principe de rivalité (ce que les uns consomment ne peut être consommé par les autres) et de non-excluabilité (le consommateur n'ayant pas payé pour un bien ou un service ne peut être exclu de la consommation de ce bien ou de ce service). Exemple: un banc de poissons dans la mer.

Bien public/collectif
Bien ou service qui peut être consommé simultanément par plusieurs personnes (principe de non-rivalité entre les consommateurs) et pour lequel on ne peut exclure des individus en exigeant un paiement (principe de non-exclusion d'un consommateur). Exemple: un feu d'artifice le 14 Juillet.

Bien public mondial
Désigne l'ensemble des biens accessibles à tous les États qui n'ont pas nécessairement un intérêt individuel à les produire ou à les prendre en charge.

Bilatéralisme
Système de relations internationales qui favorise les accords passés entre deux pays pour faciliter les échanges (exemple : entre l'Union européenne et le Vietnam).

Brevet
Titre de propriété industrielle qui confère à son titulaire un monopole d'exploitation.

C

Capital
Facteur de production qui se décompose en capital fixe (capital technique durable utilisé dans plusieurs cycles de production) et en capital circulant (capital technique amené à être détruit pendant le processus de production).

Capital humain
Ensemble des capacités productrices d'un individu qui se déclinent en savoirs (exemple: les connaissances), savoir- faire (exemple: la connaissance dans le cadre d'une activité professionnelle) ou savoir-être (exemple : l'acceptation d'une discipline).

Chaîne de valeur
Étude précise des différentes étapes nécessaires à la production d'un bien au sein d'une entreprise ou d'une filière, de l'achat de matière première jusqu'au service après-vente. L'objectif est d'identifier, en décortiquant ainsi chaque étape nécessaire à la production, où et comment se crée la valeur du produit et quelles sont les étapes qui donnent à l'entreprise ou la filière un avantage concurrentiel.

Chômage
Ensemble des personnes de 15 ans et plus, privées d'emploi et qui en recherchent un.

Chômage conjoncturel
Se dit du chômage transitoire, lié au fait que le rythme de croissance de l'activité a tendance à fluctuer et que cette fluctuation engendre un chômage destiné à se résorber lorsque le cycle d'activité recommence à s'accélérer.

Chômage de plein emploi
Chômage lié au temps de latence inévitable entre deux emplois, appelé aussi chômage frictionnel.

Chômage frictionnel
Chômage lié au temps de latence inévitable entre deux emplois, appelé aussi chômage de plein emploi.

Chômage involontaire
Chômage lié à l'insuffisance de la demande de biens et services, il est dit également conjoncturel.

Chômage structurel
Chômage résultant d'un écart entre la structure de l'offre de travail et la structure de la demande de travail. Il est composé du chômage frictionnel (personnes recherchant un emploi pendant une courte période), du chômage classique (personnes inemployables aux salaires en vigueur) et du chômage volontaire (personnes préférant être au chômage plutôt que de prendre un emploi).

Chômage volontaire
Chômage lié à l'absence d'incitation du retour au travail.

Clause de la nation la plus favorisée
Lorsqu'un membre de l'OMC accorde un privilège commercial à un autre État, il doit l'accorder à tous les autres États membres.

Consensus
Règle qui stipule qu'à l'OMC une décision doit être prise à l'unanimité par tous les membres pour pouvoir s'appliquer.

Contingentement d'exportation
Limitation en valeur ou en volume des exportations.

Contraintes légales et conventionnelles
Obligations d'agir conformément à la loi ou au contenu d'une convention.

Cotisations sociales
Versements obligatoires effectués par les employeurs et les salariés au profit des organismes sociaux pour couvrir les risques sociaux.

Critères européens des déficits publics
Désignent des règles visant à limiter le déficit budgétaire des pays membres de la zone euro. Ces pays doivent veiller à leur équilibre budgétaire, leur déficit public doit être inférieur à 3 % du PIB et leur déficit structurel inférieur à 0,5 % du PIB.

Lexique

Croissance économique
La croissance économique se traduit par l'augmentation durable de l'activité économique d'un pays, constatée à travers l'évolution des prix, de la production et des revenus.

Cycle de négociations
L'une des missions de l'OMC (et du GATT avant elle) est d'abriter les négociations commerciales entre pays membres en vue de promouvoir la libéralisation des échanges. Avant le cycle de négociations de Doha, huit se sont succédés.

Cycle économique
Décrit les mouvements de l'activité économique et comprend quatre phases :
- la récession : phase de ralentissement de la production, ou la dépression : phase de baisse de la production ;
- la reprise : point de retournement entre une baisse et une hausse de la production ;
- l'expansion : phase d'augmentation de la production ;
- la crise : point de retournement entre une hausse et une baisse du niveau de la production.

D

Décomposition internationale du processus productif (DIPP)
Division et localisation des différents segments productifs entre plusieurs pays.

Défaillances de l'État
Expression ne répondant pas à une théorie économique mais pouvant correspondre à une situation où l'État ne remplit pas parfaitement ses fonctions en agissant partiellement ou en n'agissant pas suffisamment efficacement.

Défaillances de marché
Situations dans lesquelles le marché concurrentiel ne peut réguler efficacement les activités économiques.

Déficit public
Situation caractérisée par des dépenses des administrations publiques supérieures à leurs recettes. Le déficit public est calculé sur une période d'un an. On parle d'excédent budgétaire quand les recettes sont supérieures aux dépenses.

Délocalisation
Fermeture d'une unité de production dans un pays, suivie de sa réouverture à l'étranger, en vue de réimporter sur le territoire national les biens produits à moindre coût et/ou de continuer à fournir les marchés d'exportation à partir de cette nouvelle implantation.

Demande anticipée
Demande globale de biens de consommation et d'investissements prévue par les entrepreneurs.

Demande d'emploi
Ensemble des personnes qui constitue la population active, plus couramment appelée offre de travail.

Demande de travail
La demande de travail émane des entreprises qui ont besoin du facteur travail pour produire. Dans la théorie néoclassique, la demande de travail est une fonction décroissante du salaire.

Dépenses publiques
Dépenses effectuées par l'État, les administrations de sécurité sociale, les collectivités territoriales et les administrations.

Déréglementation
Ensemble des actions visant à alléger, voire à supprimer, les réglementations en place qui pèsent sur les entreprises et à limiter l'interventionnisme de l'État.

Dette publique
Dette contractée par les administrations publiques. Une dette représente les sommes empruntées qui n'ont pas été remboursées. La dette représente l'accumulation de déficits sur plusieurs années

Développement durable
Développement qui répond aux besoins du présent sans compromettre la capacité des générations futures à répondre aux leurs.

Droit de propriété
Droit qui comprend le droit d'user de la chose, d'en remettre l'usage à une personne, de la modifier, de la détruire ou d'en disposer.

Droits de douane
Impôts prélevés par l'État sur les acheteurs nationaux du bien importé par le pays. On distingue les droits spécifiques des droits *ad valorem.* Dans le cas d'un droit spécifique, une somme donnée est perçue pour une quantité donnée de marchandise. En revanche, un droit *ad valorem* dépend de la valeur d'une marchandise.

E

Économie circulaire
Désigne un modèle économique dont l'objectif est de produire des biens et des services de manière durable, en limitant la consommation et les gaspillages de ressources (matières premières, eau, énergie) ainsi que la production de déchets.

Économie collaborative
Économie de pair à pair, qui repose sur le partage ou l'échange entre particuliers de biens, de services ou de connaissances, avec échange monétaire ou sans échange monétaire, par l'intermédiaire d'une plateforme numérique de mise en relation.

Économie d'échelle
Expression qui désigne la diminution du coût moyen de production qui résulte de l'accroissement des quantités produites.

Économie sociale et solidaire (ESS)
Ensemble d'entreprises organisées sous différentes formes statutaires (coopérative, mutuelle, association, fondation, société commerciale de l'ESS) cherchant à concilier activité économique et utilité sociale, avec pour ambition de créer des emplois et de développer une plus grande cohésion sociale.

Éducation
Action de développer un ensemble de connaissances et de valeurs morales, physiques, intellectuelles, scientifiques... considérées comme essentielles pour atteindre le niveau de culture souhaité.

Engagement unique
Chaque élément de la négociation fait partie d'un ensemble indivisible et ne peut faire l'objet d'un accord séparé. Autrement dit, un cycle de négociations ne peut se conclure qu'à condition que l'accord se fasse sur l'ensemble des sujets mis sur la table.

Entreprise privée
Entreprise appartenant à un ou plusieurs individus ou entités juridiques privées.

Entreprise publique
Entreprise appartenant à l'État ou à une collectivité territoriale ou dans laquelle l'État ou une collectivité territoriale détient la majorité du capital et/ou la majorité des voix en assemblée.

Entreprise semi-publique
Entreprise dans laquelle l'État ou une collectivité territoriale détient moins de la moitié du capital et/ou une minorité de voix en assemblée.

État gendarme
Expression désignant une forme de l'État qui limite ses fonctions aux fonctions régaliennes : justice, police (maintien de l'ordre) et défense nationale.

État-providence
Expression désignant, au sens large, l'ensemble des interventions économiques et sociales de l'État et, dans un sens plus restreint, uniquement l'intervention de l'État dans le domaine social, particulièrement à travers le système de protection sociale. Cette conception s'oppose à celle de l'État gendarme.

Exportations
Ensemble des biens et des services fournis par des résidents à des non-résidents.

Externalisation
Désigne le transfert de tout ou partie d'une fonction d'une organisation vers un partenaire externe.

Externalité
Conséquence de l'activité de production ou de consommation d'un agent économique sur les autres agents économiques, sans que cette conséquence soit l'objet d'une compensation. On distingue les externalités négatives (la pollution atmosphérique par exemple) et les externalités positives (l'arrivée d'une entreprise dans une petite ville, créant ainsi des emplois pour la population).

F

Firme multinationale (FMN)
Groupe de sociétés dont le centre de décision est situé dans le pays d'origine et qui contrôle au moins une filiale à l'étranger (dans le pays hôte). Les firmes deviennent des FMN en investissant à l'étranger.

Formation
Action de donner à quelqu'un ou à un groupe, les connaissances nécessaires à l'exercice d'une activité (exemple : la formation des cadres).

Fragmentation
Décomposition d'un processus productif.

G

GATT
L'accord général sur les tarifs douaniers et le commerce (GATT) est signé par 23 pays en 1947. Il a pour mission de fixer un ensemble de normes commerciales et de concessions douanières.

I

Importations
Ensemble des biens et des services fournis par des non-résidents à des résidents.

Impôts
Versements obligatoires, sans contrepartie immédiate, effectués par les ménages et les entreprises au profit de l'État et des administrations publiques.

Inégalités
Différences entre individus ou groupes sociaux qui se traduisent en terme d'avantages ou de désavantages et qui fondent une hiérarchie entre ces individus ou groupes.

Inégalités socio-économiques
Désignent les différences de situation entre individus ou groupes sociaux concernant les ressources, l'accès à certains biens et services ou à certaines pratiques.

Innovation
Désigne l'introduction sur le marché d'un produit ou d'un procédé nouveau ou significativement amélioré par rapport à ceux précédemment élaborés. Deux types d'innovations sont ainsi caractérisés : les innovations de produits (de biens ou de services) et les innovations de procédés (incluant les innovations d'organisation et de marketing).

Interventionnisme
Politique qui conduit les pouvoirs publics à participer à l'économie du pays et imposer leurs règles chaque fois que cela leur paraît nécessaire pour protéger les intérêts des citoyens ou développer des secteurs d'activité qu'ils considèrent comme stratégiques ou prioritaires.

Investissement direct à l'étranger (IDE)
Capital investi dans la propriété d'actifs réels pour implanter une filiale à l'étranger ou pour prendre le contrôle d'une entreprise étrangère existante. Il vise à établir des relations économiques durables avec une unité établie à l'étranger.

L

Libéralisme
Courant de pensée économique qui défend la libre entreprise et la liberté de marché. Il s'oppose à l'intervention de l'État dans l'économie.

Libre-échange
Système économique dans lequel aucun obstacle douanier, fiscal ou réglementaire, ne vient freiner les échanges commerciaux entre États.

Logique d'assistance
Les prestations sociales versées aux ménages ont un objectif de solidarité et ne nécessitent pas le versement de cotisations préalables.

Logique d'assurance
Les prestations sociales versées aux ménages sont financées par les cotisations sociales, ces prestations sont donc réservées à ceux qui ont cotisé.

M

Monopole public
Entreprise publique qui assure la totalité de la production dans une branche d'activité ; la règlementation étatique interdisant toute entrée d'entreprise concurrente sur le marché.

Lexique

Multilatéralisme
Système de relations internationales qui favorise les négociations, les engagements réciproques, les accords entre plus de deux pays. Il s'oppose au bilatéralisme.

N

Négociations collectives
Processus institutionnalisé de rencontres entre l'employeur et des délégués syndicaux autour de thèmes centraux qui sont d'abord les salaires et le temps de travail et qui peuvent aboutir à la signature d'accords ou de conventions collectives.

O

Offre d'emploi
Ensemble des emplois proposés par les entreprises.

Offre de travail
Dans la théorie néoclassique, l'offre de travail correspond à la population active et est une fonction croissante du salaire. Elle correspond à la demande d'emploi.

Organe de règlement des différends (ORD)
Composante interne de l'OMC, cet organe est chargé de régler les différends commerciaux entre les États membres.

Organisation mondiale du commerce (OMC)
Organisation internationale qui s'occupe des règles régissant le commerce entre les pays. Elle a pour mission de faciliter les échanges de biens et de services entre ses pays membres en agissant en faveur d'une abolition progressive des obstacles tarifaires et non tarifaires aux échanges.

P

Pauvreté absolue
Se produit lorsque le revenu du ménage est inférieur à un niveau défini, empêchant ainsi les membres de ce ménage de satisfaire leurs besoins essentiels : eau de boisson saine, nourriture, logement, soins de santé, éducation, etc. La Banque mondiale estime qu'une personne en situation d'extrême pauvreté vit avec moins de 1,90 dollar par jour.

Pauvreté relative
En France, la pauvreté relative concerne tous les individus vivant dans les ménages dont le niveau de vie est inférieur à 60 % du niveau de vie médian.

Plein emploi
Situation de l'économie où toutes les capacités matérielles de production sont requises et où toute personne désirant travailler peut effectivement bénéficier d'un emploi.

Politique budgétaire
Ensemble de mesures qui ont des conséquences sur le budget de l'État pour orienter l'activité économique.

Politique budgétaire de relance
Vise à accroître les dépenses publiques et/ou à réduire les recettes publiques.

Politique budgétaire de stabilisation
Cherche à réduire les dépenses publiques et/ou à augmenter les recettes publiques.

Politique contracyclique
Politique qui s'oppose au cycle économique en suivant la tendance inverse.

Politique de concurrence
Ensemble des actions menées par les pouvoirs publics pour garantir une libre concurrence.

Politique d'offre ou de demande
Ensemble des actions qui visent à agir sur le niveau de l'offre ou de la demande sur un marché.

Politique économique
Ensemble des actions mises en œuvre par les pouvoirs publics pour atteindre des objectifs économiques.

Politique économique conjoncturelle
A pour objectif, à court terme, de stabiliser les grands agrégats macroéconomiques : obtenir une croissance régulière, tendre vers le plein emploi, avoir des prix stables, équilibrer la balance extérieure.

Politique économique structurelle
A des objectifs à long terme : elle cherche à transformer profondément les institutions et le comportement des agents pour obtenir un meilleur fonctionnement du système économique.

Politique monétaire
Ensemble des actions mises en œuvre par les banques centrales afin de réguler la quantité de monnaie qui circule dans l'économie.

Politiques actives de lutte contre le chômage
Ensemble des mesures prises par l'État destinées à améliorer le fonctionnement du marché du travail par une mise en relation plus efficiente des offres et des demandes d'emploi, à stimuler la demande de travail et à favoriser l'embauche des demandeurs d'emploi grâce à la formation professionnelle.

Politiques passives de lutte contre le chômage
Ensemble des mesures prises par l'État destinées à indemniser le chômage et à favoriser le retrait d'activité afin de rendre la situation de chômage socialement acceptable.

Population active
Personnes exerçant habituellement une activité professionnelle, salariée ou non, y compris celles qui se trouvent momentanément sans travail pour une causes indépendante de leur volonté.

Prélèvements obligatoires
Ensemble des impôts et des cotisations sociales perçus par les administrations publiques.

Productivité globale des facteurs
Part de la croissance qui ne s'explique pas par l'augmentation du capital et du travail.

Produit fini
Produit acheté par un utilisateur final.

Produit intermédiaire
Produit destiné à entrer dans la composition d'un produit fini.